LOTHAIRE LŒWENSACH

PROMENADE
AUTOUR
DE L'AFRIQUE
~~1907~~

SYRIE, PALESTINE, ÉGYPTE, SOUDAN
TRANSVAAL, RHODÉSIE, LE CAP
SAINTE-HÉLÈNE

OUVRAGE ILLUSTRÉ DE 167 GRAVURES
D'APRÈS LES PHOTOGRAPHIES DE L'AUTEUR

PARIS
ERNEST FLAMMARION, ÉDITEUR
26, RUE RACINE, 26
1908
Droits de traduction et de reproduction réservés.

DU MÊME AUTEUR :

PROMENADE AUTOUR DU GLOBE

ILLUSTRÉ DE 100 GRAVURES

Un volume in-8, broché. . . . . 5 fr.

PROMENADE
AUTOUR
DE L'AFRIQUE

L'ÉQUIPAGE DE L'AUTEUR A DURBAN.

LOTHAIRE LŒWENBACH

PROMENADE
AUTOUR
DE L'AFRIQUE
1907

SYRIE, PALESTINE, ÉGYPTE, SOUDAN
TRANSVAAL, RHODÉSIE, LE CAP
SAINTE-HÉLÈNE

OUVRAGE ILLUSTRÉ DE 167 GRAVURES
D'APRÈS LES PHOTOGRAPHIES DE L'AUTEUR

PARIS
ERNEST FLAMMARION, ÉDITEUR
26, RUE RACINE, 26
1908
Droits de traduction et de reproduction réservés.

AVANT-PROPOS

UN premier « Voyage autour du Monde » a engagé l'auteur à faire cette « Promenade autour de l'Afrique », augmentée d'un détour en Syrie et en Palestine. L'intérêt des villes historiques de Damas, de Jérusalem, du Caire, ne s'est pas amoindri par leur entrée dans le mouvement contemporain : le chemin de fer et le bateau leur amènent les voyageurs ; leurs hôtels les retiennent jusqu'à ce que la série des « curiosités » à voir et des « monuments à visiter » soit épuisée.

Cette facilité des voyages s'est étendue : l'attirance instinctive vers des buts de plus en plus éloignés est devenue si puissante, qu'une fois en route, le touriste va de station en station pour le plaisir de voyager, de voir, d'assister à des spectacles curieux et d'ouvrir son âme aux impressions neuves.

Il faut ajouter cependant que le voyageur sans prétention aux explorations nouvelles est amené à constater l'intensité du mouvement industriel et commercial qui, sous la poussée des Anglais, transforme actuellement le Continent noir. Le barrage du Nil rend le fleuve navigable aux cataractes et étend la zone de ses inondations ; — le chemin de fer transporte les touristes à Khartoum et c'est aussi un train qui amène les visiteurs aux « Victoria Falls », découvertes par Livingstone il y a cinquante-trois ans. Plus au sud, les mines d'or du Transvaal, les mines de diamant du Cap ont créé dans une région presque déserte un intense foyer d'appel. Les usines y foisonnent, et les ouvriers, noirs ou jaunes, y vivent par milliers sous un régime spécial.

Là, par exemple, l'adaptation des natifs à la civilisation européenne, le contact créé par les nécessités de l'existence, font apparaître actuellement des contrastes et des spectacles curieux et incessamment renouvelés.

Il faut se hâter d'aller dans l'Afrique du Sud avant que le pittoresque ne disparaisse. Dans quelques années, bien des choses risquent de n'être plus qu'un souvenir, dont les photographies actuelles seront un témoignage.

L'auteur n'a, dans ce livre, d'autre prétention que de montrer le chemin, de dire ce qu'il a vu et d'engager ses lecteurs à suivre son exemple. Il lui est même permis de penser qu'il évitera aux voyageurs des expériences fâcheuses ou onéreuses, tout en leur facilitant le choix de leur itinéraire. . . . . *1ᵉʳ mai 1908.*

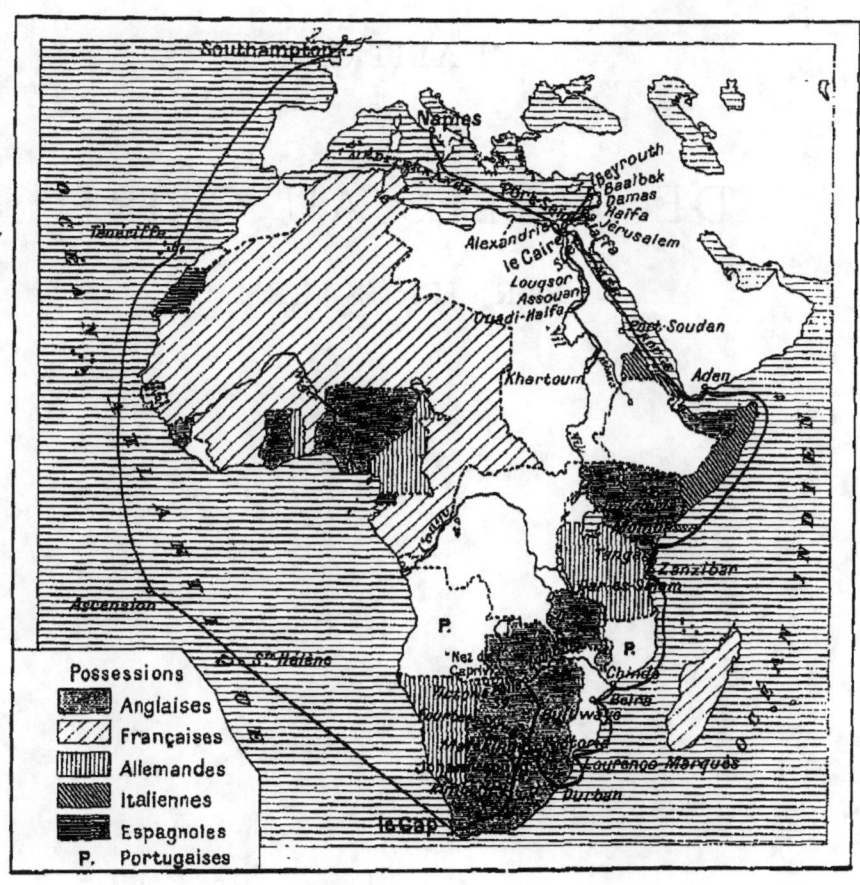

ITINÉRAIRE DU VOYAGE.

CHAPITRE I

DE NAPLES AU CAIRE

PAR JÉRUSALEM

LA MOSQUÉE OMAR A JÉRUSALEM.

CHAPITRE Ier

De Naples au Caire. — Le Caire. — Du Caire a Port-Saïd. — De Port-Saïd a Beyrouth. — Beyrouth. — De Beyrouth a Baalbek. — De Baalbek a Damas. — Séjour a Damas. — De Damas a Haïfa. — De Haïfa a Zicron-Jacob. — De Zicron-Jacob a Jaffa. — De Jaffa a Jérusalem. — Séjour a Jérusalem. — Excursion a Bethléem. — Jérusalem. — Excursion a Jéricho. — Jérusalem. — De Jérusalem a Port-Saïd. — De Port-Saïd au Caire. — Le Caire. — Excursion a Sakkarah. — Le Caire.

DE NAPLES AU CAIRE

4 janvier 1907. — Me voici à Naples, après m'être arrêté quelque temps à Montreux et après avoir traversé le tunnel du Simplon; aujourd'hui, je pars sur le paquebot *Hohenzollern* pour Alexandrie.

J'avais fait à Montreux la connaissance d'un Ecossais habitant Boston, M. Farquhar, à qui j'avais parlé de mes projets de voyage et qui m'avait promis de m'accompagner s'il obtenait l'assentiment de sa femme et de sa fille, qui devraient attendre son retour, à Montreux. Il faut croire que M. Farquhar a réussi, car depuis deux jours il est ici et a pris son passage sur le *Hohenzollern;* j'en suis très content : il est plus agréable de voyager à deux que voyager seul.

Mon voyage commence très bien. J'avais retenu depuis quinze jours une cabine à un lit; les prix variaient de 275 à 500 francs; pour cette courte traversée de trois jours je m'étais contenté de la cabine la moins chère, qui portait le n° 147. Arrivé à bord, je constate qu'elle est déjà occupée. Je m'adresse au *chief steward*, homme à grandes moustaches soignées et aux allures d'ancien sous-officier de cavalerie, qui, d'un air de haute protection, m'ouvre le n° 141, cabine extérieure à deux lits. Je n'ai pas perdu au change. Il me demande de n'en rien dire à personne; je n'en souffle mot à qui que ce soit.

L'heure du départ était fixée à onze heures du matin, mais il est midi passé et nous n'avons pas encore bougé. En attendant, on se divertit en regardant des nageurs qui ne perdent pas une seule des pièces de monnaie qui leur sont jetées du navire; un des nageurs fait mine de se jeter à l'eau tout habillé, afin de stimuler la générosité des spectateurs; mais il se laisse toujours devancer par un second en maillot, qui est certainement son associé.

A côté de nous, une barque occupée par des chanteurs ambulants subit la concurrence des hommes qui avaient transporté du charbon sur notre bateau, et qui, leur ouvrage terminé, produisent par leur chant et surtout leur danse de diables noirs, un effet d'un comique irrésistible.

Il ne faut jamais être en retard. Un passager, qui s'était mis dans ce cas, raconte qu'il avait loué une barque, au prix de cinq lires, qui devait le conduire avec ses bagages jusqu'au steamer. A moitié chemin, le batelier exigea quinze lires, payables de suite, menaçant, en cas de refus, de retourner à Naples : force a été au retardataire de payer.

Nous ne partons qu'à deux heures. Une dame arrive au dernier moment. Elle avait télégraphié de Bologne que son train était en retard et avait demandé qu'on l'attendît; elle est persuadée que ce service lui a été rendu.

Comme sur tous les bateaux du *Norddeutscher Lloyd*, les menus des repas sont d'une abondance excessive. Au premier déjeuner on a le choix difficile entre 42 plats, et au deuxième entre 68. Il y en a pour tous les goûts; mais les plats sont minuscules; on passe son temps à appeler les « stewards » et à commander. Pour ma part, j'aurais préféré un choix moins grand et une portion moins petite.

7 janvier. — La traversée est sans incident, et, à six heures du matin, nous nous trouvons devant Alexandrie; mais il y a un brouillard épais et il est impossible de trouver l'entrée du long canal qui mène au port. Aucun pilote ne se présente. Il paraît que nous étions déjà à cet endroit il y a plus d'une heure et qu'alors l'entrée était parfaitement visible; mais le capitaine, jugeant l'heure de l'arrivée trop matinale, avait fait exécuter un grand circuit à son bateau. Nous décrivons d'autres et nombreux cercles depuis ce moment, car il est deux heures de l'après-midi lorsque le ciel s'éclaircit et qu'un pilote apparaît. On nous raconte que quatre autres vapeurs ont tourné en rond comme le nôtre; nous ne les avions pas vus.

Par suite de ce retard, un déjeuner supplémentaire nous a été servi. Cela ne faisait pas l'affaire de Messieurs les « stewards » qui avaient déjà reçu ce matin leurs pourboires, généralement très larges, et qui fournissaient à leur idée un travail non rétribué. Le service s'en est fortement ressenti. Il est préférable d'attendre le moment de quitter le bateau, avant de distribuer les pourboires; les « stewards » ne manqueront jamais de se trouver sur le passage de leurs clients.

J'achète au « chief steward » mon billet de chemin de fer d'Alexandrie au Caire, et je reçois comme prime gratuite un ticket de débarquement de Cook, avec lequel moi et mes bagages seront transportés à la gare. Le prix de ces billets est de cinq shellings.

Le *Hohenzollern* accoste au quai, des porteurs et les employés de Cook arrivent et on se les arrache. J'attends tranquillement leur retour. Un « Cook » descend avec moi dans ma cabine; il prend ma malle et revient chercher ma valise. Je l'accompagne et monte dans l'omnibus sur lequel a été placée ma valise. La malle a été chargée sur un camion. L'omnibus nous conduit à la douane, le camion aux bagages nous suit, l'employé de Cook tient une conversation animée avec un douanier qu'il est allé quérir. Ils débattent peut-être le montant du bakhchiche, finalement le douanier vient à notre portière demander si nous avons des armes à feu: mon voisin cache vite son fusil; la visite en douane est terminée.

Transportés ensuite à la gare, nous prenons le train de quatre heures vingt-cinq, dans lequel je retrouve M. Farquhar, arrivé par un autre omnibus Cook et, à sept heures et demie du soir, nous sommes au Caire. Par des rues décorées de drapeaux, nous nous rendons à l'*Eden Palace Hotel*, situé en face du jardin de l'Ezbekieh, le Parc Monceau du Caire.

Après le dîner, promenade dans les environs de l'hôtel.

Les rues présentent une animation extraordinaire. Nous apprenons que S. A. le Khédive fêtera demain le quinzième anniversaire de son avènement au trône.

LE CAIRE

8 janvier. — Nous nous dirigeons vers la rue principale dans laquelle se trouvent les *Hôtels Shepheard* et

LE CAIRE. — ARC DE TRIOMPHE.

Continental; elle est sillonnée de voitures qui conduisent des personnages évidemment importants, à en juger par leurs costumes chamarrés d'or : tous sont coiffés du tarbouch ou fez. Les voitures vont dans la même direction;

nous les suivons et nous arrivons en passant sous un arc de triomphe, en forme de demi-lune, à une très grande place, dont un côté est bordé par le palais du Khédive, le palais d'Abdine.

La place est couverte de monde, tenu à distance par des agents de police à pied et à cheval; mais la consigne n'existe que pour les indigènes. Nous pouvons nous approcher du palais, et assister pendant quelque temps à l'arrivée de nombreux Beys et Pachas, qui viennent présenter leurs félicitations au Khédive. Successivement, arrive le Corps diplomatique, dans lequel figurent deux officiers allemands et deux autrichiens, puis le major général Bullock, chef de l'armée d'occupation, entouré d'une grande quantité d'officiers anglais.

A midi la réception est terminée. Le Khédive sort du palais, précédé et suivi d'un peloton de sa garde particulière à cheval.

En l'honneur de cet anniversaire, il y a l'après-midi une revue de troupes égyptiennes au champ de manœuvres d'Abassieh où nous nous rendons en voiture. Arrivés à destination, nous trouvons la chaussée barrée par la police, qui fait diriger à gauche, c'est-à-dire le long du champ de manœuvres, les voitures dont les occupants sont munis d'une carte d'invitation, tandis que les autres sont dirigées à droite. La foule des indigènes remplit les trois autres côtés du champ. N'ayant pas eu le temps de me procurer une invitation, notre voiture prend le chemin de droite, mais dès qu'elle est arrêtée, j'en descends et traverse la chaussée bordée dans toute sa longueur par deux haies d'agents de police. Je n'ai plus qu'à passer entre les voitures des privilégiés pour me trouver au premier rang.

L'armée égyptienne est rangée en face de nous; à trois

LA REVUE. — GARDE PARTICULIÈRE DU KHÉDIVE.

heures arrive le Khédive revêtu d'un uniforme très simple, monté sur un cheval blanc. Il est suivi de quelques officiers et d'un escadron de sa garde particulière à cheval. Le Khédive a l'air jeune et présente une physionomie sympathique et intelligente. Il paraît, du reste, que son physique ne trompe pas. Il passe devant le front des soldats et le défilé commence. Les troupes sont composées : d'un escadron de cavalerie, de quatre mitrailleuses attelées, d'une batterie d'artillerie de montagne, des élèves de l'École militaire et de

LA REVUE. — DÉFILÉ DE L'INFANTERIE.

trois bataillons d'infanterie, deux mille hommes environ. Elles défilent quatre fois : l'infanterie en différentes formations, la cavalerie au pas, au trot et au galop. Les soldats ont très bonne mine ; ils sont visiblement fiers de porter de beaux uniformes ; tous, sans exception, d'une taille au-dessus de la moyenne, se tiennent très droit et exécutent les mouvements avec beaucoup de précision. Officiers et soldats sont coiffés du tarbouch ; les commandements se font en langue arabe. L'impression est excellente.

Après le défilé, l'armée se met de nouveau sur une ligne et pousse trois fois le cri : *Effendimez tchock yacha :* Vive Son Altesse le Khédive.

La journée se termine sur la terrasse de l'*Hôtel Continental*. La musique d'un régiment écossais H M O B, His Majestys own borderers (gardes-frontière particuliers de Sa Majesté) donne un concert. Au-dessous de nous se meut une foule bigarrée, sur laquelle les tarbouchs rouges jettent une note gaie.

9 janvier. — M. Farquhar n'a pas de passeport et comme il en faut un pour entrer en Turquie, je l'accompagne chez le consul américain qui lui délivre un certificat, avec lequel il obtient ensuite et promptement à l'Hôtel de Ville du Caire le papier demandé qu'on désigne ici sous le nom de *teskere*.

La matinée a été prise par ces démarches. Nous avons cependan le temps de monter à la citadelle, dont la situation élevée offre une belle vue sur le Caire et les Pyramides. L'après-midi, nous prenons le tramway électrique, qui nous conduit au pied de celles-ci. Mais aussitôt descendus du train, nous sommes harcelés par des Arabes qui demandent à nous guider ou à nous persuader que nous devons monter à âne ou à chameau pour faire le chemin jusqu'au Sphinx. On ne peut avoir aucune idée de la persévérance et de l'insistance de ces gens, sans en avoir pâti. Toute une tribu d'Arabes demeure non loin des Pyramides, qu'ils considèrent comme leur propriété exclusive, et ils n'admettent pas qu'un étranger puisse s'approcher de ces monuments sans leur payer un tribut; en tout cas, ils font tous les efforts pour l'en empêcher.

Néanmoins, il existe un tarif fixe :

5 piastres pour visiter le temple du Sphinx;

10 piastres pour monter sur la Pyramide de Chéops;

10 piastres pour y entrer[1].

A ce prix, on obtient des guides gratuits, mais qui réclament naturellement leur bakhchiche.

Ayant déjà fait l'ascension des Pyramides et la visite intérieure, il y a dix-huit ans, au prix de grandes fatigues, je m'en dispense cette fois; mais nous allons au temple du Sphinx, moyennant 5 piastres par personne, sans compter le bakhchiche du guide, lequel, malgré nos protestations, s'est attaché à nous. Lorsque je suis venu ici pour la première fois, il n'y avait pas encore de tramway, il fallait prendre une voiture et partir du Caire de très bonne heure le matin; l'excursion se fait aujourd'hui plus facilement et à moins de frais.

En nous promenant après le dîner devant l'hôtel, des guides offrent leurs services dans toutes les langues. Tous

---

1. La monnaie de l'Egypte est la piastre qui vaut 26 centimes.
Une pièce de 20 francs vaut 77 piastres.
Une livre sterling vaut 97 piastres et demie.
Les pièces en circulation sont de 20, 10, 5, 2 et 1 piastres en argent.
Une piastre, une demi-piastre, appelée aussi petite piastre, 2 millièmes (1/5 de piastre), 1 millième (1/10 de piastre) en nickel.
Un demi-millième et un quart de millième en cuivre existent également, mais l'étranger ne les voit jamais.

veulent nous conduire au « Fishmarket », le marché aux poissons ; nous ignorons pourquoi.

DU CAIRE A PORT-SAID

10 janvier. — Nous allons au bureau des Messageries Maritimes, prendre des billets de Port-Saïd à Beyrouth, dont le prix est de 65 francs. J'apprends, en même temps, qu'un courrier de Paris vient d'arriver, et je puis encore aller à la poste chercher mes lettres.

A onze heures, nous partons pour Port-Saïd. Autrefois tout le parcours se faisait en plein désert ; aujourd'hui plus de la moitié du pays que nous traversons est cultivée, grâce au barrage du Nil, élevé à Assouan dans la Haute-Egypte. Une des stations est Tel-el-Kébir, lieu connu par la bataille décisive entre les Anglais et les Égyptiens commandés par Arabi Pacha, qui, depuis cinq ans, vit de ses rentes au Caire.

Un Égyptien bien habillé à l'européenne voyage dans notre compartiment. Il me dit qu'il est établi à la Bourse du coton à Tantah et qu'il va à Beyrouth visiter un client récalcitrant. Tantah est une place très importante, où se font des spéculations énormes en coton ; autrefois Liverpool dirigeait le marché du coton, et faisait la hausse et la baisse ; mais maintenant les Bourses égyptiennes se sont émancipées.

Le prix du coton égyptien est beaucoup plus élevé, presque du double de celui du coton américain, mais sa qualité est supérieure ; le coton est plus soyeux et plus long. Actuellement il vaut environ 21 1/2 talari le contrat. Un talari égale 20 piastres ou 5 fr. 20 centimes, un contrat, 36 oks ou 200 kilos : par conséquent les 100 kilos de coton égyptien première qualité valent 56 francs : ils ne valaient que 45 francs, il y a six mois ; tel est le renseignement que ce voyageur m'a donné entre le Caire et Port-Saïd.

Le train arrive à trois heures et demie, et nous allons à l'Hôtel Continental ; nous aurons le temps de visiter la ville en détail, d'autant plus qu'il n'y a pas grand'chose à voir.

Une petite statue de la reine Victoria, en souvenir de son jubilé, surmonte une fontaine. On aurait pu faire la statue plus grande, à peu près de la taille de celle de de Lesseps qui se trouve au milieu de la jetée. Ferdinand de Lesseps est représenté, montrant du doigt le canal, dont il domine l'entrée. Voilà une statue bien méritée ; on s'en rend compte en voyant le mouvement maritime colossal auquel le canal de Suez a donné lieu et l'essor immense que la navigation a pris depuis son ouverture. J'espère qu'un jour, un autre monument en l'honneur de de Lesseps dominera l'entrée du canal de Panama dont, malgré toutes les déconvenues, il est l'initiateur.

En ce moment Port-Saïd est calme. Il n'y a d'animation que lorsque de grands navires font escale : alors les boutiques s'ouvrent, le café-concert exhibe ses artistes, les rues se peuplent et les étrangers sont exploités et plumés de toutes façons.

DE PORT-SAID A BEYROUTH

11 janvier. — Nos valises sont portées au port ; là on nous fait entrer dans un bureau, où nous devons déclarer sur l'honneur et signer la déclaration, que nous n'avons pas séjourné à Ismailieh, mais que nous venons directement du Caire.

Pendant ce temps, les porteurs ont mis nos valises dans un canot; nous y montons également, à ce moment l'employé de l'hôtel nous réclame 3 shellings pour nous conduire jusqu'à l'*Australien* qui se trouve à peine à 50 mètres de nous. J'avais lu sur un avis, que le tarif d'embarquement est de 3 pence par personne, aussi remontons-nous sur le quai en prenant nous-mêmes nos valises. Nous prenons un autre canot et payons 3 pence par personne au préposé; mais le batelier ne démarre pas. L'employé de l'hôtel, auquel j'ai voulu donner une leçon plutôt qu'un bakhchiche, lui ordonne de rester à quai. Nous sommes obligés d'appeler un officier de police. Après une très courte explication, il commande au batelier de partir immédiatement.

Nous nous installons sur l'*Australien*, il y a peu de passagers et chacun a une cabine spacieuse. Le départ a lieu à une heure. Nous longeons l'immense brise-lames et sommes bientôt en pleine mer, sans nous en apercevoir, tant elle est calme, heureusement, car nous n'avons pas beaucoup de cargaison et le navire est si peu chargé, que l'hélice tourne partiellement dans le vide, ce qui occasionne de fortes trépidations.

L'après-midi se passe en promenades sur le pont; le temps est très doux et agréable. Il faut croire que peu de voyageurs ont le pied marin. Nous ne sommes que cinq à table, tant pis pour les autres car le dîner est exquis. Mon compagnon de voyage, que je n'ai jamais vu boire que de l'eau, vide une bouteille de bordeaux et un verre de fine champagne. A-t-il changé ses bonnes habitudes ou est-ce parce que les boissons sont comprises dans le prix du passage? Je le saurai bien.

Après le dîner, je vais au fumoir; le capitaine et le médecin, qui s'y trouvent, sont très soucieux; ils n'ont pas de partenaire pour faire un bridge. Je suis heureux de pouvoir compléter la partie et je passe la soirée gaiement en société de ces deux aimables compagnons.

12 janvier. — A six heures du matin, juste au moment où la machine cesse de marcher, je regarde par le hublot et vois un phare. Nous sommes arrivés à Beyrouth. Une heure plus tard je regarde de nouveau : une pluie diluvienne tombe et un arc-en-ciel magnifique encadre le panorama de Beyrouth. Lorsque vers huit heures, je monte sur le pont, le médecin du port, un bel Arménien, est en train d'examiner l'équipage et les passagers de troisième, en les palpant sous les aisselles et ailleurs; il ne s'occupe pas de nous autres, privilégiés.

Les passagers de troisième sont ensuite empilés avec leurs volumineux bagages dans des canots. Dans le premier canot, ils sont serrés comme des harengs, dans le deuxième, ils sont déjà plus à leur aise et dans le troisième ils sont peu nombreux. Il ne faut jamais trop se presser. Ces passagers sont conduits au lazaret, où ils doivent purger une quarantaine de vingt-quatre heures à cause de la peste, qui, paraît-il, sévit en Egypte; mais surtout, pour produire un effet moral sur les populations orientales qui sont très impressionnables. Nous autres, passagers de première classe, nous sommes obligés de passer la quarantaine d'un jour sur le bateau, et de payer 12 francs pour la nourriture. Ce supplément est exigé même de ceux que le mal de mer empêche de prendre quoi que ce soit.

L'*Australien* est ancré loin du port, et nous pouvons admirer à distance le panorama de Beyrouth et du Liban. Il n'a d'ailleurs rien de bien remarquable par ce temps de pluie et serait probablement très pittoresque, comme celui de toutes les villes orientales, s'élevant en amphithéâtre, s'il était éclairé par le soleil.

Beyrouth me rappelle une histoire qui a circulé au moment où Richard Wagner songeait à créer un théâtre à Bayreuth, et où il sollicitait pour son œuvre le concours de tous les souverains. Parmi les donateurs généreux figurait le Sultan, qui, paraît-il, avait cru qu'il s'agissait de Beyrouth !

Aussitôt après le déjeuner le capitaine, M. Baretge, vient me chercher, nous passons l'après-midi et la soirée à jouer au bridge ; il n'a pas cessé de pleuvoir à verse. Le médecin du port est revenu. Il me demande ma carte de visite et me délivre un certificat de bonne santé, moyennant 5 piastres.

Le vin et le cognac n'ont pas dû réussir à mon compagnon de voyage, car il n'en prend pas ce soir.

BEYROUTH

13 janvier. — A six heures et demie du matin, on nous prie de passer au salon ; le médecin du port nous y attend. Lorsque nous sommes tous réunis, il nous compte, et, après cette formalité, le représentant de la santé publique ottomane se déclare satisfait.

Vers huit heures, nous entrons lentement dans le port qui est fort petit ; les barques des hôtels nous attendent et nous donnons nos bagages à l'employé de l'*Hôtel d'Orient*. Au débarqué, nous sommes conduits dans un petit bureau, où nous déposons nos passeports, que nous pourrons reprendre cet après-midi ; nous passons ensuite dans la salle de douane contiguë; un employé colle des étiquettes sur nos valises, sans les faire ouvrir, aucun bakhchiche n'est demandé.

C'est dimanche aujourd'hui, presque toutes les boutiques sont fermées; nous voyons, en passant, les immenses

KAWASS DU CONSULAT AMÉRICAIN.

magasins Orosdi-Back et l'hôtel de la Banque Ottomane. Dix minutes après, nous sommes à l'*Hôtel d'Orient*, le meilleur de Beyrouth; aussitôt nous en sortons pour nous promener, sans guide, jusqu'aux principales places, celles du Canon et du Sérail. Dans un coin de la première, il y a une haute tour carrée avec deux horloges : l'une marque l'heure européenne dix heures trente minutes, l'autre l'heure turque, quatre heures trente minutes. L'heure turque se règle d'après le coucher du soleil, et varie forcément chaque jour, ainsi lorsque, comme aujourd'hui, le soleil se couche à six heures, il est minuit pour les Turcs ; à six heures du matin il est midi, et dix heures et demie pour nous deviennent quatre heures et demie pour eux. Ici on ne compte plus d'après l'heure turque ; mais on le fait encore dans l'intérieur du pays.

Une grande caserne borde un des côtés de la place du Canon ; l'extérieur en est très propre, je crains que l'intérieur ne le soit pas autant. La place du Sérail tient son nom du palais du Gouvernement qui s'y trouve ; les trois autres côtés sont presque exclusivement occupés par des coiffeurs et des cafés. Au milieu, dans un jardin rempli de plantes luxuriantes, je remarque surtout des arbustes portant des feuilles vertes et des feuilles d'un vif rouge « Pansettia pulcherrima » et d'autres avec de grandes clochettes rouges « Hibiscus ». Mon compagnon de voyage est botaniste et cite les noms de toutes les plantes ; c'est à lui que je dois leurs nominations latines. Depuis, j'ai su que le nom en arabe de la première plante signifie : Fille du Consul.

Les bazars n'offrent pas grand intérêt, mais sont très fréquentés. Dans des boutiques, nous voyons des fruits et des légumes merveilleux : des pommes de terre nouvelles, des radis, des aubergines monstres, beaucoup d'oranges et de mandarines ! Il y a aussi des dattes fraîches ; mais pressées en ballots, ce qui ne leur donne pas un aspect appétissant.

Le temps est délicieux ; mais nous sommes surpris par

une averse, nous nous réfugions sous un portail sur lequel s'ouvre la boutique d'un barbier; le coiffeur est assis sur un escabeau à la manière turque, et caresse ses pieds nus. Un client arrive pour se faire raser; aussitôt il est servi.

Nous retrouvons facilement l'hôtel, grâce à quelques passants bien habillés auxquels nous demandons successivement notre chemin et qui nous l'indiquent toujours très poliment en français.

Par un soleil radieux, nous faisons l'après-midi une promenade à la partie supérieure de Beyrouth; les routes sont terribles; il y a de très belles constructions modernes en style oriental et partout une véritable profusion de fleurs et de plantes. Il y a surtout des roses de toutes couleurs. Nous voyons les collèges syrien et américain; devant ce dernier, caracole le « kawass » du Consulat américain sur un beau cheval arabe.

En face, s'étend la mer, bordée par les hauteurs de l'Anti-Liban et au fond, la montagne Hermon couverte de neige et souvent mentionnée dans la Bible et chantée par les poètes.

DE BEYROUTH A BAALBEK

14 janvier. — Un séjour prolongé à Beyrouth ne nous paraissant pas opportun, nous quittons cette ville à sept heures du matin par le chemin de fer à crémaillère de la ligne de Damas.

Le compartiment voisin du nôtre est occupé par un voyageur accompagné d'un « kawass » en costume magnifique mi-albanais, mi-grec et qui est armé d'un revolver grand calibre et d'un effrayant sabre turc. A chaque halte, il vient prendre les ordres de son maître et en reçoit presque toujours.

A la station d'Ain Sofar, qui est à une altitude de 1 300 mètres, se trouve un hôtel immense avec belle vue et qui est très fréquenté en été par des Egyptiens.

KAWASS DE LA BANQUE OTTOMANE.

Dans cette région le sol est cultivé partout; il y a beaucoup de vignobles, les ceps sont toujours courbés à peu de distance de la terre; on ne les relève pas. Cependant je n'ai pas vu les fameux cèdres du Liban; il n'en existe peut-être plus?

A toutes les stations circule une foule bigarrée; pourtant le costume européen avec le fez se voit fréquemment. Partout on vend de la canne à sucre, que les indigènes sucent souvent comme unique nourriture. A l'un des cols que franchit la voie du chemin de fer, les rochers sont effrités, usés et polis : on dirait que cette partie du monde est plus ancienne que d'autres parties du globe terrestre!

Pendant le trajet, un employé vient vérifier nos passeports.

Dans la saison où nous sommes, la neige empêche souvent la marche des trains et interrompt la circulation entre Beyrouth et Damas. Nous avons la chance de ne pas être ainsi arrêtés et à midi nous arrivons à Rayak où nous goûtons à un déjeuner exécrable. Pendant l'arrêt, un homme vient encore prendre nos passeports.

Ici, nous changeons de train pour la ligne d'Alepo, le

train nous conduit en une heure à Baalbek. En cours de route, nos passeports nous sont rendus.

Arrivés à Baalbek, l'ancien Heliopolis ou Ville Lumière, nous nous faisons conduire au *New Grand Hotel* et

VUE D'ENSEMBLE DES RUINES DE BAALBEK.

en sortons aussitôt pour visiter les ruines des temples, qui nous ont attirés ici, et que nous avons déjà aperçues en arrivant. Nous en faisons d'abord le tour, et distinguons dans le mur d'enceinte, composé de pierres énormes, trois pierres de plus de 20 mètres de longueur chacune : ce sont les plus grosses pierres qui aient jamais été employées en architecture, les pierres des Pyramides non exceptées. Le mur d'enceinte a été construit par les Turcs avec des pierres prises dans les ruines des temples et les trois grosses pierres ont certainement servi d'architraves à des colonnes.

COLONNE MONOLITHE.

Les savants cherchent à expliquer comment les anciens, avec les moyens primitifs dont ils disposaient, ont pu mouvoir, et surtout élever à des hauteurs considérables ces poids formidables.

En tout cas, je crois que des pierres arrondies en quart de cercles ont été placées aux quatre côtés des pierres carrées, de façon à pouvoir rouler ces énormes blocs.

Après avoir fait extérieurement le tour des ruines, nous

COLONNES DU TEMPLE DU SOLEIL.

passons à la caisse, où nous payons un medjidié, 4 fr. 25 par personne et, cette formalité remplie, la porte d'entrée des temples nous est ouverte. Nous nous trouvons bientôt au milieu d'un chaos de ruines considérables, d'où émergent six colonnes, uniques restes du temple du Soleil. Un temple grec, dédié à Bacchus, a encore ses quatre murs et une douzaine de colonnes.

Le sol est jonché de fragments énormes de colonnes et autres pièces d'architecture tombés et cassés; on y voit aussi de très beaux morceaux sculptés. Pendant deux heures nous errons entre ces ruines, qui ressemblent un peu à celles de l'Acropole d'Athènes, mais ne datent que de 200 ans avant J.-C. Il n'y a que trois ans, sur l'initiative de l'empereur d'Allemagne et après sa visite, que ces ruines ont été complètement dégagées. Avant cette époque, seules les six colonnes du temple du Soleil et la partie supérieure du temple de Bacchus émergeaient du sable.

En revenant, nous rencontrons une petite fille habillée à l'européenne. Je lui demande de me dire où l'on pourrait trouver des cartes postales illustrées; elle répond gentiment en français qu'elle nous enverra le marchand à l'hôtel, ce qu'elle a fait en effet.

Le soir à table, nous faisons la connaissance du voyageur accompagné d'un « kawass », qui est venu dans le même train que nous : c'est le caissier de la Banque Ottomane, Émir Sélim Schéhab; il parle très bien français.

La salle à manger est chauffée, ce qui est fort agréable, car il fait très froid.

DE BAALBEK A DAMAS

15 janvier. — Ce matin, il pleut. De ma fenêtre, je vois les toits plats des maisons peu élevées environnantes; partout des hommes sont occupés à aplatir les toits au moyen de petits rouleaux en pierre.

Non loin de l'hôtel se trouve l'ancienne carrière de

laquelle ont été tirées les pierres employées à la construction des temples. Il y est resté un formidable bloc d'une longueur de 23 mètres, d'une hauteur de 3 m. 1/2 et d'une largeur pareille. Son poids est évalué à 800 000 kilos, comment aurait-il pu être transporté?

Quatre voitures arrivent. Elles sont bondées de touristes allemands, qui vont visiter la carrière et seront conduits ensuite à la gare, où nous les retrouverons plus tard. Ils sont arrivés ce matin à sept heures de Beyrouth, après avoir passé la nuit en chemin de fer. Ils ont parcouru les ruines sous la pluie battante, et, à dix heures, ils repartent, comme nous, pour Damas. Quel plaisir de voyager dans ces conditions!

Le train part à dix heures; nous avons comme compagnon de voyage un jeune Italien. Il va aussi à Damas et me dit qu'il savait qu'il nous rencontrerait; on le lui avait dit à l'*Hôtel d'Orient*, à Beyrouth; il me donne sa carte : « Dottor Angelo Bocchi, de Parme. »

Pendant le trajet de Baalbek à Rayak, notre passeport nous est réclamé : c'est étonnant! ce qu'on vérifie les passeports en Asie-Mineure! Arrivant à onze heures à Rayak, nous avons un arrêt de une heure trois quarts. Après le départ de Rayak nos passeports sont, une fois de plus, demandés.

Parcours monotone jusqu'à la station « Souk Ouadi Barada », où le paysage devient sauvage; la rivière Barada coule en bas, le chemin de fer suit le lit de la rivière. A quatre heures, nous voyons quelques maisons, le train s'arrête. Nous sommes à Damas; nous n'allons pas à la station terminus; nous arrêtons à la précédente, Béramkié, qui est plus proche des hôtels.

Notre compartiment est pris d'assaut par des hommes,

qui clament chacun le nom d'un hôtel. Nous disons que nous descendrons à l'*Hôtel Victoria;* aussitôt tous déclarent être employés de cet hôtel; mais, immédiatement après, ils se disputent ensemble. Je ne suis pas éloigné de croire qu'ils nous ont tout simplement mis aux enchères. Le plus gros d'entre eux a le dessus; il s'empare de nos bagages, fait mettre le tout dans une voiture avec nous trois. Le siège est bien rempli, mais il trouve encore moyen de s'y hisser et, — hue, Cocotte!

Notre entrée à Damas n'est pas brillante; il a plu toute la journée, la route est couverte de boue et défoncée par des trous et des ornières, notre voiture risque à chaque instant de verser et penche surtout fortement de mon côté! Un troupeau d'ânes, conduit par un jeune garçon, monté sur un de ces animaux, passe au galop et nous envoie des paquets de boue; heureusement que la capote de la voiture nous protège.

Nous arrivons à l'hôtel sans incident, l'hôtelier nous demande 12 fr. 50 par jour, vin compris, et nous donne de belles chambres avec vue sur la Barada. Le patron me dit que le soleil donne toute la journée dans ma chambre, mais non aujourd'hui; il prétend qu'il y en aura demain.

L'homme qui nous a reçu à la gare s'est transformé en guide, il offre de diriger nos pérégrinations à travers Damas, moyennant 10 francs[1] par jour. Il laissera probablement marchander.

---

1. En Turquie on compte aussi par piastres, mais elles valent moins que celles de l'Égypte.
Une pièce de 20 francs vaut 108 piastres et demie.
Une livre sterling vaut 136 piastres et demie.
Par conséquent la piastre vaut environ 21 centimes.
La piastre a 40 paras.
Les pièces de monnaie sont :
La livre turque en or de 100 piastres.

L'*Hôtel Victoria* est très grand; il est traversé dans toute sa longueur par un hall, en forme d'une croix grecque de 42 mètres de longueur, dont les traverses ont 18 mètres et dont la largeur est de 6 mètres. M. Farquhar a tout mesuré; c'est sa spécialité! Toutes les chambres ouvrent sur ce hall, qui forme un rectangle avec la salle à manger, laquelle a aussi la respectable longueur de 15 mètres. Le fond de la salle à manger est formé par de nombreux casiers, qui contiennent toute la vaisselle de l'hôtel; ce décor manque absolument de goût. Dans le hall sont accrochées, encadrées, sous verres, de nombreuses attestations de princes et de grands seigneurs, déclarant qu'ils ont été satisfaits de l'hôtel.

Huit personnes se trouvent au dîner, un Hollandais, un Danois, deux Allemands, un Maltais, un Italien et un Américain.

SÉJOUR A DAMAS

16 janvier. — Le patron de l'hôtel a raison, le soleil éclaire ma chambre; nous aurons une belle journée pour

---

Le Medjidié en argent de 20 piastres.
Le demi-Medjidié de 10 piastres.
Le quart Medjidié de 5 piastres.
Mais ces pièces se trouvent peu en circulation, on ne voit que des Beschliks qui valent 2 piastres et demie.
Les demi-Beschliks de 1 piastre et un quart.
Les quarts Beschliks de 25 paras.
Et surtout les Métalliks, sale monnaie usée de 12 paras et demi, et demi-Métalliks de 6 paras et quart ou 2 centimes et demi.
Jusqu'ici ce serait assez simple, mais comme nous sommes en Turquie la chose se complique et devient complétement incompréhensible pour un étranger.
Le Medjidié vaut 20 piastres à Constantinople, il vaut 23 piastres à Caïffa et Beyrouth, on le prend pour 24 piastres et demie à Damas et pour 33 piastres à Smyrne. Par contre les caisses publiques, comme la poste, n'acceptent le Medjidié que pour 19 piastres dans tout l'Empire Ottoman.

notre promenade. Lorsque j'ouvre ma porte, je suis reçu par un agent de police, qui me demande poliment, en français, mon passeport. Il ajoute qu'il le rapportera à midi et que cela coûtera un franc.

Le guide aussi est présent; il a abaissé son prix à 6 francs et, à neuf heures du matin, nous nous mettons en route, en traversant d'abord une grande place, au milieu de laquelle se trouve un petit socle en pierre, entouré d'un échafaudage; on y érige un monument : personne ne sait à qui et on y travaille déjà depuis huit ans!

Nous entrons ensuite dans les bazars. On n'est pas matinal ici, beaucoup de boutiques sont encore fermées, d'autres sont en train d'ouvrir; il paraît que la vie ne commence qu'à midi. Nous voyons travailler tous les genres de métiers et forcément d'une façon très primitive. Il y a notamment des cordonniers, tisseurs, menuisiers, tourneurs, ferblantiers et aussi des boulangers, pâtissiers, restaurateurs. Dans beaucoup de cafés, tous les clients fument le narghileh, cette pipe où la fumée du tabac passe à travers une carafe remplie d'eau, avant d'être aspirée par le fumeur.

Les bazars sont larges et droits; ils sont couverts et assez propres. La foule n'a rien d'élégant; elle n'est même pas très pittoresque, sans doute à cause de la saison, car sur leurs costumes multicolores les hommes portent des paletots unis et sombres; les femmes sont rares; elles sont toutes habillées en noir et ont la figure complètement voilée.

Anes, chevaux, chameaux et voitures attelées traversent également les bazars, qui hébergent en outre un grand nombre de chiens, dont l'aboiement et aussi les cris de douleur dominent fréquemment le bruit. Dans certains bazars, il n'y a que des boutiques remplies d'articles de fabrication européenne et d'autres n'ont que des magasins d'objets orientaux. Le guide nous entraîne dans un de ces

COIN DE RUE A DAMAS.

derniers, celui de Moussa Arouan et Cie (ce qui semble les noms de Moïse, Aaron et Cie défigurés).

Les objets que les marchands nous montrent ne sont pas des nouveautés pour nous; nous connaissons depuis longtemps à Paris ces mêmes plats, coupes et cafetières en cuivre ciselé ou repoussé, ces meubles et cadres incrustés de nacre; en général, le travail n'est pas très soigné. Il y a pourtant quelques beaux plats, incrustés d'or et d'argent, et d'une grande finesse, qui représentent des scènes de la Bible, et qui ont des inscriptions en hébreu ; le marchand me demande si je puis les lire.

La principale fabrique de ces objets à Damas, est celle de M. Narsan, que nous visitons. Dans une grande salle sont ciselés et damasquinés des vases et autres objets en cuivre. Ce travail est fait par de petites filles de dix à douze ans, après que le dessin a été tracé à l'encre de Chine par des ouvriers spéciaux. Presque toutes ces petites filles sont jolies et rieuses ; elles ont surtout des yeux magnifiques. Il y en a environ cent cinquante dans cette salle ; toutes sont juives, elles reçoivent cinquante centimes par jour, pour dix heures et demie de travail ; elles ne viennent jamais le samedi à l'atelier.

Dans une autre salle on travaille le bois ; des hommes tracent le dessin et de toutes petites filles de huit à dix ans font les incrustations en nacre : elles doivent quelquefois gâter des pièces ! Dans d'autres salles on coupe le cuivre, on le martelle ; enfin nous pouvons suivre dans toutes ses phases la fabrication des objets mis en vente.

De là nous allons voir le tombeau de Saladine. En souvenir de sa visite, l'empereur d'Allemagne y a fait déposer une grande couronne. On la croyait en or et elle était gardée jour et nuit par la police ; mais depuis qu'on s'est aperçu qu'elle n'était que dorée la garde a été supprimée !

Ensuite nous entrons dans la « mosquée Omayyade » ; il nous faut mettre des babouches par-dessus nos bottines ; le gardien de la mosquée est couché sur son lit à la porte d'entrée ; il choisit et nous met les pantoufles, sans se lever. Il reçoit aussi le bakhchiche dans la même position. Nous traversons une immense cour pavée et propre, flanquée d'arcades de trois côtés, et surmontée par un beau minaret. Le quatrième côté est formé par la mosquée; un hall énorme, divisé en trois nefs par des piliers et ayant l'aspect d'une église, ce qu'elle était peut-être auparavant.

La mosquée a une surface d'environ 5 500 mètres carrés,

INTÉRIEUR DE LA MOSQUÉE OMAYYADE.

qui est complètement couverte de beaux tapis de toutes provenances. Côte à côte sont placés quatre mihrabs, ou niches à prières, tournées vers la Mecque, pour les quatre sectes de l'Islamisme, qui sont rarement d'accord entre elles. La chaire de l'Iman ou prêtre est belle; elle est en marbre, incrusté de pierres de couleur.

Au centre de la mosquée on conserve la tête de saint Jean-Baptiste; mais on ne la montre pas. Lors d'un incendie, le drap qui couvrait le sarcophage a été brûlé, le Sultan l'a remplacé par un magnifique drap vert richement brodé d'or. Dans une chapelle latérale on voit les restes d'une inscription grecque provenant de Théodosius, fils de l'empereur Constantin, l'empereur converti au christianisme en l'an 80 p. D. Il paraît que dernièrement un Américain érudit a séjourné à Damas, d'où il est allé à Jérusalem ; c'est là seulement qu'il a eu connaissance de cette inscription : il a refait le voyage de Damas pour la voir de ses propres yeux.

Nous montons sur un des trois minarets, d'où la vue embrasse le panorama de Damas. Les toits plats des maisons turques ne sont pas très décoratifs et les nombreux minarets paraissent maigres dans le ciel. La ville est traversée par de longs toits, qui sont ceux des bazars. Nous pouvons voir l'intérieur de la Citadelle, dont l'entrée est interdite aux étrangers. Dans la Citadelle sont conservés le drapeau et la tente consacrés que les pèlerins emportent à la Mecque.

Lors des massacres des chrétiens en 1860, 7000 chrétiens réfugiés dans la Citadelle ont été sauvés d'une mort certaine par Abd-el-Kader. Beaucoup de coupoles surmontent des bains turcs et des khans ou entrepôts de marchandises. La ville est entourée de verdure, au fond s'élèvent les hauteurs de l'Anti-Liban et du mont Hermon.

Notre excursion nous conduit ensuite dans le plus important des khans, celui d'Asad-Pacha, un grand hall rempli de tapis, d'étoffes, de dattes en ballots, etc. Sur un banc, plusieurs commerçants sont assis, et causent ensemble ; il paraît que ce sont les plus riches de la ville. Quelques soldats passent ; ils ont l'air misérable et l'aspect de mendiants : quelques officiers paraissent cependant très soignés.

Notre promenade nous amène devant un arbre qui, paraît-il, est âgé de 1200 ans. En cas de pluie, vingt-cinq personnes peuvent trouver un abri dans son tronc vermoulu.

Un marchand de cartes postales illustrées demande 2 francs par douzaine et baisse son prix à 0 fr. 50. Je fais mon choix et m'arrête surtout aux photographies de mosquées et de femmes orientales. Pendant le dîner j'apprends que la poste turque, la seule qu'il y ait ici, n'expédie jamais les cartes postales représentant des mosquées ou des femmes du pays. On me conseille de faire timbrer et oblitérer les cartes à Damas, de les reprendre, et de les expédier d'une autre ville par une poste européenne.

La poste turque fait souvent parler d'elle. On m'a raconté qu'un établissement de crédit a envoyé dernièrement à l'étranger un gros paquet de titres, recommandé et affranchi par une quinzaine de francs de timbres. Le paquet est bien arrivé à destination, mais ses quatre bords avaient été coupés et il avait été expédié comme imprimés avec un affranchissement de 2 francs; les autres timbres avaient été enlevés. Il n'y a d'ailleurs que deux facteurs et cinq boîtes à lettres dans tout Damas. On apporte les lettres aux destinataires dont l'adresse est connue, les autres viennent réclamer leur courrier.

J'achète à l'hôtel un paquet de cigarettes et donne un medjidié; le patron me rend sur 19 piastres, disant qu'il s'agit là d'un article de la régie.

17 janvier. — Il a plu toute la nuit; mais ce matin il fait très beau, pourtant la pluie a laissé des traces et, comme hier, nous pataugeons dans la boue. La tournée commence par le marché aux ânes, où ces malheureux animaux attendent un nouveau bourreau. A côté est le marché aux chameaux ; mais il n'est animé qu'à l'époque des pèlerinages à la Mecque. Les Persans, qui vont à la Mecque, traversent toujours Damas, parce que Fatima, une fille du Prophète et femme d'Ali, est enterrée ici. Il leur faut un an de fatigues et de privations pour faire ce pèlerinage.

Nous entrons dans un khan, hôtel habituel de ces pèlerins : quelques voyageurs et animaux s'y trouvent ; on y ferre un cheval ; le maréchal-ferrant lui soulève une jambe de derrière, puis il prend la queue du cheval et l'enroule autour de cette jambe pour la maintenir.

Un bruit régulier nous fait tourner la tête : un homme pile du café dans un mortier en pierre volcanique avec une barre de fer épaisse et très lourde. Il ne soulève jamais la barre sans pousser un fort ronflement.

Au marché aux fruits il y a surtout des oranges, celles de Jaffa à l'écorce épaisse et celles de Saïda à l'écorce très mince ; ces dernières ne peuvent pas être exportées. Il n'existe pas de plantations d'orangers à Damas, mais le pays produit beaucoup de pommes, de marrons, de noix, et d'abricots. Ces derniers sont séchés et pressés ; ils se débitent en forme de galettes, ayant l'aspect du pain d'épice et sont un grand article de consommation et d'exportation. On vend aussi des cédrats, des grenades et des melons en grande quantité.

Dans un khan on offre l'extrait de raisins secs, conservé dans des outres en peau ; tous les acheteurs y plongent un de leurs doigts malpropres pour goûter la marchandise. Dans un autre khan on vend de l'huile d'olives dans des outres qui ont la forme d'une cruche.

Je vais à la poste. L'employé colle lui-même un timbre

sur chacune de mes 42 cartes postales; il les oblitère ensuite sans se presser, et me les rend. Dix personnes attendent devant le guichet; cela ne le gêne nullement.

Le quartier juif est à proximité. Dans une maison, dont l'extérieur est sordide, on nous montre un salon surchargé

TOMBEAU DE FATIMA.

de sculptures en marbre et d'incrustations; il paraît qu'il a coûté à son ancien propriétaire Sham Aja, 500 000 francs; il manque absolument de goût. Ce salon sert maintenant à un fabricant d'objets de Damas, qui nous fait visiter son magasin et ses ateliers, réduction de ceux déjà vus hier.

Je vais marquer cette journée d'une croix blanche; c'est la première, que je passe dans l'Empire Turc, sans qu'on m'ait demandé mon passeport; l'agent de police s'est cependant montré à l'hôtel et nous a dit bonjour.

On a construit ici un tramway électrique. Le Danois, qui est à notre hôtel, en est le directeur; tout est terminé, il n'attend plus que la Commission qui doit vérifier la ligne et en autoriser l'exploitation. Il attendra peut-être longtemps!

Il est beaucoup plus facile d'obtenir une concession quelconque pour Damas ou pour une autre ville de province, que pour Constantinople. L'électricité est bannie de la capitale, il n'y a que deux établissements (la Banque ottomane en est un), qui aient l'autorisation de s'en servir comme éclairage. Quant au téléphone, l'emploi en est formellement interdit dans tout l'Empire Turc. Le Sultan, soucieux du bien-être de ses sujets, ne veut pas qu'ils se fassent autant de mauvais sang que nous à Paris! En passant, nous visitons la maison que saint Ananias, un apôtre du Christ, avait habitée. C'est lui qui a converti saint Paul au christianisme. La maison appartient aux Franciscains, qui ont construit une chapelle dans le sous-sol.

Dans un grand cimetière musulman, Fatima, la fille du Prophète, est enterrée. Personne autre qu'un Musulman, habitant Damas, n'oserait jamais entrer ici; mais les étrangers sont libres de le parcourir.

Dans le quartier chrétien, nous visitons la maison de M. Shamieh. Du dehors, elle n'a pas d'apparence; il faut traverser une petite cour et une petite maison et entrer dans une spacieuse cour d'une surface de 400 mètres carrés environ, d'après le calcul de M. Farquhar! Elle est pavée de marbre et remplie d'arbres et de plantes. D'un côté se trouve un renfoncement appelé le *Divan;* il est tourné vers le Nord et sert de salon pendant les chaleurs. Le divan est flanqué de chaque côté d'une grande pièce, le salon d'été et celui d'hiver. Dans le premier, il y a une fontaine et de beaux meubles en bois, couverts de soie, fabriqués à Damas, dans l'autre sont entassés d'anciennes faïences de Damas très précieuses, des livres ; mais des tableaux et d'autres objets de fabrication européenne jurent avec la décoration du salon, qui est de style arabe. Lorsque ces pièces sont garnies de tapis, bien arrangées et éclairées, elles doivent être bien jolies.

De l'autre côté de la cour se trouve une grande salle à manger, dont le plafond en bois sculpté est remarquable. On nous montre aussi une salle de bain, un boudoir, orné d'horribles chromos et un petit jardin, dans lequel un jeune arbre porte des cédrats, gros comme des melons.

Cette maison a été construite, il y a environ quarante ans, par un M. Shamieh, qui, paraît-il, y a dépensé un million de francs. Le propriétaire actuel l'a achetée pour 80 000 francs. Lorsque l'empereur Frédéric, alors prince royal, visita la Syrie, il habita cette maison, pendant quinze jours, comme hôte du propriétaire.

Un grand hall que nous visitons ensuite, sert de bazar aux orfèvres ; chacun de ceux-ci n'occupe qu'un tout petit carré, garni d'une vitrine et d'un coffre-fort ; les carrés ne sont séparés les uns des autres que par des planches d'une hauteur de 30 centimètres ; on peut voir ce qui se passe chez le voisin. Ce que les orfèvres vendent ou plutôt ce qu'ils nous montrent, car ils ont peut-être d'autres articles, ne vaut pas cher ; les objets en filigrane d'argent et les bagues en or, garnies de faux rubis, sont leur spécialité.

Tous les métiers de Damas, sans exception, ont leurs syndicats ; les mendiants ont le leur. Pourquoi les mendiants de Paris, qui sont assez nombreux, n'ont-ils pas leur syndicat et un bureau à la Bourse du travail ?

Les pierres tombales sont presque toujours taillées dans du marbre taché de rouge, exploité dans les environs de

Damas. Les taches rouges proviennent du sang d'Abel. Qui l'aurait cru?...

Un mets favori et qu'on voit exposé dans des centaines de petites terrines, est composé de lait, riz, amandes et sucre.

Damas a la spécialité des lokoùms, faits de riz, sucre, huile de roses, amandes et pistaches. On vend ce lokoùms aussi à Paris.

Parmi les marchands dans les bazars, plusieurs derviches sont reconnaissables à leur coiffure spéciale, un feutre gris en forme d'un pain de sucre, dont la pointe est enlevée. Pour rien au monde, un vrai derviche ne vendrait sa coiffure. Il existe cependant de faux derviches qui cèdent volontiers leurs fausses coiffures.

SUR LA ROUTE DE DAMAS.

Des ânes chargés de chanvre qui sert à allumer le feu, traversent en grand nombre les bazars; personne ne passe sans prendre quelques tiges de chanvre; il ne faudrait pas que ces ânes allassent trop loin, sans quoi il ne resterait rien de leur cargaison.

Lorsque la ville était entourée de murs, les portes étaient fermées au coucher du soleil; mais elles avaient un passage pour les retardataires. Souvent même ceux-ci déchargeaient leurs chameaux et les faisaient passer également. Ces ouvertures étaient appelées *trous d'aiguilles*. Les paroles de Jésus : « Il est plus facile pour un chameau de passer par le trou d'une aiguille, que pour un homme riche d'aller au ciel », s'expliquent ainsi facilement.

Le jeune Italien est pressé; il retourne ce soir à Beyrouth pour aller de là à Jaffa et à Jérusalem.

18 janvier. — Épiphanie des Grecs orhtodoxes. Il est tout naturel que nous allions faire une visite à leur église de la Vierge Marie, qui est très grande, propre et ornée d'un nombre considérable d'images de saints dans le style byzantin. Un suisse, qui se distingue des autres assistants par le bâton de tambour-major dont il est muni, nous fait de la place, et nous donne deux stalles au premier rang auprès du Patriarche, qui est assis sur un siège élevé; deux hommes tiennent un grand livre ouvert devant lui. Le Patriarche est un bel homme à longue barbe noire très soignée; il porte sur le nez un immense pince-nez en or. Deux popes se font face; l'un lit d'un ton nasillard des prières dans le livre, qu'un homme tient devant lui. Les femmes sont rangées tout autour et aux galeries.

Devant l'église, se trouve un grand sarcophage, le tombeau des Patriarches. Le nombre des Patriarches est de quatre, ceux de Constantinople, Jérusalem, Alexandrie et Damas.

C'est vendredi aujourd'hui, le dimanche des Musulmans; tandis que les autres jours les Musulmans font leurs cinq courtes prières journalières à l'endroit où ils se trouvent, ce jour-là, ils en font au moins une d'une demi-heure dans quelque mosquée. La prière consiste toujours dans la récitation de versets du Koran.

Les bazars sont plus animés que les autres jours; ils sont surtout fréquentés par les femmes, qui souvent ne sortent que ce jour. La plupart sont très proprement habillées en noir et la figure est complètement cachée par un voile.

En passant, nous entrons chez un boulanger; les chrétiens font eux-mêmes leur pain, des galettes rondes, etc., et l'envoient cuire chez le boulanger. Les musulmans ne font jamais leur pain, ils l'achètent chaque jour. Le four du boulanger est chauffé avec du crottin de chameaux et d'ânes, séché et mélangé avec de la paille hachée, unique combustible de Damas. Nous voyons ainsi chauffer un bain turc par un homme, qui, mécaniquement, d'une seule main, jette lentement de ce combustible, poignée par poignée dans le fourneau; il fait cela du matin au soir et se distrait de ce travail monotone en jouant sur une petite flûte de Pan, composée de deux tuyaux de bois. Les cendres ne sont pas perdues; elles servent, mélangées avec de la terre et de la paille, à la construction de murs et de maisons.

Je vais au Consulat de France, où je suis très bien reçu par le drogman, M. Victor Monge, pour lequel j'avais une recommandation. Je lui demande de me faire accompagner par le kawass afin de pouvoir visiter la maison d'Abdullah Bey Adam, qui ne s'ouvre aux étrangers qu'à cette condition et qui est, paraît-il, fort belle. M. Monge appelle un des kawass; mais celui-ci, bien informé, répond qu'il est inutile d'y aller, car les deux propriétaires sont brouillés ensemble; chacun conserve une clef de la maison et lorsque l'un consent à la donner, l'autre la refuse invariablement. Tant pis.

L'entrée du Consulat est garnie d'une rangée de fusils, qui ne seront jamais assez nombreux si, en cas de troubles, les deux ou trois mille Algériens qui habitent Damas venaient se réfugier au Consulat. Le bureau du Consulat a un aspect tout oriental; c'est un divan, ouvrant sur une belle cour. Un excellent café m'est offert.

Non loin du Consulat se trouve un bâtiment immense, peut-être le plus grand et le plus solide de Damas, c'est le couvent des Lazaristes. Nous traversons un grand nombre de petites rues très sales, qui ont à peine deux mètres et demi de largeur; elles sont surplombées par les étages supérieurs des maisons qui, dans tout l'Orient, avancent d'un et de deux mètres; on peut facilement traverser la rue d'une fenêtre à l'autre.

Au milieu des bazars un groupe de Bohémiens est installé autour d'un petit brasero. Le groupe se compose d'un homme, d'une femme et de quatre enfants, tous plus sales que la foule qui passe. Ils vivent de mendicité et lorsque les aumônes sont insuffisantes, ils y suppléent par des vols.

Les chaussures en bois, que l'on fabrique ici ressemblent à celles des Japonais : une semelle sur deux traverses élevées en bois d'abricotier. Elles sont très pratiques pour passer à travers les cloaques des rues.

Nous n'avons pas entendu dans cette foule, composée de tant de peuples divers, une seule discussion sérieuse; nous n'avons vu non plus aucun agent de police.

Le maréchal Mustapha Pacha, le commandant de la garnison de Damas, se promène dans les bazars. Il est en civil et suivi de deux officiers en tenue. Il est petit, gros, à barbe grise et n'a pas les allures d'un général. Les soldats qui le connaissent, le saluent; non par le salut militaire, auquel nous sommes habitués, mais par celui de tous les Musulmans. Ils font semblant de ramasser quelque chose de la main droite, baisent la main et l'élèvent ensuite à la hauteur du front, ce qui veut dire : « Je ramasse la poussière sur laquelle vous marchez, je l'embrasse et la porte sur ma tête. »

Un vieillard raccommode de la porcelaine; il paraît qu'il est originaire des Indes anglaises et qu'il a 114 ans.

Le tissage de la soie se fait, comme tout le reste, d'une façon très primitive. Les pièces terminées sont tapées avec de gros marteaux en bois, puis pressées, ce qui leur donne le brillant. L'industrie de la soie est la principale du pays; il y a vingt-cinq mille métiers à Damas. Les pièces ont une longueur d'environ 6 mètres et se vendent de 12 à 20 francs.

Un bain turc que nous visitons ensuite est rempli de monde, le Hammam de Paris en est le type raffiné. Il fait naturellement très chaud, et l'odeur laisse à désirer. On nous offre une petite tasse d'extrait de cannelle.

Dans la rue, nous voyons des gens très misérables manger une soupe de couleur rose, remplie de choux : c'est la soupe des soldats et dont le cuisinier donne ou vend le superflu aux pauvres. Notre guide raconte que, depuis quarante jours, les soldats n'ont pas eu d'autre nourriture que cette soupe, aucun boucher ne veut plus fournir de viande, parce qu'il n'en obtiendrait pas le paiement. Il nous dit aussi que, pendant quelque temps, la soupe des soldats a été colorée avec du jus d'abricots. La ratatouille de nos soldats français vaut tout de même mieux.

Les chiens abondent; ils ressemblent aux loups, on se

demande comment ils trouvent tous à se nourrir. Chaque chien a ses clients, qu'il ne laisse pas approcher par d'autres chiens; j'ai vu des gens très misérables leur donner des morceaux de galette. La progéniture de ces animaux est nombreuse et le nombre des chiens serait encore beaucoup plus grand, si la moitié au moins ne périssait chaque hiver de froid. A plusieurs reprises nous avons acheté du pain pour le donner aux chiens. Nous sommes alors entourés et suivis par une horde, mais elle ne dépassera jamais une certaine limite; gare au chien, qui se laisse entraîner plus loin.

Les ânes, moins abondants, se vendent ici de 50 à 250 francs, il y en a qui sont payés 1 000 francs. Le prix des chameaux varie de 150 à 300 francs.

Un jeune couple anglais est arrivé à l'hôtel; j'en suis très content pour M. Farquhar : il ne peut pas prendre part à la conversation générale qui se fait en français. Je lui conseille de lier connaissance avec les nouveaux arrivés.

19 janvier. — M. Farquhar me raconte qu'il a parlé au jeune Anglais, en lui disant : « *Fine day* » (beau temps), l'autre a répondu « *yes* » et c'était tout.

Ce matin, visite des environs de Damas en voiture. Nous pourrions la faire à pied; mais ce serait tout à fait inusité. M. Derner, le Hollandais de l'hôtel, me raconte qu'il s'est promené un dimanche et qu'il a rencontré un cocher qu'il avait déjà pris plusieurs fois. Le cocher lui offrit sa voiture et, sur le refus de M. Derner, il lui répondit : « Si vous n'avez pas d'argent aujourd'hui, je vous conduirai pour rien. »

Damas qui, entre parenthèses, est la plus vieille ville du monde, est située au centre d'une vallée, nommée Bachan, longue de 80 kilomètres et très souvent mentionnée dans la

Bible à cause de sa fertilité. La vallée est baignée par la rivière Barada, qui dans des temps historiques a été divisée en sept branches, qui partent d'un endroit, nommé Rabweh, en sept directions différentes. A cet endroit se trouvent une cascade et un café très fréquenté en été. Les rives de la Barada sont plantées de saules et de peupliers et doivent être ravissantes dans la belle saison.

Un des faubourgs de Damas est divisé en trois quartiers, le premier est habité par des Kurdes, le deuxième par des Circassiens, et le troisième était destiné aux Crétois qui préféraient la domination musulmane au gouvernement chrétien. Plusieurs familles crétoises étaient venues s'y installer; mais elles sont retournées en Crète, parce qu'elles ne pouvaient pas comprendre la langue du pays.

Toute une rue est bâtie par un seul propriétaire; il s'est fait enterrer dans une de ses maisons; chez nous, cela ne serait pas permis. Un peu plus haut, d'un point de vue, l'on peut voir Damas et les montagnes jusqu'en Palestine. Nous nous trouvons au pied d'une montagne de l'Anti-Liban, sur laquelle Abraham est enterré et Abel a été tué. Le paradis aussi était placé là. Que de choses! Le marbre taché de rouge est extrait de cet endroit.

La mosquée Juma Tikieh, où nous entrons, a une cour entourée de vastes locaux, qui servent de khan ou d'hôtel aux pèlerins de la Mecque; ils s'y rassemblent et y sont nourris aux frais du Gouvernement. J'espère pour eux que ce n'est pas avec la même soupe que celle des soldats.

L'Hôpital militaire est très propre extérieurement, comme tous les bâtiments officiels. Les portes sont gardées par deux sentinelles : est-ce pour qu'aucun malade ne puisse s'échapper, ou pour que personne n'entre sans être malade?

J'apprends, à table, qu'il y a réception cette après-midi au

Consulat de Perse en l'honneur de l'avènement du nouveau Schah. Nous y allons et trouvons chaque côté de la maison occupé par une douzaine de soldats ; ceux de gauche, appar-

CAFÉ A RABWEH.

tenant à l'infanterie sont dans un triste état, la plupart laissent voir des pieds nus dans des chaussures délabrées. Les autres paraissent appartenir à un corps d'élite, ils sont bien équipés et ont de beaux uniformes noirs avec des parements verts.

L'entrée de la maison est remplie d'officiers. Deux

kawass en costume brodé d'or et chargés d'armes, écartent la foule. Je m'approche de la porte, un kawass me fait signe d'entrer et veut absolument me faire monter l'escalier qui conduit au salon. Je préfère ne pas monter; je vais chercher M. Farquhar et nous allons dans la cour du Consulat, où nous trouvons installé un orchestre militaire de quarante hommes dont deux avec des clochettes appelées « chapeau chinois ». L'uniforme des musiciens n'est pas brillant non plus; chacun est habillé différemment, mais tous ont des parements rouges et des boutons de métal.

Les soldats qui étaient au repos, soit dans la maison, soit dans la rue, se rassemblent brusquement : une voiture arrive, précédée par deux cavaliers et suivie par deux officiers à cheval. « Le Mouchir » général en chef, arrive; aujourd'hui, il est en bel uniforme et a tout à fait grand air.

Il reste peut-être vingt minutes en haut; pendant ce temps l'orchestre joue assez bien plusieurs morceaux; ce qui est original, c'est le dandinement régulier des quarante fez, par lequel les musiciens marquent la mesure.

Les kawass nous avaient apporté des chaises et un domestique vient nous offrir du café et du sirop de cannelle. Le chef d'orchestre, flanqué des deux porteurs de chapeaux chinois, se place devant moi pour se faire photographier. Le Mouchir s'en va, accompagné jusqu'à la porte par le Consul. Arrivent ensuite le Vice-consul russe, et plus tard le Consul anglais. Chaque fois la musique joue tant que dure la visite.

Les fenêtres du premier étage donnant sur la cour sont garnies d'épais rideaux blancs; mais nous les voyons remuer et surprenons quelquefois une habitante en train de risquer un œil.

Tous les Consuls viendront successivement, mais nous ne les attendons pas. Les kawass nous accompagnent jusqu'à la porte, avec autant de cérémonie que si nous faisions partie du Corps diplomatique, ceci grâce au bakhchiche, qu'ils ont bien mérité.

Dans le bazar où nous retournons, le propriétaire du plus grand magasin d'objets orientaux, M. Afsad, nous force d'entrer chez lui, quoiqu'il sache que nous n'achetons rien. Mais il a appris par le jeune Italien qui était avec nous que je publierai un récit de mon voyage et il tient à me montrer les plus beaux objets de son magasin. Il fait étaler devant nous des tapis persans anciens, merveilleux d'une valeur de 7 500 francs et nous montre des meubles, des broderies et des armes magnifiques.

Il m'assure que lorsqu'un étranger vient, accompagné d'un guide, celui-ci touche 15 pour 100 du montant des achats, c'est le tarif établi ; on a donc intérêt à venir seul, lorsqu'on veut faire des achats.

Les livres-guides de voyage prétendent tous, qu'il est impossible, à Damas, d'acheter sans être accompagné d'un guide : ceci est d'autant plus faux, que les commerçants parlent toutes les langues. M. Afsad me raconte que le jeune couple anglais de notre hôtel a acheté chez lui pour 125 livres sterling et que leur guide qu'ils avaient amené de Jaffa, a d'avance renoncé à sa commission et s'est contenté d'un cadeau pour sa femme. Ces guides sont rares.

Nous sommes sortis cette après-midi sans guide, nous aurions déjà pu nous en passer hier, mais pour commencer on en a besoin ici. En revenant de la promenade et avant d'entrer à l'hôtel, je cherche en vain un des nombreux cireurs de bottines, qui m'entourent habituellement.

J'apprends que comme c'est aujourd'hui samedi, ils ne travaillent pas; ils sont tous Juifs.

En Turquie, on prend comme apéritif du raki et on mange quelques olives. Le raki est de l'eau-de-vie de vin, à laquelle on ajoute un extrait d'anis. Il a le même goût que l'absinthe; mais est moins nuisible.

J'ai une longue conversation avec le couple anglais; il vient de Jérusalem par Nazareth et a campé quinze jours en plein air. Il ira en quittant Damas, par chemin de fer, à Beyrouth et de là, à Constantinople.

Les amusements sont rares le soir. Aujourd'hui une troupe d'acteurs égyptiens joue *Hamlet* en arabe. La distraction permanente consiste à visiter plusieurs cafés-concerts, dont les artistes sont des Juifs et surtout des Juives, pour la plupart d'un certain âge, qui chantent et dansent. Ce spectacle sans intérêt est très goûté par les Turcs, qui y passent leurs soirées et il est avéré que les fonctionnaires et officiers turcs dépensent dans ces établissements les deux tiers de leurs appointements.

Le personnel de l'hôtel est très nombreux; il est impossible de savoir à qui donner des bakhchiches. Nous remettons deux medjidiés au patron et il se charge de les distribuer; les mines du personnel me paraissent exprimer la satisfaction.

DE DAMAS A HAIFA

20 janvier. — Que c'est dur; je me réveille à deux heures du matin et quelques minutes après, on frappe à ma porte, également pour me réveiller; à deux heures trois-quarts nous prenons le café, M. Farquhar, M. Derier, un Hollandais qui va à Haïfa, et moi, et à trois heures nous partons en voiture pour la gare. Nous traversons toute la ville, qui est éclairée par des lampes à pétrole.

Le chemin est sec et nous avançons rapidement ; mais une fois en pleine campagne, la route est terrible. Nous sommes fortement secoués et nous manquons plusieurs fois de verser ; l'obscurité est complète. Enfin une lueur apparaît dans le lointain et, à quatre heures moins un quart, nous nous arrêtons à la gare. Il faut chercher la caisse à tâtons ; je la trouve et demande trois billets de première ; mais la voiture de première classe ne part pas aujourd'hui : il n'y a pas de deuxièmes et nous devrons prendre des troisièmes. Nous n'en sommes pas étonnés, nous étions prévenus.

Moyennant 15 francs par personne, nous avons nos billets pour Caïffa ou Haïfa et nous nous mettons — toujours dans une obscurité complète — à la recherche du train, que nous découvrons bientôt. Il n'y a qu'une seule voiture de troisième, divisée au milieu, et elle a, de chaque côté douze banquettes à deux places, ce qui fait en tout quarante-huit places. M. Derier a déjà pris possession de deux banquettes qui se font face, M. Farquhar est resté avec les bagages : nous nous étions distribués nos rôles en route. Le cocher apporte les bagages, mes deux compagnons s'installent sur une banquette et me laissent l'autre. Un agent de police arrive avec une lanterne, il éclaire la figure de chaque voyageur, un seul ne lui plaît pas ; mais après une violente discussion, il s'éloigne.

Le train part à quatre heures. Aussitôt un courant d'air glacé traverse la voiture : il y a des portes vitrées à l'avant et à l'arrière de la voiture : mais les vitraux n'existent plus, en outre, au moins six carreaux ne ferment qu'à moitié, le courant d'air est donc tout naturel. J'ai mis mes

Reliure serrée

vêtements les plus chauds; mais le froid est quand même très sensible.

Tout autour de nous, des paquets de châles, couvertures et tapis représentent les voyageurs assis à la turque, sur les banquettes. A six heures et demie, un employé éteint l'unique lampe à pétrole qui nous éclairait. Il fait jour et je puis examiner les autres voyageurs.

Nous voyageons en compagnie d'une vingtaine de bachi-bouzouks dont seuls les yeux sont visibles. Ils ont tous la tête entourée d'étoffes, maintenues par une corde épaisse qui en fait deux fois le tour. Dans un coin une literie est étalée sur deux banquettes: une femme trône très haut sur les matelas et occupe à elle seule quatre places. Un autre coin est entouré de rideaux, il est aussi occupé par des femmes. Deux soldats somnolent sur une banquette; ils ne se distinguent que par leurs boutons en métal et leurs armes des autres voyageurs.

Mon compagnon de voyage, M. Derier, très légèrement vêtu, est complètement gelé. Il avait déposé ses couvertures à la gare; mais dans l'obscurité il n'a pu les retrouver; je le ranime par une bonne gorgée de cognac.

Nous nous réchauffons pendant les nombreux arrêts, en descendant chaque fois de voiture; les marchepieds, les carreaux, les porte-bagages sont dans un triste état. Une fois le train s'arrête brusquement : le tampon d'une voiture est tombé et un employé court en arrière pour le ramasser.

Le chemin de fer sur lequel nous voyageons est le chemin de fer du Hedjaz qui va relier Damas à la Mecque et qui permettra aux Musulmans de faire un pèlerinage à la Mecque sans fatigue. Mais tel n'est certainement pas l'unique raison d'être de cette ligne, qui est construite, dans un but stratégique par le Gouvernement ottoman.

C'est la première fois que le Gouvernement construit un chemin de fer lui-même et sans en donner la concession à une Société étrangère.

Il n'aurait pas pu le faire s'il n'avait su s'attacher un ingénieur très capable en la personne de Meissner Pacha, un Allemand qui habite depuis longtemps l'Orient.

Meissner Pacha est très bien payé : il a 20 000 francs d'appointements et 100 francs de gratification par kilomètre construit, ce qui fait encore 15 000 francs par an. Il a eu un cadeau de 15 000 francs pour la ligne de Haïfa et une rente de 750 francs par mois, reversible sur sa famille. Tous ses appointements sont très régulièrement payés.

Lors de son engagement, Meissner Pacha a posé la condition de pouvoir s'adjoindre huit ingénieurs européens à raison de 1 000 francs par mois ; le Gouvernement turc y a consenti en demandant de son côté que huit ingénieurs turcs fussent également admis à travailler à la construction du chemin de fer. Les appointements des ingénieurs turcs étaient au début de 200 francs par mois et furent élevés à 400 francs à la suite de leurs nombreuses réclamations. De nouvelles demandes et démarches finirent par porter ces appointements d'un coup à 1 000 francs par mois, au taux de ceux des ingénieurs européens. Depuis qu'ils touchent les mêmes appointements, les Turcs se croient aussi capables que les Européens, et par des intrigues continuelles, cherchent à les faire renvoyer et à les remplacer. Une personne compétente m'assure qu'ils seraient absolument incapables de terminer la ligne.

Le directeur de l'exploitation est un Français, M. Gaudin, qui a déjà eu beaucoup de difficultés avec le Gouvernement turc. Il était stipulé dans son contrat qu'il dépendrait uniquement de la Commission des Chemins de fer de Constantinople et que la Commission de Damas n'aurait pas à intervenir. Lors d'un différend avec le maréchal Kiazim Pacha, membre de cette dernière Commission, M. Gaudin avait fait valoir à Constantinople la clause respective de son contrat et avait reçu une réponse qui lui donnait absolument raison; mais (n'oublions pas que nous sommes en Turquie) il fut informé en même temps que la Commission des Chemins de fer de Constantinople avait délégué ses pouvoirs à Kiazim Pacha.

A neuf heures et demie du matin, le train arrive à la station de Teraad, qui est le point de jonction du tronçon de la ligne qui conduit à Haïfa. Les rails forment ici un triangle, le train avance, recule, avance de nouveau et s'arrête devant la station.

Une vingtaine de voitures plates-formes sont couchées le long des rails. Je demande s'il y a eu un déraillement et j'apprends qu'à la suite d'une discussion entre M. Gaudin, qui avait demandé une plate-forme tournante et Meissner Pacha, qui soutenait que le triangle suffisait à condition qu'il fut débarrassé des wagons qui l'encombraient inutilement, M. Gaudin, faute de place pour garer ces voitures, les a fait jeter simplement hors des rails et elles sont couchées là depuis un an.

Nous laissons nos bagages dans le wagon : nous ne le ferions peut-être pas en Europe; mais il paraît qu'ici il n'y a pas le moindre risque et nous allons tous trois au buffet, pour déjeuner. Nous apprenons que nous aurons un arrêt assez long, car le maréchal Kiazim Pacha a quitté Damas deux heures après nous, par train spécial et doit nous dépasser ici; son train est cependant signalé et doit arriver dans une demi-heure,

Le déjeuner se passe tranquillement et nous sommes juste

en train de vider notre petite tasse de café turc qui, dans ce pays termine obligatoirement tous les repas, lorsque le chef de gare entre et nous dit :

« Son Excellence le Maréchal vous invite à continuer le voyage dans son train. » Il ajoute que nous aurions alors à payer la différence entre la troisième et la première classe.

Avec empressement, nous acceptons; je m'occupe des billets, en payant un supplément de 10 francs par personne, pendant que mes compagnons vont chercher les bagages. Le train du Maréchal n'est composé que d'un wagon de première classe à couloir et d'un autre, qui renferme la cuisine et la salle à manger; en outre, il y a quelques fourgons. Le Maréchal est debout sur la plate-forme de devant du wagon et nous salue fort aimablement lorsque nous arrivons. Nous faisons placer nos bagages dans le dernier compartiment et le train se met aussitôt en marche.

Le paysage devient très pittoresque et les travaux d'art du chemin de fer sont fort intéressants. Nous nous installons sur la plate-forme d'arrière du wagon, pour regarder tout à notre aise. Damas est située à 700 mètres au-dessus du niveau de la mer et le lac de Tibériade, où nous serons bientôt, est à 175 mètres au-dessous. Il fallait prolonger le parcours artificiellement, afin de permettre au train la descente par adhésion. Nous entrons dans un tunnel, situé juste au-dessous d'un autre que nous venons de quitter et nous longeons plusieurs fois la vallée de la rivière Yamak dans laquelle tombe une belle cascade. A plusieurs reprises, la rivière Yamak est traversée par des ponts métalliques.

Le développement de cette ligne a quelque ressemblance avec le chemin de fer de l'Albula dans les Grisons suisses, et sa construction fait honneur à Meissner Pacha, qui, du reste, a fait ses preuves depuis longtemps. Le chemin de fer aura une longueur totale de 2000 kilomètres; il est terminé jusqu'à Médine. Les travaux de terrassement sont faits par des soldats turcs, auxquels les ingénieurs donnent souvent à manger.

A la station de Samach, nous voyons le lac de Tibériade ou lac de Galilée. M. Farquhar lit la Bible et me fait remarquer les passages relatifs à ce lac. Plus loin, le Jourdain apparaît, puis le mont Thabor, couronné d'un couvent et dans le lointain, Nazareth.

Le Maréchal vient nous rendre visite sur notre plate-forme. C'est un homme âgé; il a une forte barbe blanche et des traits très énergiques. Il paraît qu'il est le protecteur des ingénieurs étrangers dans leurs luttes incessantes avec leurs collègues turcs. Il ne parle pas facilement français; néanmoins il le comprend assez pour que je puisse lui présenter nos remerciements.

Il est bientôt remplacé par son fils, un jeune homme d'une vingtaine d'années, qui lui, parle bien notre langue. Il a été à Paris et, naturellement, est enchanté de son séjour. Il a beaucoup voyagé. Il s'intéresse beaucoup à la construction du chemin de fer du Hedjaz et regrette que les mauvaises routes de la Turquie ne lui permettent pas d'avoir une automobile.

Nous échangeons nos cartes, je lis sur la sienne :

ADJUDANT MAJOR ARIF
Fils du Maréchal Kiasim Pacha

Tout en causant, je surveille le couloir du wagon. Trois femmes, deux en noir et une en brun, la tête couverte d'un capuchon et la figure complètement voilée, glissent d'un compartiment à l'autre. On dirait les cabinets particuliers d'un restaurant le soir d'un bal masqué, et les trois dominos me rappellent la pièce *les Dominos roses*, qui a eu tant de succès. Dans le couloir stationne aussi une jeune et ravissante négresse avec un petit enfant. Plusieurs fois les dames, afin de mieux admirer le paysage, enlèvent leur voile. Je peux voir une belle dame assez forte et une jeune fille d'une très grande beauté, qui est, paraît-il, la fille du Maréchal. Depuis, j'ai appris que les dames de la haute société turque se voilent soigneusement devant leurs coreligionnaires mais elles sont beaucoup moins rigoureuses lorsqu'elles se trouvent avec des étrangers.

Les villages où nous passons, sont des colonies allemandes ou juives et s'occupent d'agriculture. Des palmiers et des oliviers y poussent en abondance. Vers trois heures, le paysage devient monotone; nous rentrons dans notre beau compartiment et nous commençons à nous assoupir, lorsque nous sommes dérangés par un domestique, qui place une table au milieu de notre coupé. Du coup, nous sommes complètement réveillés et nous nous regardons d'un air étonné.

Bientôt le domestique revient avec un grand plateau, sur lequel il y a du thé, des biscuits et des sucreries, en même temps le Major Arif se montre à la porte et nous dit : « Papa a pensé qu'une tasse de thé vous serait agréable. » Impossible d'être plus régence.

A cinq heures nous sommes à Haïfa; le train ordinaire n'arrive qu'à sept heures et demie, s'il n'a pas de retard. Le Maréchal est reçu par tout le personnel de la gare, à la tête duquel nous remarquons la haute stature de M. Gaudin.

Il pleut légèrement; nous nous faisons conduire en voiture à l'*Hôtel Carmel*, mais nous nous arrêtons en route; d'abord au bureau de poste autrichien, où je jette mes quarante-deux cartes postales dans la boîte à lettres après les avoir munies de timbres autrichiens. Ceux de mes amis, auxquels j'ai envoyé de ces cartes, sauront maintenant, pourquoi elles avaient des timbres turcs et autrichiens et étaient oblitérées à Damas et à Haïfa.

Entré à l'agence du Lloyd autrichien, j'apprends que quatre vapeurs sont dans le port : deux partiront ce soir dans la direction de Jaffa, mais ne s'y arrêteront pas, l'état de la mer rendant les débarquements impossibles.

L'*Hôtel Carmel* est complètement allemand, la nourriture est excellente. Un Anglais et sa fille, avec lesquels nous avons déjà voyagé de Port-Saïd à Beyrouth, d'où ils arrivent par bateau, partiront demain pour Nazareth, Tibériade et Jérusalem, partie à cheval et partie en voiture, par l'entremise de Cook et moyennant 35 livres sterling, ce qui, d'après mes calculs, est très cher. Nous revoyons aussi trois retardataires accompagnés de M. Bolthausen, de la société allemande que nous avons déjà rencontrée à Baalbek et à Rayak.

Après le dîner, je note l'emploi de cette journée si remplie, qui a mal débuté et qui s'est bien terminée. Tout est bien qui finit bien.

DE HAÏFA A ZICRON-JACOB

21 janvier. — Moyennant 80 francs nous avons loué, hier soir, une voiture, qui doit nous conduire à Jaffa en deux jours et à neuf heures, elle se range devant la porte de l'hôtel. C'est un char-à-banc, léger et très haut sur roues, appelé voiture américaine et attelé de trois chevaux vigoureux. La société allemande est déjà partie, il y a une demi-heure.

La route s'annonce aussitôt comme très mauvaise; partout où il le peut, le cocher l'abandonne et marche à travers champs, lesquels, quoique détrempés, sont encore meilleurs que la route. Il n'y a qu'un court tronçon qui soit pavé et en bon état; c'est le reste d'une ancienne route romaine.

NOTRE VOITURE DE HAIFA A JAFFA.

La mer que nous longeons, est démontée; elle est couverte d'écume et les vagues se suivent avec une très grande rapidité. Le spectacle est très beau, vu de la terre ferme. La brise est violente et bientôt une forte pluie tombe également. Les éléments s'unissent afin de pouvoir nous montrer le voyage dans toute sa beauté.

A midi, toujours cahotés, nous arrivons à une hutte, où

nous trouvons les quatre Bolthausen déjà installés et en train de déjeuner. Nous suivons leur exemple et le repas s'achève gaiement. Un homme, qui prépare du thé ainsi que quelques autres, se trouvent dans la hutte; on se croirait dans un village polonais, car ce sont tous des Polonais qui sont vêtus du kaftan et ont les deux côtés de la figure ornés de cheveux bouclés. Ils parlent un jargon mi-allemand, mi-hébreu.

Après un repos d'une heure, nous reprenons notre voyage. Le chemin devient de plus en plus mauvais, les routes sont défoncées; mais comme nous ne sommes que deux voyageurs avec peu de bagages et que nous avons trois chevaux vigoureux, nous avançons sans accroc et nous apercevons bientôt des maisons blanches sur une hauteur : c'est notre but pour aujourd'hui; mais il nous faut encore une heure et demie, avant d'y arriver.

Durant ce parcours nous traversons d'immenses vignobles qui appartiennent à la colonie israélite, anciennement appelée *Zanmarin*, et dont le nom est *Zicron-Jacob*, ou souvenir de Jacques, en mémoire du baron James de Rothschild.

La voiture arrive à destination à quatre heures et demie; nous descendons à l'hôtel Graff, un des hôtels de l'endroit, et nous faisons une petite promenade.

La colonie a été fondée, il y a 23 ans, par la famille Rothschild de Paris, afin de venir en aide aux Israélites pauvres de Russie et de Roumanie. Il y a encore d'autres colonies du même genre et de même origine, 7 en Galilée et 12 en Judée. Le baron Edmond de Rothschild a été longtemps administrateur de la colonie et est venu souvent ici, avec la baronne; son portrait orne la salle à manger de l'hôtel.

Les sommes dépensées pour ces colonies par la famille [de] Rothschild sont évaluées à 60 millions; maintenant elles [fo]nt partie de la *Jewish Colonization Association*, appelée [au]ssi *Ica*, à laquelle elles ont été incorporées avec un don [si]multané de 15 millions. On ne connaîtra jamais tout le [b]ien que la famille de Rothschild prodigue dans le monde [en]tier.

Des efforts sont faits par une Société, les *Sionistes*, pour [en]gager les Israélites à aller habiter la Palestine. J'ignore [le] succès réservé à leurs efforts; mais ils feraient peut-être [b]ien de commencer par s'assurer de l'accueil que leur [id]ée aura auprès du Sultan. Un Syrien, qui possède des [g]randes propriétés en Palestine, m'a raconté qu'il en avait [v]endu une partie à un Israélite et que malgré toutes les [d]émarches à Constantinople, pétitions au Sultan et distribu[ti]ons de bakhchiches, il n'a pu obtenir la ratification de la [v]ente par le Gouvernement ottoman. Le refus définitif a été [m]otivé par la promesse que le Sultan aurait faite à l'Empe[r]eur d'Allemagne de ne pas laisser augmenter les colonies [j]uives en Palestine. Le propriétaire des terrains ne s'en [p]laint pas autrement, car leur valeur a considérablement [a]ugmenté.

Zicron Jacob est habité par 150 familles; il possède des [c]aves et une installation modèles pour le traitement du vin. [Le] boucher de l'endroit paie 3000 francs par an à la com[m]unauté pour le monopole de la livraison de la viande et [le] facteur donne 15 francs par mois.

Le dîner à l'hôtel Graff est très acceptable, sans doute [g]râce à M. Bolthausen qui y a conduit ses touristes pour la [p]remière fois et que l'hôtelier a toute raison de vouloir con[t]enter. Les chambres sont très simples; mais les lits sont [p]ropres, voilà l'essentiel.

DE ZICRON-JACOB A JAFFA

22 janvier. — Une autre journée qui commence de bonne heure ! Nous nous levons à deux heures et demie et, à trois heures, tous les voyageurs sont réunis. M. Bolthausen ouvre la porte pour voir le temps qu'il fait, M. Farquhar lui demande : « *Is it dry* », M. Bolthausen tire sa montre et répond : *Noch nicht*, pas encore. Il avait pris le mot anglais *dry*, sec, pour le mot allemand *drei*, trois !

Le café n'est pas prêt; il est trois heures et demie lorsqu'il fait son apparition et à quatre heures moins un quart, nous partons, M. Farquhar et moi dans notre voiture, la société Bolthausen dans l'autre. Il fait nuit noire : seule l'étoile du matin éclaire notre chemin; notre cocher connaît l'emplacement de chaque ornière, de chaque pierre et de chaque tronc d'arbre et l'indique à l'autre cocher qui nous suit et qui n'est pas encore aussi expert. Heureusement la route n'est pas trop mauvaise; pourtant, souvent le cocher nous dit de nous cramponner car il prévoit une secousse plus forte que celles habituelles; d'autres fois il faut se protéger la figure contre les branches d'arbres, qui frôlent la voiture.

A six heures et demie du matin, il fait presque subitement jour; nous voyons alors devant nous une plaine immense dans laquelle nous roulerons jusqu'à ce soir sept heures, avec trois arrêts d'une demi-heure chaque. Le temps ne nous paraît nullement long, chaque fois que je regarde l'heure, il est toujours plus tard que je ne pensais.

La plaine est cultivée presque partout, des villages souvent adossés à des ruines de forteresses du temps des croisés, ombragés par des bouquets de palmiers forment des tableaux pittoresques; d'autres spectacles sont offerts par de nombreux camps de Bédouins et de longues cara-

GROUPE DE BÉDOUINS.

vanes de chameaux, précédées et suivies par quelques fellahs, enveloppés de couvertures et qui paraissent énormes sur leurs petits ânes. D'autres fellahs isolés ou par groupes, toujours parés de haillons pittoresques, se rencontrent sur notre route.

La prairie est animée par d'immenses troupeaux de bœufs

et de moutons, ainsi que par d'innombrables bandes d'oiseaux. Je reconnais des hirondelles de couleur bleu-acier, des sansonnets, des alouettes, des vanneaux ; quelques cigognes, faucons et un aiglon. Deux chacals suivent quelque temps notre voiture, et une gracieuse gazelle traverse lentement la route tout près de nous. Nous passons la vallée de Charon, où, malgré la saison, fleurissent des lys, des anémones et des narcisses.

Nous nous arrêtons vers dix heures dans un khan, où nous prenons ensemble le déjeuner, que nous avions emporté ; le tenancier fournit du thé chaud. La salle à manger sert aussi de chambre à coucher aux voyageurs qui ne peuvent pas continuer leur route ; nous ne sommes pas dans ce cas, heureusement, car cette pièce voûtée et sale, manque de confort.

Souvent, dans la saison des pluies, où nous sommes actuellement, les voitures sont tellement embourbées, qu'elles n'avancent que fort lentement ; il faut même quelquefois appeler le secours des fellahs pour la tirer de la boue où elle est enfoncée ; cela aurait pu nous arriver aussi. Tout en avançant, notre cocher nous encourage ; nous aurons bientôt un meilleur chemin, car trois heures avant Jaffa commence la route neuve, construite par le Gouvernement Impérial Ottoman, et qui n'est ouverte à la circulation que depuis peu de temps ; notre cocher ne l'a pas encore prise.

Enfin nous y arrivons, mais quelle déception ! Cette route est tout simplement constituée par un amas de terres glaises environnantes ; elle avait été garnie de pierres, que les pluies des derniers jours ont fait disparaître. Les roues de notre voiture s'enfoncent et emportent des paquets de terre, qui colle comme de la glu. Les pauvres chevaux ! et aussi le malheureux cocher ! Que d'efforts il leur a fallu, pour nous tirer de ce mauvais chemin. Notre voiture est relativement légère; dans l'autre voiture sont quatre voyageurs : notre cocher nous propose d'en prendre un avec nous, mais nous nous y refusons. Nous peinons ainsi pendant deux heures et arrivons à des terrains rocheux. La route est ici dure, et après un repos d'une demi-heure, que les chevaux ont bien mérité, nous partons au grand trot et arrivons à sept heures du soir devant l'*hôtel de Jérusalem* à Jaffa.

En quittant la voiture, nous avons tous le vertige; mais malgré nos fatigues, nous pouvons recommander cette route aux excursionnistes qui iront de Damas à Jérusalem ou vice versa. Le parcours se fait du reste plus vite et plus facilement au printemps. Tâchez d'avoir notre cocher Hanna.

DE JAFFA A JÉRUSALEM

23 janvier. — Il y a au moins vingt voyageurs à l'hôtel qui voudraient partir, mais ils ne peuvent pas : depuis dix jours aucun bateau n'a pu débarquer ou embarquer à Jaffa.

Les chambres à l'hôtel ont non seulement des numéros, mais aussi des noms, le N° 4 s'appelle *Dan*, le N° 2 *Juda*, le N° 1 *Ruben*, le N° 7 *Issachar*, le N° 8 *Benjamin*, le N° 5 *Miriam*, le N° 9 *Levi*, le N° 6 *Moïse*, le N° 39 *Bartholomé*, un salon *Thabita*, un autre *Israël*.

Je sors pour me promener, et suis une rue, dont les enseignes sont toutes en lettres françaises et hébraïques, pour arriver à une place où se trouve l'Hôtel de Ville et une caserne délabrée.

En passant j'aperçois le bureau de poste français. A la porte est attachée une boîte à lettres rouillée, qui bientôt, lorsque l'inscription sera effacée, trouvera un acquéreur comme antiquité romaine. Elle en a l'aspect. Pourtant l'Administration pourrait ne pas attendre jusque là et la remplacer par une boîte plus digne de la République Française.

Je descends à la mer et je comprends maintenant, qu'on ne puisse ni embarquer, ni débarquer. Non seulement la mer est démontée, mais une rangée de récifs sort de l'eau, une seconde rangée existe mais est invisible aujourd'hui. Même lorsque la mer est calme, il n'y a qu'un seul passage entre les rochers. Beaucoup de voyageurs pressés ont déjà péri ici car, en payant bien, ils trouvaient des marins qui consentaient à les conduire en barque jusqu'au bateau, malgré le danger. Maintenant cela n'est plus possible car, tant que le commandant du port n'a pas fait hisser le drapeau, aucune barque ne peut sortir.

Dans le lointain stationne un vapeur anglais qui, depuis dix jours, attend son chargement d'oranges. Un Anglais est à l'hôtel aussi depuis dix jours pour partir à Beyrouth et à Damas. La route par laquelle nous sommes venus lui était inconnue; il ignorait qu'on pouvait aller en chemin de fer de Haïfa à Damas et il va partir demain avec le cocher Hanna par la route de terre.

Au moment de partir, M. Bolthausen qui habite Solingen distribue au personnel des couteaux, rasoirs et ciseaux en guise de pourboires. Nous partons à une heure en chemin de fer pour Jérusalem. Nous passons d'abord entre de grandes plantations d'orangers, parsemées d'oliviers et de palmiers. Bientôt le pays devient aride et reste ainsi jusqu'à la fin du voyage.

Notre train transporte une cinquantaine de recrues. Elles sont arrivées à la gare, entourées de soldats, mais sans

DE JAFFA A JÉRUSALEM

...aînes. Je les prenais pour des malfaiteurs. Comme celles-ci, elles ont été enfermées dans un wagon.

Notre voyage s'effectue dans un wagon-salon[1], que nous partageons avec les quatre Bolthausen et un voyageur, coiffé d'un fez et accompagné de sa jolie femme. Je fais bientôt connaissance ; il s'appelle M. Fadul et a été douze ans chef de gare à Jérusalem. Il est décoré du Cambodge, de l'ordre de la Couronne et de la Croix patriarcale de Jérusalem ; sa femme est une Russe d'Odessa.

La deuxième station à laquelle nous nous arrêtons est Ramleh, où Napoléon a eu son quartier général et où il a rêvé un instant de prendre Jérusalem. En arrivant, M. Fadul avait mis sur la banquette un tableau encadré sous verre et était sorti ; M. Bolthausen arriva et s'assit en plein sur le tableau qu'il mit dans un triste état. Naturellement il changea de place et j'attendis pour voir la tête de M. et Mme Fadul, à la constatation du dégât. En effet,

LE TRAIN POUR JÉRUSALEM.

---

1. Le matériel de chemin de fer dont nous nous servons vient de loin ; locomotives et wagons ont déjà roulé dans l'isthme de Panama et ont été achetés par la Compagnie Jaffa-Jérusalem.

un peu plus tard, M. Fadul prit le cadre et vit que le verre était en morceaux; mais ni sur sa figure, ni sur la figure de sa femme je ne puis surprendre le moindre signe de surprise ou de mauvaise humeur. Voilà des gens qui ne doivent pas souvent se faire de mauvais sang; nous pouvons apprendre d'eux quelque chose! Mme Fadul nous offre même des mandarines fraîchement cueillies dans son jardin de Jaffa; inutile de dire qu'elles sont exquises.

Bientôt nous entrons dans les montagnes de Judée; la ligne monte, car Jérusalem se trouve à huit cents mètres au-dessus du niveau de la mer. Nous voyons la fontaine de Philippe, un des trois Rois mages, la grotte de Samson et l'arbre auquel Judas s'est pendu. Celui-ci se trouve justement dans la propriété de M. Fadul, à qui je demande un morceau de la corde; il ne lui en reste plus!

Le trajet dure quatre heures. Arrivés à Jérusalem, nous nous faisons conduire à l'*Hotel Lloyd*. En quittant la gare nous voyons la tour de David et la citadelle, datant du XVIe siècle; la première impression est excellente. Aussitôt nous sortons; l'hôtel se trouve en dehors des murs de la ville, dans laquelle nous entrons par la première porte que nous rencontrons et qui est la porte de Jaffa, située à côté de la citadelle. Après avoir franchi la porte, nous nous trouvons sur une petite place d'où nous suivons une longue rue étroite, descendante; les boutiquiers sont en train de fermer leurs magasins; il commence à faire nuit et nous retournons à l'hôtel.

Pendant cette courte promenade, nous avons remarqué que toutes les enseignes et aussi des affiches sont en hébreu. Du reste nous voyons beaucoup de Juifs, reconnaissables à leurs cheveux bouclés de chaque côté de la figure.

SÉJOUR A JÉRUSALEM

A l'hôtel, la société Bolthausen au grand complet, soit [qu]atorze personnes, se retrouve, plus trois étrangers qui [n'e]n sont pas et nous deux.

Il n'y a à Jérusalem que de l'eau de puits, très malsaine ; [ce]la m'est indifférent, car je ne bois jamais d'eau ordinaire, [ni] à Paris, ni à l'étranger. Je ne fais une exception qu'en [Su]isse, où l'eau est excellente. Mon compagnon de voyage [bo]it de l'eau partout : il en a bu à Naples, au Caire, à Da[ma]s ; il en boit aussi à Jérusalem et il ne s'en porte pas plus [ma]l. Ce qui tendrait à prouver, une fois de plus, qu'aucun [pr]incipe d'alimentation n'est absolu et ne doit être géné[ra]lisé.

Une riche Américaine voulait, il y a peu de temps, faire [ven]ir, à ses frais, de l'eau du lac de Tibériade, mais le Gou[ver]nement turc refusa son offre. Il demandait que la dame [lui] remît l'argent, promettant de se charger lui-même de faire [con]struire l'aqueduc. L'Américaine n'a pas jugé prudent [d'ac]cepter cette combinaison, elle est évidemment une femme [av]isée. Par contre, il est inexplicable que le Gouvernement [tur]c ait refusé un pareil cadeau.

SÉJOUR A JÉRUSALEM

24 janvier. — Nous avons beaucoup de peine à nous dé[ba]rrasser des guides, commissionnaires et émissaires qui [veu]lent tous nous conduire à l'église du Saint-Sépulcre. [A]yant vu sur le plan de Jérusalem que nous sommes tout [prè]s de l'église, nous la trouvons facilement.

Une petite place devant l'église est remplie de marchands [et] de mendiants. Une fois le portail franchi, nous voyons à [ga]uche, à l'intérieur de l'église même, un corps de garde de soldats turcs, chargés de maintenir l'ordre, ce qui, paraît-il, n'est pas une sinécure ; car des querelles éclatent souvent, dans ce lieu saint, entre les différentes catégories de chrétiens. Les soldats turcs sont couchés, assis ou blottis, caressant leurs pieds nus. Ils boivent du café et fument leurs narghilés et la première impression que le visiteur reçoit en entrant dans ce temple sacré est tellement mauvaise, que ni la splendeur du Saint-Sépulcre, ni la ferveur avec laquelle on voit prier les assistants ne peuvent plus l'effacer.

L'église est remplie de pèlerins russes, venus ici pour la fête de l'Épiphanie, qui s'est célébrée au Jourdain : les génuflexions, les signes de la croix russes très compliqués, les baisers donnés aux pierres sont innombrables. Nous ne pouvons empêcher un jeune homme de nous accompagner avec une bougie allumée, ce qui est en somme nécessaire, car une grande partie de l'église est sombre. Il parle allemand et nous indique les endroits particulièrement remarquables; mais nous passons vite, car nous ne voulons jeter qu'un coup d'œil sur l'ensemble, nous réservant une visite détaillée pour plus tard.

Notre matinée est, en effet, destinée à la visite de la mosquée Omar ou du Rocher. Comme on ne peut y entrer que muni d'un permis du consul et accompagné d'un kawass du Consulat, je me rends au Consulat de France et remets ma lettre d'introduction au très aimable M. Mouraud. Bientôt nous nous mettons en route, précédés du kawass qui, soit par des appels, soit avec les bras, nous ouvre le chemin à travers la foule qui remplit les rues étroites. Le jeune homme qui nous a éclairés à l'église du Saint-Sépulcre nous accompagne; il veut absolument être notre guide et se contente de 2 francs par jour. Il nous donne

es noms de tout ce que nous voyons, en allemand, le
kawass nous fait remarquer des choses en français, je
traduis le tout à M. Farquhar, qui pose des questions en

ÉGLISE DU SAINT-SÉPULCRE.

anglais : j'ai du travail en cette confusion des langues,
surtout lorsqu'ils parlent tous les trois en même temps !
   Le kawass dépose le permis au corps de garde, d'où sort
un soldat turc qui va également nous accompagner. Un
bazar que nous traversons et dont les boutiques sont

fermées, est le marché de coton, d'où Jésus a chassé les changeurs.

Nous arrivons dans une immense cour pavée, dans laquelle se trouvent des kiosques, des fontaines, des colonnades, de très vieux oliviers, et au milieu de laquelle s'élève la merveilleuse mosquée du Rocher ou Haram esh Shérif. C'est un octogone surmonté d'un dôme; la frise est décorée de faïences, sur lesquelles sont tracés des versets du Koran en couleur bleue; l'ensemble est d'une beauté remarquable.

On nous met des babouches et nous pouvons pénétrer dans l'intérieur. Tout de suite la décoration du plafond de la coupole attire notre attention; elle est en mosaïque et la couleur bleue est également dominante. Le plafond est éclairé par des fenêtres à vitraux multicolores. Le sol est couvert de tapis de Smyrne, dont les couleurs bleue et rouge s'harmonisent avec celles du plafond et forment un ensemble d'un goût parfait.

La mosquée entoure et couvre le rocher, sur lequel, suivant la légende, le patriarche Abraham s'apprêtait à sacrifier son fils Isaac. D'après la tradition musulmane, ce n'est pas Isaac, mais un autre fils d'Abraham, Ismaël, qui devait être sacrifié et comme Ismaël est considéré comme l'aïeul de Mahomet, le rocher est sacro-saint pour les Mahométans. Lorsque Mahomet est monté au ciel, le rocher a voulu le suivre dans son ascension, mais a été retenu par l'ange Gabriel; l'empreinte de ses doigts est marquée dans la pierre. On nous montre aussi une seconde pierre dans laquelle Mahomet a enfoncé dix-neuf clous; il n'en reste plus que trois, lorsqu'ils auront disparu à leur tour, la fin du monde arrivera. Comme un bakhchiche supplémentaire est demandé pour voir les trois derniers clous, il y a espoir qu'ils y resteront encore longtemps.

Une autre mosquée, nommée El Aksa, qui remplace une vieille mosquée dont les mosaïques ont pu être employées à la décoration de la nouvelle, est située à l'extrémité de la cour. Elle n'a de très remarquable que deux piliers en marbre, qui proviennent du temple de Salomon. On nous montre aussi une pierre, sur laquelle se

MONT DES OLIVIERS.

voit la trace du pied de Jésus, une excavation où était placé son berceau, l'endroit où l'ange Gabriel a annoncé à Joseph la naissance d'un fils, les tombeaux de Jacob et de Zacharie et une foule d'autres souvenirs. A Jérusalem, chaque pierre et chaque petit coin a sa légende.

Dans la mosquée se trouvent deux colonnes très rapprochées. Ceux des croyants qui peuvent passer entre elles iront au ciel. Beaucoup, désireux de goûter aux joies du paradis, ont voulu forcer le passage et en sont morts; aussi, afin de conserver ses sujets qui lui sont chers, le Sultan a fait placer une barre de fer entre les deux colonnes et même les plus saints ne peuvent plus y passer. Des tapis magnifiques couvrent le sol de cette mosquée.

En descendant des marches nous trouvons d'immenses souterrains voûtés, qui furent les écuries de Salomon; il y a place pour plusieurs milliers de chevaux. Nous voyons aussi les niches des pigeons de Salomon, dont les descendants peuplent encore maintenant la cour de la mosquée, à laquelle nous retournons. La porte d'or, par laquelle le Christ est entré monté sur un âne et portant une branche de palmier, apparaît à notre vue. Du mur d'enceinte nous apercevons la vallée de Silohim, Gethsémané et le mont des Oliviers.

Il nous a fallu près de deux heures pour visiter les deux mosquées et la place du Temple, qui, avec l'église du Saint-Sépulcre, sont les monuments les plus intéressants de Jérusalem, et si le temple de Salomon a jamais existé, il est plus que probable qu'ici était son emplacement.

Suivant le conseil de M. Mouraud, nous avions chargé le kawass de distribuer les nombreux et inévitables bakhchiches; nous n'avons pas été ennuyés et le kawass n'a dépensé que 7 fr. 50; sans cette précaution nous aurions certainement dépensé le triple.

Lorsque Chateaubriand visita Jérusalem, il y a juste un siècle, l'entrée des terrains sur lesquels s'élève la mosquée Omar n'était permise qu'aux musulmans et défendue à tout autre, sous peine de mort. Chateaubriand dit qu'il aurait risqué sa vie pour visiter la mosquée, mais qu'il n'a pas voulu exposer la vie des autres chrétiens de Jérusalem.

Il est midi, lorsque nous quittons à regret cette place unique au monde. Du haut d'un minaret une belle voix

[...]homme crie son : *La ilahi il Allah;* nous apprenons que [...] voix appartient non à un *muezzin*, mais à un soldat. [...]uvent on choisit ainsi des soldats pour appeler les fidèles [à l]a prière.

Non loin de là, après avoir passé sous un porche et [des]cendu un escalier, un beau capucin nous reçoit : nous [som]mes à la Piscine probatique de Bethesda, où le Christ, [par] miracle, a guéri les malades. Cette piscine appartient [à l]a France.

L'histoire du miracle est affichée à l'entrée en cinquante[-deux] langues :

En turc, anglais, français, latin, grec, allemand, arabe, [tchér]ez, espagnol, hébreu, syriaque, italien, arménien, polonais, [japo]nois, provençal, coréen, sanscrit, russe, kigwé, amha-[riq]ue, chinois, luganda, basque, maltais, kiswahili, gallois, [rou]main, kurde, persan, rheto-romain, slave, gaélique [éc]ossais, suédois, kabyle, gaélique, urdu, iroquois, uzabite, [polo]nais, kirundi, ruthène, russe, hongrois, copte, jugo, [sla]ve, chaldéen, tchèque, breton, hollandais, roman, norvé-[gi]en, danois, portugais, flamand, lithuanien. — On peut [ign]orer l'existence de plusieurs de ces langues.

Nous terminons la matinée en rentrant par la *Via dolo-*[*ro*]*sa* qui conduit de la maison de Pilate au Calvaire. Le [Ch]rist portant sa croix a passé par cette rue étroite, [pa]vée de grosses pierres, lorsqu'il fut conduit au Golgotha; [le]s dix stations sont indiquées aux murs de la rue.

EXCURSION A BETHLÉEM

L'après-midi, une voiture nous conduit en trois quarts [d']heure à Bethléem. Des amandiers en fleurs bordent la route et, naturellement, chaque trou et chaque maison a son histoire. Une maison était habitée par Simon le Lépreux, une tombe est celle de Rachel, la femme pour la possession de laquelle Jacob travailla deux fois sept ans; Rachel n'a pas dû rajeunir pendant ce temps.

Bethléem est une petite ville, que nous traversons au grand trot; malgré cela, plusieurs commissionnaires nous accompagnent en courant. La voiture s'arrête devant un portail insignifiant. Nous entrons dans une église et ensuite dans une autre, richement décorée dans le style byzantin, d'où nous descendons quelques marches. Ici se trouve, entourée de seize lanternes en argent, une ouverture comparable à une grande cheminée; c'est la place où le Christ est né. Une plaque en cuivre indique l'endroit exact; elle porte l'inscription suivante :

Hic de Virgine Maria Jesus Christus natus est.

Un corridor souterrain et quelques marches mènent à l'église catholique romaine, qui touche à l'église grecque. Dans celle-ci, un espace en forme de triangle est marqué par un tapis; ce triangle est réservé aux Arméniens et ils n'ont pas le droit de le dépasser. Un soldat turc est placé là en sentinelle; une demi-douzaine de ses camarades ont installé leur corps de garde dans l'église.

Ici, comme à Jérusalem, les bonnes places sont occupées par les catholiques orthodoxes; les catholiques romains ne viennent qu'en seconde ligne. Un franciscain nous guide. Il nous montre entre autres la place où ont été trouvés les os des enfants assassinés à Bethléem; le moine n'accepte pas de bakhchiche, c'est un miracle à ajouter aux autres!

Quelques centaines de mètres plus loin, nous entrons dans une église, érigée sur le point où une goutte de lait est tombée du sein de la Vierge lorsqu'elle nourrissait

[...]nfant-Jésus. Ce point exact est indiqué par une plaque [en] cuivre. L'événement est reproduit en relief au-dessus de [la] porte d'entrée.

Nous allons à la recherche de notre voiture; un âne [m]ort et déjà en partie dévoré par les chiens est couché à [tra]vers la rue. Je demande au guide : « Pourquoi n'enlève-[t-]on pas cet âne? — Mais, parce qu'il est mort! »

Le froid commence à se faire sentir et nous sommes [très] contents d'arriver à cinq heures à l'hôtel, où le hall [est] agréablement chauffé. On nous dit que la neige a [in]terrompu la communication par chemin de fer entre [D]amas et Beyrouth.

Demain c'est une grande fête musulmane; je n'ai pas [en]core pu savoir en honneur de qui ou de quoi; la tour [de] David et la Citadelle sont illuminées et le canon tonne. [Je] ne voudrais pas être le canonnier.

Demain aussi auront lieu en Allemagne les élections au [R]eichstag : les Allemands de Jérusalem se sont cotisés pour [co]nnaître le résultat par dépêche.

M. Farquhar me fait lire la Bible pour que je sache ce [qu]i s'est passé aux endroits que nous visiterons demain.

Il y a, à Jérusalem, des bureaux de poste français, [all]emand, russe, autrichien, turc, et même aussi une poste [jui]ve. Mais il n'existe pas de facteurs; on va chercher ses [let]tres à la poste lorsqu'un courrier arrive.

Toute la société Bolthausen est partie ce matin pour [Jé]richo; nous ne sommes que cinq à table, il règne un [ca]lme réconfortant.

SÉJOUR A JÉRUSALEM

25 janvier. — Le froid est intense ce matin, 3° au-dessous de zéro, température exceptionnelle pour Jérusalem. Nous sortons à neuf heures, le soleil brille et pas un nuage ne se montre à l'horizon; bientôt nous ne sentons plus le froid.

En contournant les murs de Jérusalem nous arrivons à la célèbre porte de Damas. En face de cette porte se trouve une hauteur qui, selon beaucoup de savants, est le Golgotha; sa situation correspond mieux à la description de la Bible, d'après laquelle le Golgotha était en dehors des murs, que l'emplacement sur lequel se trouve l'église du Saint-Sépulcre.

Nous allons au mont des Oliviers et passons devant une petite église bâtie sur la tombe de la Vierge Marie. Aujourd'hui c'est le jour des Coptes, qui remplissent de leurs chants l'église dans laquelle nous descendons par 56 marches, après avoir passé devant une vieille et lourde porte en fer. Notre chemin nous conduit au jardin de Gethsémané, où se trouve un très vieil olivier, à l'ombre duquel le Christ a prié.

Au sommet du mont des Oliviers se trouve une mosquée et, à côté, une cour dont la porte est fermée, il nous faut l'intervention d'un gardien turc pour la faire ouvrir. Au centre de la cour est un kiosque, élevé sur la place d'où le Christ est monté au ciel. Tout autour il y a cinq autels à l'usage des catholiques, Grecs, Syriens, Coptes et Arméniens.

Non loin de là il y a une église et une colonie russes.

SÉJOUR A JÉRUSALEM

dans le jardin de cette dernière une pierre commémore l'endroit d'où le Christ est parti pour Jérusalem à dos d'âne. En bas se voit le village de Betsaghé d'où ont été amenés les ânes.

La vue de Jérusalem est belle du mont des Oliviers. Nous voyons l'ensemble de la ville, dont les dômes, les clochers et les tours multiples se dessinent nettement sur l'horizon pur. Dans le lointain nous apercevons la mer Morte. Tous les coteaux du mont des Oliviers sont couverts de cimetières juifs. Beaucoup d'Israélites, vieux ou malades, viennent pour mourir et se faire enterrer à Jérusalem.

Nous redescendons. L'église de la tombe de la Vierge Marie est maintenant fermée; deux Abyssins prient devant la porte, quelques autres ont déjà fini et attendent sur la route. On a de la peine à imaginer que ces gens noirs et à aspect sauvage soient des chrétiens.

JUIF DE BOUKHARA.

Une marche d'une demi-heure nous conduit aux Tombeaux des Rois qui appartiennent également à la France. Un large escalier de vingt-huit marches, taillé dans le roc, descend dans une grande cour, dont un côté est formé par une niche au fond de laquelle est une ouverture ronde d'un mètre de diamètre qui conduit aux tombeaux représentés par plusieurs pièces taillées dans le roc. La famille de l'empereur Constantin y était enterrée.

Une meule ronde, placée dans des rainures, est roulée devant l'ouverture et en constitue la curieuse fermeture. De deux côtés de la cour se trouvent de grandes citernes; l'eau de pluie y coule par les marches de l'escalier, dans lesquelles des rinceaux sont pratiqués.

A midi et demi nous rentrons de cette belle promenade. Le canon n'a cessé de tonner pendant toute la matinée.

Afin d'activer la digestion nous montons, après le déjeuner, à la tour de l'église du Rédempteur. Il n'y a que 178 marches : M. Farquhar les a comptées en montant et en descendant. La tour se trouve au centre de la ville dans le voisinage de l'église du Saint-Sépulcre. Nous pouvons voir la ville et étudier sa topographie dans tous ses détails; nous remarquons surtout que presque tous les toits des maisons sont voûtés; la grande cour de la mosquée Omar est remplie de monde qui s'amuse; la fête d'aujourd'hui est celle du sacrifice : chaque musulman doit égorger un mouton, nous en avons vu plusieurs le faire.

L'église du Rédempteur est bâtie sur l'emplacement d'une vieille église des chevaliers de Saint-Jean et en est la reproduction fidèle.

Nous visitons ensuite l'église du Saint-Sépulcre en détail. Elle se divise en trois parties, le dôme du Saint-Sépulcre, l'église catholique romaine et l'église catholique grecque, sans compter les innombrables chapelles, corridors, cryptes, tombes, etc. Les bâtiments couvrent la tombe du Christ et le mont du Calvaire, qui est à peu de distance.

Une chapelle de style byzantin, dont la façade est surchargée de lampes et d'images de saints, est au-dessus du Saint-Sépulcre, auquel nous accédons par une ouverture

se. Nous nous trouvons alors dans une crypte, éclairée
quelques lampes; un prêtre grec garde le tombeau et
oit notre offrande, en échange de laquelle il place un
it cierge sur le tombeau.

Deux ouvertures ovales se trouvent sur un côté de la
apelle. Le samedi précédant la
e de Pâques, le feu sacré des-
d du ciel et est communiqué
ravers ces deux ouvertures par
 prêtre grec et un prêtre armé-
en à la foule évaluée à vingt
lle personnes, toutes munies
 paquets de cierges, et qui rem-
ssent le dôme à y étouffer.

Autrefois, le feu sacré des-
dait du ciel attaché à un fil
 fer; maintenant on ignore de
elle façon il pénètre dans la
ypte.

Chacun veut être le premier
allumer ses cierges, et une
usculade terrible s'ensuit; les
dats turcs ont fort à faire. Ce
ur-là deux mille à trois mille
dats entourent l'église, où
ls les catholiques grecs et les

MARCHAND AMBULANT.

méniens ont le droit d'entrer. Des places sont réservées
x étrangers favorisés dans les galeries. Chacun touche
ec son cierge allumé le point douloureux de sa personne;
 l'introduit dans la bouche, le nez, les oreilles et partout
 il le peut; hommes et femmes ne se gênent nullement;
paraît même qu'on peut assister à des scènes « shoking ».

Beaucoup d'assistants emportent des cierges allumés et s'en vont en entretenant la flamme. Il existe des couvents dans le fin fond de la Sibérie, dont les lampes ont été allumées avec ces cierges.

Les femmes russes constituent le plus fort contingent des pèlerins; la croyance, habilement entretenue par les popes, existe parmi elles, que les enfants conçus à Jérusalem deviennent de grands hommes, et les prêtres se chargent volontiers, dit-on, d'en augmenter le nombre. Beaucoup de femmes passent la nuit à l'église.

Sept différentes catégories de catholiques possèdent des autels dans l'église du Saint-Sépulcre, les catholiques romains, les catholiques grecs, les Syriens, les Coptes, les Arméniens, les Arméniens schismatiques et les Coptes schismatiques; ces derniers se font circoncire et admettent le mariage multiple. Aucun prêtre russe n'a le droit d'officier, ce soin est exclusivement réservé aux prêtres grecs.

Le plafond de la voûte tombe par morceaux et aurait besoin d'être réparé; aucune des sept sectes ne peut s'arroger le droit de faire faire les réparations à ses frais et jamais elles ne se mettront d'accord pour le faire à frais communs. Une toile d'araignée se forme-t-elle, les représentants des sept religions catholiques veillent à ce que personne ne l'enlève, cela pourrait permettre à celui qui l'enlèverait de revendiquer des droits de propriété sur la place où elle était.

Les murs sont visités avec soin; il est déjà arrivé qu'un clou y a été planté auquel, quelques jours plus tard, un tableau était suspendu. Impossible ensuite de le faire enlever! Le tour était joué par une des sept sectes aux six autres.

Derrière un grillage nous pouvons voir le rocher du Golgotha, le point où était érigée la croix, et ailleurs, aussi protégées par un grillage, des taches de sang provenant du

SÉJOUR A JÉRUSALEM

...rist. On nous montre en outre la place où Jésus a été couronné d'épines, celle où la reine Hélène a trouvé les [tro]is croix, plusieurs tombeaux de saints et beaucoup [d'a]utres endroits, où il s'est passé quelque [cho]se.

Un jeune franciscain nous offre, dans [un] allemand qui m'est très familier, de [nou]s montrer l'épée de Godefroy de [B]ouillon; nous le suivons. L'épée est très [sim]ple, en fer forgé, et probablement [au]thentique. Le franciscain est de Da[ch]au; il a été soldat au 2ᵉ régiment d'in[fan]terie à Munich. Il porte une blessure [assez] récente à la figure, dont je lui [de]mande l'origine. Il me raconte que, [ma]rdi dernier, à Béthléem, les francis[ca]ins allaient par le corridor souterrain en [pro]cession de leur église à la crypte où [Jés]us est né. Les Arméniens voulurent [em]pêcher la procession et blessèrent [gr]avement un frère; mais les autres [fra]nciscains, armés d'énormes gourdins, [vin]rent à la rescousse et arrangèrent les [Ar]méniens de telle façon qu'ils ne re[co]mmenceront pas de si tôt. Si les autres [fra]nciscains sont de la trempe de celui qui me parle je le [cr]ois aisément.

MENDIANT.

Nous quittons ces lieux saints et nous traversons les [ba]zars juifs. Quelle misère, à voir ces étalages et fonds [de] commerce qui doivent faire vivre leurs propriétaires [de] façon peu aisée. Beaucoup de boutiquiers ferment jus[te]ment; il y en a qui font cirer leurs bottines déchirées et d'autres qui font donner un coup de fer à leur vieux fez.

Parmi les jeunes gens, nous voyons beaucoup de têtes blondes très jolies, absolument telles qu'on a l'habitude de représenter le Christ. Quelques-uns sont vêtus de beaux caftans de velours garnis de fourrures, mais la plupart sont couverts de loques informes.

Nous allons au Mur des Lamentations. Au moins six chiens crevés encombrent le chemin : cela doit sentir bon, en été.

C'est vendredi aujourd'hui. Une vingtaine d'hommes et de femmes prient, quelques-unes pleurent à fendre l'âme. Je ne m'expliquerais pas pourquoi ces gens se lamentent ainsi, si je n'avais appris qu'ils étaient payés pour cela, c'est un métier comme un autre ! Je suis particulièrement entouré par les mendiants; un Israélite, avec lequel je lie conversation, me dit qu'il y a peu de monde aujourd'hui parce qu'il fait trop froid.

Le mur est construit de très grosses pierres et couvert à une très grande hauteur d'inscriptions hébraïques; les pierres à portée de la bouche sont polies tellement elles ont été embrassées; dans les interstices des pierres de nombreux clous ont été enfoncés. Ce mur a certainement fait partie d'une construction colossale; il est situé près des fondations, appelées écuries de Salomon et il est possible qu'il soit véritablement une substruction du temple de ce roi.

Nous allons maintenant à la synagogue principale, appelée Besch Jaikef, élevée il y a 23 ans. Elle est carrée, surmontée d'un dôme; l'intérieur en est très propre. Des peintures murales représentent le Mur des Lamentations, le Temple de Salomon et deux arbres auxquels des instruments de musique sont suspendus. Un Israélite m'explique que, dans le temple de Salomon, on faisait de la musique et 'en signe de deuil on doit suspendre les instruments, afin ne plus y *toucher*.

On ne voit que des hommes dans cette synagogue, il y a

MUR DES LAMENTATIONS.

s temples spéciaux pour les femmes. On en rencontre uelquefois habillées de rouge, ce sont les femmes des bbins de la secte des Aschkenasim, qui est la plus impornte des sept sectes israélites qui vivent à Jérusalem et qui nt toujours en discussion entre elles. Les mariages ne se font jamais autrement qu'entre adhérents de la même secte.

Il y a trois ans, Jérusalem comptait 78 000 habitants, aujourd'hui il y en a 120 000; l'augmentation provient de l'immigration d'Israélites russes, qui fuient leur patrie. Le Gouvernement ottoman ne leur permet de rester à Jérusalem que six semaines; mais ils trouvent moyen de ne plus s'en aller dès qu'ils sont installés. Beaucoup commencent par s'établir à Jaffa et viennent ensuite à Jérusalem.

On ne paie aucun impôt dans l'intérieur de la ville. Avis aux contribuables qui voudront esquiver l'impôt sur le revenu!... Lorsque nous rentrons, presque toutes les boutiques sont fermées, la vie est suspendue.

L'hôtel est très animé ce soir, les quatorze personnes de la société Bolthausen sont revenues de Jéricho et, en outre, un autre groupe de trente touristes, venus par le bateau *Météor* qui arrive de Beyrouth. Ils devaient aller à Damas, mais n'ont pu le faire à cause de la neige.

EXCURSION A JÉRICHO

26 janvier. — Le bruit du canon me réveille à cinq heures du matin. Aimable attention du Gouverneur; seulement c'est un peu trop tôt, car nous ne devons partir qu'à sept heures pour Jéricho.

Montant dans une voiture à trois chevaux, nous commençons par contourner Jérusalem, comme hier matin. Nous voyons une vingtaine de pèlerins russes embrasser une pierre, sur laquelle la Vierge s'était assise. Nous passons devant Selvah, la vallée de Kidron, la ville de Béthanie, tous endroits cités dans la Bible. Plus loin est le point où Marie-Magdeleine a rencontré Jésus, puis la Fontaine des

[a]pôtres, qui formait la frontière entre la tribu de Benjamin [et] celle de Juda.

Une cinquantaine de jeunes filles turques que nous dépas[s]ons vont chercher du bois en chantant. Je remarque qu'elles [p]ortent les fardeaux de la même façon que les habitants de [l']Himalaya, en passant une corde sur le front. Nous passons [d]evant des camps [de Bédouins et des petites caravanes de [c]hameaux.

Un cheval blanc est moitié assis, moitié couché, à côté de [la] route et lève la tête à notre passage. Le cocher raconte [q]ue ce cheval a été abandonné comme mort, mardi dernier [e]t il est très étonné de le voir encore vivant. Il essaie de le [f]aire lever, mais n'arrive qu'à le faire coucher complète[m]ent. Je l'engage à le tuer; il me demande mon revolver. [J]e n'ai jamais tant regretté de n'en avoir un sur moi qu'à [P]aris, lorsque j'ai l'intention de rentrer tard.

Nous nous arrêtons au Khan Hadroun, où le bon Sama[r]itain était logé, et puis sur un point d'où nous voyons en [f]ace de nous, dans une gorge pittoresque mais absolument [i]solée, un couvent grec nommé Wadi el Kelt. C'est un [p]énitencier pour les moines grecs qui ont commis quelque [f]aute. Celle qu'ils commettent le plus souvent est de boire [o]utre mesure. Nous apercevons successivement quatre [a]utres petits cloîtres, tous aussi isolés. La Montagne de la [T]entation, sur laquelle est une église grecque et, dans [le] lointain, les quelques maisons de Jéricho s'offrent encore [à] notre vue.

Jérusalem est située à 800 mètres au-dessus du niveau de [l]a mer, Jéricho à 200 mètres au-dessous; notre chemin ne [f]ait que descendre. Le pays est très mouvementé et paraît [a]ride; il est cependant cultivé et sera, avant deux mois, [c]ouvert d'une végétation luxuriante.

Cinq Abyssins que nous croisons reviennent de Jéricho; ils sont descendus de voiture et aident à la faire remonter le chemin, les chevaux seuls n'y parvenant pas.

A dix heures nous sommes à Jéricho. Le patron de l'unique hôtel ne peut pas nous donner de chambres; il attend les passagers du *Météor* et ne connaît pas leur nombre.

Nous remontons en voiture et nous nous faisons conduire à la fontaine d'Elie, une pièce d'eau qui se remplit souterrainement.

En revenant nous croisons neuf voitures avec trente touristes du *Météor*; à l'hôtel, le patron veut bien maintenant nous donner deux chambres, dont l'exiguité rappelle les cabines des bateaux. Dans le jardin nous voyons des cannes à sucre et M. Farquhar me montre un arbre (*ricinus communes*); ses fruits ressemblent aux châtaignes et contiennent trois ou quatre noyaux très durs de deux nuances de brun qui, pressés, fournissent l'huile de ricin. Il y a aussi des ricins dans les jardins de France, mais leurs fruits sont bien loin de la grosseur de ceux de l'hôtel de Jéricho. Il me montre encore un acacia, dont le tronc et les branches sont garnis d'épines; c'est avec des branches de cette espèce que la couronne du Christ a été faite.

Le déjeuner réunit les trente passagers du *Météor* et une société de neuf jeunes Turcs, qui ont un menu différent du nôtre. On nous sert une omelette qui a un goût d'huile de ricin et deux plats de porc cuisinés de différentes façons. Aussitôt le déjeuner absorbé, nous montons de nouveau en voiture, les autres convives en font autant, chacun veut être le premier pour ne pas avaler la poussière soulevée par les voitures précédentes. Nous partons bons premiers et, malgré les efforts des autres cochers, nous ne sommes pas dépassés; c'est un steeple-chase dans le désert.

La végétation est maigre et M. Farquhar me fait remarquer qu'il n'y a que des plantes salines. Après trois quarts [d']heure nous arrivons à la mer Morte, qui n'a de remarquable que son histoire. L'eau est salée comme celle du [Sa]lt Lake en Amérique. La mer Morte a environ 80 kilomètres de longueur et 11 kilomètres de largeur; il paraît [qu']elle est remuée parfois par des tempêtes.

Tout le monde sait qu'elle couvre les villes de Sodome et [de] Gomorrhe et que le même sort est prédit à la ville de Paris [pa]r des âmes pieuses.

J'entends le guide des *Météors* leur signaler le point où [M]oïse a fait jaillir une source du rocher.

Une demi-heure plus tard, nous sommes au Jourdain, à [la] place même, appelée *le Fort*, où le Christ a été baptisé. [L']eau est jaune pendant la saison des pluies. Tout le monde [en] remplit des flacons et des bouteilles. Il faut la faire [bo]uillir à Jérusalem si l'on a l'intention de l'emporter plus [lo]in.

Une Compagnie américaine expédie par an mille barriques [d']eau du Jourdain en Amérique, où elle se vend très cher. [L]es barriques sont munies au départ d'un cachet d'origine.

Il est défendu de traverser le Jourdain à pied; tout près [un] pont est affermé à une Société pour 40 000 francs par an; [ce]lle-ci en gagne encore autant. Les piétons peuvent [tr]averser le pont gratis, mais un mouton paie 10 paras, un [ch]eval 60, un chameau 3 piastres et demie, etc. Ce pont est [tr]ès animé, car à huit heures de distance se trouve Kerak, [vi]lle d'où du blé, de l'orge, des légumes, du charbon de bois [et] des moutons sont continuellement envoyés à Jérusalem.

Mardi dernier, à la fête de l'Epiphanie russe, il y avait [fo]ule. Quinze cents Russes, hommes et femmes, après des [p]rières, qui ont duré de dix heures du matin jusqu'à trois heures et demie de l'après-midi, se sont déshabillés et, simplement vêtus d'une longue chemise blanche, sont descendus dans le Jourdain. Sur le commandement du Patriarche, ils ont plongé trois fois, pour le Père, le Fils et le Saint-Esprit, peut-être aussi pour Dieu, le Czar et la Patrie, comme dans *Michel Strogoff*. Il paraît que la sortie de l'eau de ces Russes, avec leurs chemises collantes à la peau, a beaucoup amusé les nombreux spectateurs.

Les jeunes Turcs de l'hôtel viennent aussi au Jourdain, l'un d'eux me demande une photographie et me donne sa carte sur laquelle je lis :

« Abdulkader, secrétaire en chef du Conseil administratif à Jérusalem. »

Sur une hauteur, à notre gauche, existe une source; notre guide nous dit que c'est la source de Moïse. Une mosquée s'y élève et les Turcs fêtent l'événement une fois par an.

Du côté de Kerak on voit des milliers de ricins, qui sont la propriété du Sultan. Des offres nombreuses ont été faites pour l'achat ou l'exploitation de ces ricins, mais elles n'ont jamais été acceptées.

Autour de la mer Morte on trouve de l'asphalte, du charbon, du pétrole, des eaux sulfureuses et ferrugineuses; ces terrains sont la propriété particulière du Sultan, un million lui a été offert sans succès pour y construire un hôtel avec établissement de bains.

Un arbre à droite de la route marque la place de Gilgal, d'où les Juifs sont partis pour Jéricho et en ont fait tomber les murs par le seul son de leurs trompettes. Il ne reste aucun vestige de ces murs, au Jéricho qu'on nous montre; rien ne témoigne qu'une ville ait existé là et il est à peu près certain que l'ancien Jéricho se trouvait ailleurs. L'emplacement actuel a été choisi par le propriétaire de l'hôtel

… ce qu'un petit ruisseau le traverse. Mais, si les touristes [con]tinuent à affluer, on trouvera bientôt des restes authen[tiq]ues de l'ancienne forteresse et des antiquités de l'époque, [ou]ï-dire qu'on en a déjà enterré. Peut-être même [tro]uvera-t-on les fameuses trompettes au moment de la [vis]ite d'un collectionneur américain!

Les noms de la mer Morte, du Jourdain et de Jéricho [ex]ercent une attraction magique sur les étrangers; mais il n'y [e]n réalité absolument rien à voir et ceux qui ne disposent [qu]e de peu de temps feront mieux de rester à Jérusalem [m]ême et peuvent parfaitement se passer de cette excursion [d']une journée et demie.

Nous sommes de retour à Jéricho à 4 heures; nous fai[so]ns une petite promenade et voyons les fellahs dans leur [in]térieur, qui n'a rien de séduisant.

J'aurais préféré coucher à la belle étoile, comme ces con[du]cteurs de caravanes qui ont déchargé leurs bêtes et qui [oc]cupent une grande place carrée, entourée d'une haie de [br]anches d'acacia à côté de notre hôtel. Ils viennent [au]jourd'hui de Kerak et partiront demain à la première [he]ure pour Jérusalem.

Il est cinq heures, on ne dîne qu'à sept heures et comme [sal]on il n'y a qu'une toute petite pièce. Pendant le dîner, un *météor* vient me demander ma nationalité, sur laquelle [de]s paris se sont engagés à l'autre bout de la table.

Après le dîner, la société au grand complet va visiter le [vil]lage des Bédouins; tout est calme et sombre; mais l'aboie[m]ent des chiens réveille les habitants des huttes, et les feux, [q]ui étaient prêts de s'éteindre, flambent de nouveau. Des [e]nfants sales, mais quelquefois gentils arrivent les pre[m]iers; les parents suivent et tous demandent des bakhchiches. [Il]s esquissent une petite danse et font une bonne recette, après quoi ils réintègrent leur domicile et tout redevient calme.

SÉJOUR A JÉRUSALEM

27 janvier. — Afin d'être les premiers partants et n'avoir pas à souffrir de la poussière des voitures précédentes, nous quittons Jéricho à six heures et demie du matin. Il fait une journée radieuse et nous parcourons à pied une grande partie du chemin, qui est maintenant une montée assez raide.

Au village de Béthanie se trouve la tombe de Lazare. Je laisse à M. Farquhar le plaisir de la visiter seul; il me raconte qu'il est descendu, dans l'obscurité, trente marches très hautes et glissantes et qu'il s'est trouvé alors dans une excavation d'un mètre cube, qui était la tombe de Marthe et de Marie; une autre pièce semblable était la tombe de Lazare. Je ne regrette pas d'être resté pendant tout ce temps en plein air, sous un ciel d'une couleur bleu saphir.

Nous devançons la caravane, installée près de l'hôtel cette nuit et qui est partie à trois heures du matin. Leur chargement consiste principalement en tomates monstres.

Neuf voitures viennent à notre rencontre avec la seconde moitié des *Météors* qui visitent Jéricho aujourd'hui.

Nous revoyons aussi le cheval abandonné. Il se soulève à moitié, lorsqu'il entend notre voiture, il nous suit de la tête et se laisse retomber lorsque nous nous éloignons. Il est triste de voir ce pauvre animal, auquel personne ne veut donner le coup de grâce, alors que tout le pays est couvert d'églises, où l'on prêche la pitié!

En dehors des cinquante francs que coûte la voiture, nous avons à payer sept francs pour les Bédouins qui sur-

SÉJOUR A JÉRUSALEM

llent la route et protègent, au besoin, les voyageurs. Nous n avons pas aperçu un seul.

A onze heures et demie nous arrivons à l'hôtel, nous ons le temps de compléter notre toilette et attendons avec patience l'heure du déjeuner, retardée à cause des *téors*, qui ne font leur apparition que vers une heure.

LE CHEVAL ABANDONNÉ.

Après le déjeuner nous retournons l'après-midi à l'église Saint-Sépulcre; elle est presque déserte aujourd'hui, ce i, pour un dimanche, est étonnant.

Je remarque qu'une balustrade en bois se trouve en ce du tombeau du Christ; j'y pose mon appareil photogra- hique et j'ouvre l'obturateur. Je me promène ensuite pen- ant une vingtaine de minutes dans l'église, qui est très mbre, je reprends mon appareil et grâce à cette longue position, j'ai obtenu un cliché très réussi du Saint- épulcre.

Nous traversons le quartier juif, où je vois un beau vieillard pittoresquement drapé, et qui vient de la Boukhara, marchander une tasse à café. Par l'intermédiaire du marchand, qui comprend l'allemand, je lui propose de lui offrir la tasse s'il veut se laisser photographier par moi, ce à quoi il consent avec empressement. D'autres types différents se proposent également, moyennant bakhchiche, je n'ai que l'embarras du choix.

PRÊTRE ARMÉNIEN.

Des chants sortent d'une église arménienne. Les Arméniens chrétiens se divisent en orthodoxes catholiques, orthodoxes grecs et grégoriens. L'église et le couvent adjacent appartiennent à ces derniers. C'est l'heure du service religieux ; de nombreux prêtres officient, ils sont habillés de trois façons différentes. Une partie des prêtres est en noir, avec le bonnet qui ressemble au chapeau haut de forme sans bord, d'autres sont couverts d'une étoffe rouge et vieil or qui ferait très bien pour un meuble de salon et encore d'autres se cachent la tête sous un grand capuchon.

En sortant, je trouve un beau prêtre à capuchon devant la porte ; sur la demande que je lui fais, en français, il se

SÉJOUR A JÉRUSALEM

LE SAINT-SÉPULCRE.

place devant mon objectif. Une caserne est sur notre chemin, des recrues enfermées se tiennent aux fenêtres barrées de fer. Un soldat m'offre une bague pour deux francs et me la jette en bas ; je la regarde et lui lance une pièce de deux francs; elle sera un souvenir de mon séjour à Jérusalem. Des pauvres munis de boîtes de conserves vides, attendent à la porte, que l'heure de la soupe ait sonné. Je crains qu'elle ne soit pas meilleure que celle de Damas.

Un orchestre militaire turc se fait entendre dans un square près de l'hôtel. Le concert n'a rien de séduisant; mais la foule qui s'y promène est amusante à regarder, par suite de sa diversité. On voit beaucoup de prêtres et de moines, (on en compte vingt mille à Jérusalem) et aussi des femmes turques habillées de blanc, la figure cachée sous un voile noir.

L'hôtel est fort animé ce soir, il est chauffé et l'on se sent comme chez soi. L'autre moitié des *Météors* est logée à l'hospice français Notre-Dame-de-France et se plaint fortement de la nourriture. Toutes les nations chrétiennes ont ici des couvents et des hospices, qui sont en même temps des hôtels pour les pèlerins et les touristes.

Deux dames des *Météors* ont pu aller visiter un harem; je les interroge l'une après l'autre afin de savoir ce qu'elles ont vu, mais j'apprends seulement qu'il n'y avait que trois femmes, une jeune assez bien et deux plus âgées peu soignées; c'est tout ce qu'elles ont pu me dire. Il est probable que si j'avais pu y aller moi-même j'aurais pu en raconter plus long.

Il existe à Jérusalem une association ou secte américaine, composée d'environ trois cents hommes et femmes de tout âge, présidée par une vieille dame, qui a deux filles très jolies. La croyance de cette secte est que l'humanité est mortelle parce qu'elle commet des péchés véniels. Son but est de supprimer ces péchés : l'humanité mortelle finira par disparaître et alors une autre humanité fera son apparition, celle-là sera immortelle.

Afin d'atteindre ce but, l'association ne connaît pas de sexe, tout le monde est frère et sœur, qui couchent [pê]le-mêle dans des grands dortoirs. Des gens mariés font [pa]rtie de la secte, mais ne sont plus que des frères et [sœ]urs.

La Supérieure communique chaque nuit avec la Sainte [V]ierge et, tous les matins, elle fait part aux membres du [ré]sultat de ces consultations.

L'association tire ses moyens d'existence de subsides [ve]nant de l'Amérique où, à ce qu'il paraît, existent des [se]ctes du même genre. Elle possède deux magasins à [Jé]rusalem, où elle vend des objets en nacre et, en outre, [el]le exécute des travaux de couture et de réparation. Mais [el]le ne se charge de ces travaux qu'avec le consentement [d]e la Sainte Vierge, obtenu par la Supérieure; souvent la [S]ainte Vierge refuse le travail.

La maison est ouverte aux visiteurs; on peut voir les [d]ortoirs communs et passer la soirée avec les frères et [sœ]urs, qui font de la musique et arrangent des concerts et [d]es bals fort gais. Malheureusement je n'en ai eu connais[s]ance que trop tard, pour y aller moi-même. Des mau[v]aises langues prétendent qu'un vice commun réunit ces [g]ens et le consul américain a fait tout ce qu'il a pu pour [le]s faire expulser, sans pouvoir y réussir. D'ailleurs une [d]es filles de la Supérieure est partie dernièrement en [c]ompagnie d'un frère; ces deux-là renoncent à se vouer [à] l'immortalité humaine.

DE JÉRUSALEM A PORT-SAID

28 janvier. — A six heures et demie on frappe à ma [p]orte; comme je suis levé, j'ouvre et trouve M. Fast, le [p]ropriétaire, qui se charge de réveiller les partants.

Un employé de l'hôtel et un autre de l'agence de voyage Hamburg-Amerika nous accompagnent à la gare. Nous avons pris nos billets à cette agence et de plus, au prix de 6 fr. 25, nous avons nos billets d'embarquement, ce qui nous évite d'avoir affaire avec les caissiers de chemin de fer[1] et les marins qui, à Jaffa, selon l'état de la mer, demandent jusqu'à 25 francs par personne.

Le train part à huit heures du matin. Nous traversons de nouveau Ramleh, qui était avant la construction du chemin de fer une ville importante ; tous les voyageurs pour Jérusalem devaient s'y arrêter et y passer la nuit, soit à l'aller, soit au retour. Ramleh possède plusieurs couvents et quarante martyrs y sont enterrés.

Lyda, la dernière station, garde le tombeau de saint Georges, le patron des Russes.

Nous arrivons à Jaffa à onze heures et demie du matin et nous nous faisons conduire à l'*Hôtel de Jérusalem*.

Je sors immédiatement voir l'état de la mer. Quelle différence avec mercredi dernier ! Calme plat, les récifs sortent de l'eau ; plusieurs steamers sont sur rade et de nombreuses barques, remplies de voyageurs, de caisses et de ballots sillonnent le port. On pourrait, moyennant 15 millions, construire un port sûr, mais le trafic n'est pas assez important.

J'avais l'intention de prendre le paquebot des Messageries Maritimes, qui doit passer à Jaffa demain ; mais comme un steamer de la *Khedivial Mail Line* part ce soir pour Port-Saïd, je n'hésite pas un instant à y prendre mon passage. Qui sait si la mer sera aussi calme demain ? J'ai appris depuis que le bateau des Messageries Maritimes est arrivé à Jaffa avec un retard de trois jours.

---

[1]. Le chemin de fer Jaffa-Jérusalem rapporte 8 pour 100 à ses actionnaires.

M. Farquhar retourne d'ici à Montreux par le plus court chemin; je quitte, avec regret, ce fidèle et agréable compagnon de voyage. Il n'y aura plus ni mesures, ni noms de plantes !

Je fais encore une courte promenade dans la ville très poussiéreuse et très chaude; elle me conduit à l'unique curiosité de Jaffa, la maison de Simon le Tanneur. Vers quatre heures, je me fais conduire au port avec un autre voyageur, dont j'ai fait la connaissance en chemin de fer ce matin.

Il faut faire une partie du chemin à pied, les voitures ne peuvent pas approcher, même les piétons ont de la peine à se frayer un passage entre les chameaux et les ânes, chargés de tonneaux, de caisses et de ballots qui encombrent l'étroit espace entre les maisons et la mer.

Nous montons sur un large canot à six rameurs et nous traversons sans encombre la passe entre les récifs et, bien que la mer soit calme, l'approche du steamer est assez laborieuse, les six matelots font la chaîne, nous transbordent d'abord sur un autre canot, d'où nous atteignons l'échelle : enfin l'embarquement si redouté est terminé.

Je suis très content de pouvoir admirer du steamer le beau panorama de Jaffa, après ce voyage si intéressant en Syrie et en Palestine. Le *Météor* est ancré tout près de nous, nous entendons le concert de son orchestre. La mer tient en suspension des méduses énormes.

Notre bateau s'appelle *Prince Albert*; je descends à la cabine que je dois occuper pendant une nuit; une odeur écœurante me fait vite remonter. A l'entrepont arrière il y a une famille égyptienne, quelques Israélites russes et six vaches. L'entrepont de devant est bondé de pèlerins russes, qu'un *Monach* ou moine conduit d'abord au couvent de

Sainte-Catherine du Sinaï et puis à Jérusalem, où ils seront pendant les fêtes de Pâques. Ces voyageurs ont l'air misérable et le pèlerinage leur coûte au moins 1000 francs par personne; ils pourraient peut-être trouver un meilleur emploi de leur argent.

Nous ne sommes que neuf voyageurs de première classe, y compris le jeune couple anglais que j'avais rencontré à Damas, et qui voulait de là aller à Constantinople. Les deux jeunes gens étaient partis en chemin de fer de Damas à Rayak, où ils ont dû passer trois jours dans l'espoir de pouvoir continuer le trajet jusqu'à Beyrouth, interrompu par la neige. Ils ont été obligés de retourner à Damas, d'aller ensuite en chemin de fer à Haïfa, d'où ils arrivent. Ils ont encore fait chez Afsad des achats pour 180 livres sterling. Je leur ai fait connaître que leur guide avait renoncé à sa commission de 15 pour 100, ce qui leur a beaucoup plu.

Jaffa exporte par an de 5 à 600 000 caisses d'oranges, contenant en moyenne 80 pièces, le prix de la caisse est de 5 à 10 francs. On est en train d'augmenter les plantations et l'on espère pouvoir bientôt exporter un million de caisses. Ce chiffre n'est pas énorme en comparaison de l'exportation d'oranges d'Espagne. La récolte de 1906-1907 pour les trois villes de Valencia, de Murcia et de Denia est évaluée à 4 millions de caisses, contenant chacune de 420 à 720 oranges.

Damas envoie de la laine en Amérique, de mauvaises galettes d'abricots en Allemagne, où elles sont transformées en compote (je me garderai d'en manger en Allemagne), et les noyaux d'abricots en Angleterre, où ils remplacent les amandes amères sur les plumcakes.

Le bateau ne part qu'à neuf heures du soir par une mer unie comme un miroir.

DE PORT-SAÏD AU CAIRE

29 janvier. — Arrivés à Port-Saïd dans la matinée, nous nous faisons conduire à terre. Un matelot me tend la main pour m'aider à monter sur le quai très élevé, mais il s'en faut de peu, qu'au contraire, je ne le fasse descendre dans la barque.

Dans un bureau où nous devons inscrire nos noms, quelques centaines de photographies sont exposées; ce sont les photographies des personnes à qui l'entrée de l'Egypte est interdite.

Nous prenons le train et arrivons à cinq heures au Caire, où nous nous faisons conduire à l'*Eden Palace Hotel*.

Comme ce soir, il y a dernière pleine lune, nous prenons après le dîner le tramway qui conduit aux Pyramides. Voir les Pyramides au clair de lune est un spectacle qu'aucun touriste sérieux ne doit manquer! Pour mon goût personnel, je préfère les voir le jour et surtout éclairées et colorées par le soleil couchant.

SÉJOUR AU CAIRE

30 janvier. — Matinée de repos et de correspondance. L'après-midi, je vais me promener au Mouski, la principale rue commerciale du Caire, les boutiques sont de toutes dimensions, et parmi elles, quelques grands et beaux magasins. On n'y vend d'ailleurs que des articles de fabrication européenne.

Il ne faut pas être pressé, lorsqu'on suit cette rue dont

les trottoirs sont larges d'un mètre et la chaussée encombrée de voitures de tout genre, d'ânes et de chameaux. A chaque instant la circulation est interrompue sur le trottoir que l'on suit. Pour ne pas attendre, il faut traverser la chaussée et continuer de l'autre côté; on marche ainsi continuellement en zig-zag. L'usage de prendre toujours sa droite n'existe pas; chacun avance comme il peut, se faufile au besoin entre les voitures qui ne gardent pas plus leur droite que les piétons.

La foule ne peut pas être plus bigarrée : des nègres à peine vêtus et des Anglais raides dans leurs cols immenses, se coudoient et se bousculent; mais le tarbouch rouge domine. Beaucoup de dames européennes et un grand nombre d'Égyptiennes, celles-ci invariablement habillées de noir, la tête enveloppée d'un morceau de même étoffe que la robe. Toutes ne sont pas pareilles : il y en a en mérinos, en faille unie et brochée, en satin; quelques-unes usées et d'autres très belles.

Les femmes ne laissent voir que les yeux, souvent fatigués et ridés. Elles ont des voiles en morceaux d'étoffes noires épaisses qui couvrent la moitié inférieure du nez et qui sont maintenus par un tuyau en métal doré, gros comme le bouchon d'une bouteille de Bourgogne et muni de trois cercles minces et finement dentelés, comme les roues d'une montre de poche. Par ces trois cercles le bouchon s'appuie sur le haut du nez et je ne m'explique pas comment les femmes peuvent supporter cet instrument de torture. Je crois qu'il a été inventé exprès afin que les Égyptiennes ne quittent que lorsqu'elles y sont forcées la maison où elles sont à leur aise. Les dames émancipées se cachent la figure par un voile blanc de tulle ou de dentelle très transparent attaché aux oreilles et appelé *yachmack*.

CORPS DE GARDE ANGLAIS DANS LA CITADELLE.

A l'étalage d'un bijoutier, des tuyaux semblables sont exposés, ceux-ci sont en argent doré et coûtent 5 francs pièce; mais la plupart sont en cuivre.

J'assiste à une bataille entre un vieillard et un jeune homme; le vieillard a le dessus et aurait étranglé le jeune, si on ne l'en avait empêché.

Concert ce soir à l'hôtel. Je fais de nouvelles connaissances, les frères Heslin, Américains de Chicago, dont un vient me demander si je ne suis pas M. Conor, évident prétexte d'entrer en conversation avec moi. Après une journée lourde, il pleut fortement dans la soirée.

31 janvier. — Les deux frères Heslin et moi allons à la citadelle en tramway. En traversant la porte d'entrée un homme nous présente des billets dont nous aurons besoin, dit-il, pour visiter la mosquée et qui coûtent 3 piastres chaque; nous les refusons.

Du haut de la citadelle la vue est très belle sur une grande partie du Caire avec ses nombreux minarets, et sur les Pyramides qui se dessinent dans le désert. La citadelle est occupée par l'artillerie anglaise, forte de 190 hommes. L'armée d'occupation anglaise du Caire est composée en outre de cinq mille fantassins et de mille cavaliers.

Après avoir fait le tour de la mosquée Mehemet Ali, nous y entrons. Il est exact qu'il faut des billets; mais ils ne coûtent plus que 2 piastres. Nous voyons d'abord la cour qui est très grande et belle, au centre se trouve une fontaine sculptée et, surmontant le mur d'enceinte, une horloge offerte par le roi Louis-Philippe.

L'intérieur de la mosquée, appelée aussi mosquée d'Albâtre, est magnifique, la coupole ronde est posée ingénieusement sur la construction carrée. Le sol est couvert de tapis immenses et l'éclairage est électrique; mais c'est seulement lors de la fête du Beiram que toutes les lampes sont allumées.

En revenant, nous rencontrons deux enterrements. Au premier tout le monde est à dos d'âne, même le mort. Dans l'autre convoi, le mort est porté à bras, suivi par de nombreux amis et par deux charrettes, traînées chacune par un âne. Sur chacune sont accroupies huit femmes, qui remplissent l'air de leurs cris et de leurs pleurs. La force et le nombre de leurs cris correspondent au chiffre de leur rétribution.

Cette nuit, je vais rêver d'Isis, d'Osiris et surtout du roi Rhamsès II! J'ai passé l'après-midi au Musée Égyptien,

ENTERREMENT A DOS D'ANE.

où les sculptures et les objets d'art pour la plupart trouvés dans les tombeaux royaux sont réunis. Quand on pense qu'on peut voir le roi Rhamsès II avec son cou démesurément long, tel qu'il était de son vivant! On prétend qu'il est le Pharaon, sous le règne duquel les Juifs ont quitté l'Égypte! Cependant ce Pharaon s'est noyé dans la mer Rouge lors de la poursuite des fugitifs? Ce ne peut donc être lui qui est visible en ce musée, à moins qu'il n'ait été repêché ? Rhamsès II ne se doutait pas qu'il serait un jour exposé sous verre, sans quoi il se serait certainement fait incinérer, plutôt que de se laisser embaumer !

Du Musée, un tramway nous conduit au vieux Caire, en face duquel se trouve l'île de Rodah. Ici nous pouvons contempler la place où le petit Moïse a été trouvé, couché dans son panier. On nous montre aussi le Nilomètre qui indiquait la hauteur du Nil lors des crues et avait de l'importance lorsque le barrage n'existait pas encore.

Ajoutons que, d'après les savants, il semble établi d'une façon incontestable que Moïse a vécu sous le règne de Rhamsès II, mais que l'exode des Israélites n'a eu lieu que pendant le règne de son successeur, le Pharaon Ménephtah.

1er Février. — Je vais en tramway jusqu'au pont du Nil que je traverse à pied. Il est très animé et là il serait certainement possible et très pratique de faire tenir la droite à tous les piétons, mais le plus grand désordre y règne et l'on est obligé de changer de trottoir plusieurs fois comme dans la rue Mouski.

Le tramway des Pyramides commence à l'extrémité du pont et les rails sont posés sur la route de Gizeh dont la première partie est particulièrement animée. Il y a de longues files de chameaux, ceux allant vers le Caire lourdement chargés, les autres revenant vides ; de nombreux ânes transportant des paniers d'œufs, du beurre et du lait en quantité au marché du Caire, des charrettes à deux roues, tirées par un cheval et sur lesquelles sont accroupies jusqu'à quinze personnes, femmes et enfants ; d'autres groupes de femmes portent des paniers sur la tête ; des chasseurs et beaucoup de piétons les coudoient.

En passant devant le jardin zoologique de Gizeh nous

arrivons au nouveau pont, par lequel on pourra plus tard aller en tramway du centre du Caire jusqu'aux Pyramides. Il n'est que neuf heures du matin et des Anglais jouent déjà au *Golf*.

La deuxième moitié du trajet laisse des loisirs au conduc-

CHARIOT DE PLEUREUSES.

teur du tramway, qui est Égyptien, et lui permet de tirer de sa poche une grammaire anglaise et de l'étudier.

Arrivé à neuf heures trois quarts au pied des Pyramides, il faut comme toujours se défendre contre les nombreux guides, conducteurs d'ânes, de chameaux et aussi contre les marchands d'antiquités. Un guide s'obstine à m'accompagner, bien que je l'assure que je suis déjà venu souvent et que je n'ai besoin de personne; mais, pendant qu'il me suit, j'ai l'avantage de ne pas être molesté par d'autres individus.

Ces gens vous font croire qu'il faut payer pour admirer les Pyramides et aucun des voyageurs, même expérimentés, ne manque de tomber dans le panneau lorsqu'il vient ici pour la première fois.

Je me promène le long des Pyramides et du Sphinx, continuellement interrompu dans mes méditations par les marchands d'antiquités, *made in Germany*, qui se succèdent sans interruption.

Le point de comparaison manque, on ne peut pas se rendre compte de l'énorme volume que représente la Pyramide de Chéops, laquelle pourrait, à ce qu'il paraît, couvrir complètement l'église de Saint-Pierre à Rome.

Plusieurs personnes montent en haut de cette Pyramide; dans le nombre se trouve une dame qui a vraiment du courage. Je m'approche de l'entrée de la Pyramide de Chéops, dont les alentours sont couverts de noms, taillés dans la pierre. J'ai la joie de découvrir dans le nombre celui de mon oncle, M. Max Pickert, qu'il a gravé il y a cinquante ans; il sera vraiment content de recevoir une photographie, où son nom est parfaitement lisible. Le retour se fait par le même chemin, sauf qu'à partir du Nil je rentre à pied, par le beau quartier européen dans lequel se trouve l'*Hôtel Savoy*.

En dehors des guides, mendiants, marchands ambulants, cireurs de bottines, etc., qui tourmentent l'étranger, toute une nuée de devins indiens s'est abattue sur le Caire. Dans la rue de Boulaq que nous traversons l'après-midi, nous passons devant un square fréquenté par des bonnes et des enfants, à l'entrée duquel on lit cet avis : *Réservé aux dames et familles. — Entrée interdite aux hommes.*

Nos bonnes d'enfants parisiennes n'y entreraient sans doute pas souvent.

Il a plu dans la nuit d'avant-hier et la rue de Boulaq est

inondée aujourd'hui. Il n'y a, hélas! pas de canalisation et l'eau ne trouve aucune issue, ce qui peut paraître extraordinaire dans cette grande ville accommodée aux usages anglais. Très péniblement on déverse l'eau dans des tonneaux avec des seaux; mais cela se fait avec une extrême lenteur.

INSCRIPTIONS GRAVÉES SUR LA PYRAMIDE DE CHÉOPS.

Nous traversons le Nil dans une petite chaloupe à vapeur, remplie de soldats anglais. En face se trouve l'ancien palais du khédive Ismaël, maintenant *Hôtel Gezireh*; il est entouré d'un beau jardin avec une grotte artificielle et une très belle fontaine en marbre. L'impératrice Eugénie a habité ce palais lors de l'ouverture du canal de Suez.

Les énormes salons et salles à manger ont encore leur décoration originale. Deux magnifiques cheminées en marbre et bronze, ainsi que beaucoup de meubles en style oriental, ont appartenu au Khédive. Le séjour dans cet hôtel me paraît très agréable et je lui donnerais certainement la préférence sur les grands hôtels situés au Caire même. Du jardin on a une très belle vue sur le Nil, couvert en ce moment de bateaux à voile.

Beaucoup de soldats anglais traversent en hâte le jardin

LE NIL AU CAIRE.

de l'hôtel. Cette après-midi un match de football a lieu entre les équipes de deux régiments dans un terrain à côté de l'hôtel.

A quatre heures, une musique de Tziganes se fait entendre; un défilé d'équipages commence, beaucoup de dames viennent prendre ici leur *five o'clock tea*.

Un poète grec lit ce soir des vers dans un salon de l'hôtel. Un kawass armé et habillé en Monténégrin garde l'entrée.

CIMETIÈRE MUSULMAN ET TOMBEAUX DES KHALIFES.

Beaucoup de kawass sont déguisés ici en Monténégrins, probablement parce que ce peuple est connu pour son courage.

2 Février. — Le tramway me conduit à la citadelle où je prends un âne, l'ânier me demande : *Khalifes? Mamelouks?*

Je lui réponds *Khalifes* et l'âne, qui a compris avant son maître, prend aussitôt la bonne direction.

Une petite demi-heure suffit pour arriver aux tombeaux des Khalifes, c'est une réunion d'au moins vingt mosquées espacées sur un grand terrain et entre lesquelles s'élèvent des habitations d'indigènes et de nombreux cimetières.

Les mosquées sont toutes plus ou moins en ruines, mais laissent encore voir des coupoles et minarets finement travaillés et formant un ensemble des plus pittoresques. Dans plusieurs mosquées, comme celles de Kait Bey et de Barkouk il y a des sarcophages en marbre. A côté d'un de ceux-ci est une colonne de deux mètres, montrant la taille du sultan Barkouk, qui est enterré ici. Un plafond, remarquable par sa beauté, surplombe la mosquée Kait Bey.

Un agent de police m'accompagne pendant toute ma promenade à travers les mosquées et accepte un bakhchiche. En réalité il est absolument inutile de se faire accompagner par un guide, ni ici ni ailleurs, du reste; si les autres touristes n'utilisent pas plus leurs services que moi, les membres de cette honorable corporation seront bientôt forcés de chercher une autre occupation.

Les ânes ont perdu de leur importance depuis que le Caire est sillonné de tramways; mais ils sont très utiles, lorsqu'on ne retrouve pas son chemin, surtout la nuit, dans les quartiers où il n'y a pas de tramways : on n'a qu'à dire alors à l'ânier : *Mouski, Ezbekieh* ou même le nom de l'hôtel et il comprendra toujours.

Je dis au conducteur de l'âne : *Mouski* et il me conduit dans cette rue, qui n'est pas très éloignée. Je quitte là mon âne, qui a coûté 5 piastres, soit 1 fr. 25, et m'enfonce dans les bazars, suivi par quelques guides et commissionnaires, dont je me débarrasse successivement. Je parcours les bazars dans tous les sens; il n'y a pas un boutiquier qui ne m'invite en français, allemand ou anglais, selon la nationalité qu'il me suppose, à visiter son magasin.

Sauf pour les métiers spéciaux, comme les orfèvres, les ciseleurs sur cuivre, les cordonniers, les boutiques contiennent tapis, broderies, armes et autres bric à brac orientaux en grande partie fabriqués en Europe, et ne se distinguent pas des magasins similaires qui se trouvent partout en Orient et aussi en Occident.

Un connaisseur pourrait sans doute découvrir quelques objets rares ou précieux ; mais les nombreux acheteurs, qui croient s'y connaître, doivent faire des expériences!

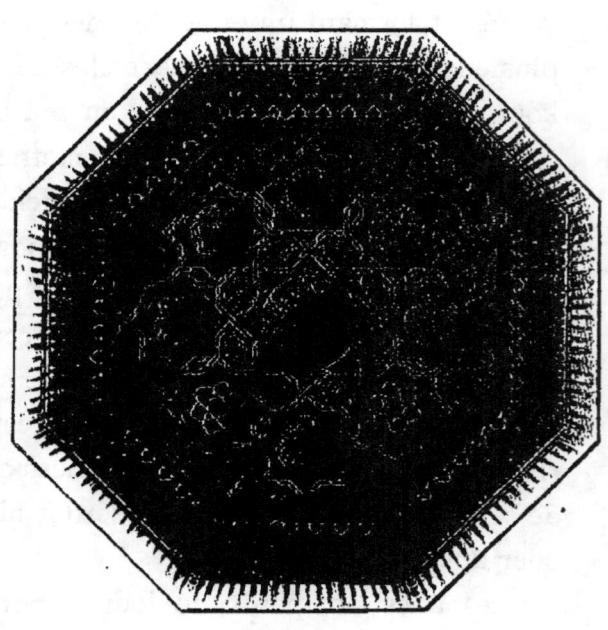

PLAFOND DE LA MOSQUÉE DE KAIT BEY.

Je retrouve très facilement le Mouski où j'assiste à l'arrestation mouvementée d'un pâtissier ambulant. J'ignore ce qu'il a pu faire : l'intérêt de l'arrestation consiste dans la discussion interminable du délinquant avec l'agent ; à Paris ces discussions existent aussi, moins longues cependant ; à Londres on ne les connaît pas.

Le chemin de fer nous conduit l'après-midi au barrage, qui a été construit à l'endroit où le Nil se divise en deux bras, le bras de Rosette et celui de Damiette.

Le barrage a 126 écluses ; il est très long et on le traverse dans des voiturettes sur rails poussées par des hommes. C'est un beau travail, destiné à régler les eaux du Nil dans le Delta, mais il ne paraît pas avoir rempli complètement son but. Un joli jardin est de l'autre côté du Nil. La crue du fleuve dure du 15 juillet à fin octobre.

Il y a foule à la station de Galioub : un richard de l'endroit, Muhamet Chaorbi Pacha a fait construire un hôpital, qui vient d'être inauguré en présence de Lord Cromer.

Il est cinq heures et demie lorsque je reviens du barrage, je m'arrête à l'*Hôtel Shepheard*, la musique du régiment écossais H M O B « His Majestys own borderers » joue, aussi la terrasse est-elle remplie d'une foule élégante.

Un avis affiché dans la poste, près du guichet où se trouvent les lettres adressées à la poste restante, prie le public d'informer immédiatement le Directeur, lorsqu'un employé répond qu'il n'y a rien sans avoir vérifié le casier respectif.

On a donné ce soir à l'Opéra du Caire *L'Africaine*. Une partie de l'orchestre, qui vient presque en entier de Rouen, ayant fait grève, l'opéra a été accompagné par un piano, quinze violons, deux trompettes, deux cors et la grosse caisse, qui s'est fait remarquer. Les figurants n'avaient pas eu besoin de se noircir la figure, mais pour d'autres opéras, tel que *La Dame blanche*, ils sont forcés de s'enfariner.

3 février. — Aujourd'hui dimanche, jour de repos, nous visitons le matin la Bibliothèque khédiviale, où sont exposés des Korans des XIIe et XIIIe siècles, ornés d'enluminures d'une finesse, d'un coloris et d'une élégance remarquables. Une de ces peintures a dû servir de modèle au beau plafond de la mosquée Kaït Bey. Aucune reproduction d'êtres vivants n'entre dans ces dessins, suivant la prescription ordonnée par Mahomet dans le Koran. Il y a aussi des livres illustrés persans et turcs, ainsi que de fort belles reliures anciennes.

Dans le même bâtiment se trouve le Musée arabe, avec

CAFÉ ARABE.

des spécimens de l'art arabe ancien, en pierre, bois, fer et faïence provenant en grande partie des mosquées. Des incrustations et quelques meubles y sont exposés ainsi que la décoration en bois d'une chambre arabe qui, un peu rafraîchie, ferait une salle à manger autrement belle que celles dont les murs sont blanchis à la chaux, avec les ornements en plâtre actuellement à la mode.

L'intérêt du musée est dans la collection des lampes en verre de mosquées ; il n'existe en tout qu'une centaine de ces lampes et, sur ce nombre, soixante sont réunies ici, dont la plus grande partie est en excellent état. Nous passons deux heures dans ce beau musée.

Sur la route de Gizeh se trouve le Jardin zoologique, où nous restons l'après-midi. L'entrée coûte deux piastres la semaine et cinq piastres le dimanche ; c'est le contraire de ce qui existe ailleurs, aussi les visiteurs sont clairsemés.

Comme animaux peu connus, je ne remarque que des moineaux jaunes et des lézards blancs. Une tortue monstre promène un Arabe sur son dos et des éléphants de toute taille circulent dans le jardin.

Un orchestre militaire égyptien joue, ce qui contribue peut-être aussi à éloigner ceux qui connaissent les talents de cet orchestre.

En revenant, nous voyons le Corso des voitures ; il y en a beaucoup, mais les beaux équipages sont rares.

Il n'est question en ce moment au Caire que de la spéculation sur les terrains et de la hausse de leur valeur. Le prix moyen est actuellement de 625 francs le mètre carré, mais on l'a payé jusqu'à 2000 francs.

La maison dans laquelle se trouve l'Agence du Crédit Lyonnais a été payée par son heureux propriétaire, il y a dix ans, 5000 livres égyptiennes pour le terrain et 10000 livres pour la construction, total 390000 francs ; elle a été vendue il y a quelques jours 90000 livres ou 2340000 francs.

EXCURSION A SAKKARAH

4 février. — En société du plus jeune des frères Heslin, je prends à neuf heures et demie du matin le train pour

BARQUES SUR LE NIL.

Bedrachein, où nous arrivons une heure plus tard. Nous trouvons à la gare, rangés en ordre, une cinquantaine d'ânes avec leurs conducteurs, aucun cri ni aucune bousculade, tous les ânes ayant le même propriétaire, le Cheik de l'endroit. Un tarif est établi pour les excursions. Nous enfourchons nos ânes et partons; en plus de nous partent trois groupes de deux ou trois touristes, qui bientôt se réunissent tous en un seul.

Notre but est Sakkarah, célèbre par les tombes qui y ont été trouvées, ainsi que pour sa Pyramide à étages. Au bout d'une demi-heure nous arrivons au village de Mit Rahine, qui occupe l'emplacement du vieux Memphis, dont il ne reste plus que deux statues colossales de Rhamsès II, couchées non loin de l'endroit où elles ont été trouvées; les jambes sont brisées, mais les têtes sont intactes.

Après avoir traversé une petite forêt de palmiers, nous arrivons en vue de la Pyramide à étages de Sakkarah, qui paraît tout proche, cependant nous n'y sommes pas encore ! rien n'est trompeur comme la distance dans le désert.

Vers midi nous passons devant cette Pyramide, qui a 60 mètres de hauteur et nous nous dirigeons vers le Mastaba ou tombeau des Ptahotep. C'est une construction enfouie dans le sable et composée de plusieurs petites pièces, dont les murs sont ornés de sculptures coloriées qui reproduisent des scènes de la vie égyptienne et sont composées avec beaucoup d'art et d'exactitude.

Mariette Bey, le savant qui a trouvé et mis à jour ces trésors, s'y est fait construire une habitation. La véranda de la maison est garnie de longues tables et de bancs et sert de salle à manger aux touristes. Il en vient aussi des Pyramides de Gizeh à travers le désert, à chameau, à cheval ou à âne. Les piétons forment exception. Après le déjeuner nous visitons le Sérapeum, le tombeau des taureaux sacrés Apis, qui se trouve dans une galerie souterraine taillée dans le roc, de 350 mètres de longueur et de 3 mètres de largeur. Il contient 24 niches avec des sarcophages immenses, couverts de lourds couvercles, qui, en plus des taureaux momifiés, renfermaient des trésors en bijoux et objets d'art.

Presque la totalité avait déjà été pillée avant la découverte faite par Mariette Bey, auquel les voleurs ont facilité la tâche, en ne laissant que deux sarcophages intacts. Quelques sarcophages seulement portent des inscriptions.

Nous nous étions munis de bougies pour visiter cette galerie et les avions confiées à un des conducteurs d'âne; mais en arrivant devant l'entrée, il nous montra un trou dans sa poche : les bougies étaient perdues. Le même accident n'étant pas arrivé à d'autres touristes, nous nous joignons à eux.

La visite de la construction la plus intéressante, le Mastaba de Ti, a été réservée pour la fin. Il ressemble à celui de Ptahotep et est également orné de nombreuses sculptures en relief peintes, représentant des métiers, des scènes de la vie et des portraits de Ti. Le Musée du Louvre possède depuis peu de temps un petit Mastaba décoré de ces curieuses et artistiques sculptures.

Il est deux heures quand nous retournons à dos d'âne, cette fois en ligne directe, à Bedrachein; nous y arrivons vers trois heures et, pendant notre court arrêt, nous voyons de nombreuses femmes fellahs revenant du Nil et portant sur la tête des cruches ou des récipients en cuivre, remplis d'eau; elles ne cachent pas leur figure, laissent même quelquefois voir la poitrine; beaucoup sont très jolies.

Le Nil est distant d'environ un quart d'heure, nous y allons à pied; bientôt nous sommes entourés et suivis d'une bande de petites filles de sept à neuf ans, en costumes variés, couvertes de bracelets et colliers en verroterie; plusieurs d'entre elles sont d'une très grande beauté. Nous distribuons quelques bakhchiches; mais à ce moment nous sommes tellement harcelés que nous ne pouvons plus avancer, pourtant il n'y a pas moyen de se fâcher. Toutes crient en arabe, en anglais, en français, en allemand, seul le mot *bakhchiche* ne varie pas. Nos conducteurs d'âne distribuent des coups de canne pour rire et font rouler quelques petites filles dans le sable; elles portent toutes des pantalons de couleur bouffants sous leurs robes flottantes.

Un voilier veut justement quitter le rivage, un de nos âniers jette du sable en l'air pour lui signifier, en langue marine, d'attendre. Le voilier est déjà lourdement chargé d'une trentaine de passagers, de deux ânes et de deux chameaux; mais en se serrant on trouve encore de la place pour nos deux ânes avec leurs conducteurs et pour nous. Un des chameaux attaché avec des cordes déteste l'eau; il se débat et distribue de grands coups de pied; aussi pour les éviter sommes-nous obligés de nous serrer comme des harengs. Le voilier penche de notre côté et la situation est presque critique, mais la traversée ne dure pas longtemps; nous débarquons devant un beau café européen, *San Giovanni*, où nous pouvons nous remettre de cette traversée mouvementée. Mon compagnon de route est harassé et moi je suis en nage.

Après nous être restaurés nous montons de nouveau sur nos fidèles coursiers et, une heure plus tard, nous arrivons à Hélouan, ville toute moderne, avec beaucoup d'hôtels, située en plein désert et très recommandée pour ses eaux sulfureuses et son air pur et sec.

Hélouan me paraît un séjour idéal pour des malades qui recherchent le bon air et la tranquillité. Un chemin de fer local, qui relie Hélouan au Caire, avec des wagons très confortables, nous ramène et nous arrivons à l'hôtel juste au moment où le gong donne le signal du dîner; nous n'en sommes pas fâchés.

Les ânes ont coûté vingt piastres par personne et les

« BAKHCHICHE ? » — PLACE MEHEMET ALI.

conducteurs, dont nous étions contents, ont reçu dix piastres chacun ; ils nous ont serré la main et nous ont demandé de revenir.

Dans la brasserie hongroise où je termine la soirée, on vend des billets de loterie au profit des pauvres de la Société française de bienfaisance au Caire. Le tirage aura lieu demain; il y a un lot de 1 000 francs, un de 500, un de 100, un de 50 et vingt-trois de 25.

SÉJOUR AU CAIRE

5 février. — Après une nouvelle visite au Musée Égyptien qu'on ne saurait voir trop souvent, je vais au Consulat de France. Je ne le trouve pas et m'adresse à un kawass, reconnaissable à son riche costume : il est justement de la Légation de France et va au Consulat, où, après une attente d'une heure, on m'annonce que le consul ne viendra pas aujourd'hui.

Il est trop tard pour rentrer à l'*Eden Palace Hôtel*, j'entre alors au *Savoy Hôtel* qui est considéré comme le le plus sélect du Caire. Il y a deux grandes salles à manger, blanches comme neige et une société élégante, parmi laquelle je retrouve un passager du *Hohenzollern*. Le déjeuner est bon, sans sortir de l'ordinaire et coûte 30 piastres, plus 15 piastres pour le vin et le pourboire, soit au total 12 francs dont je débite mentalement le consul!

L'après-midi, dans les bazars, je recherche ceux que je n'ai pas encore vus. Il en est un qui a plus que les autres la couleur locale, c'est celui des orfèvres; les boutiques sont sur le devant, et derrière on voit travailler les ouvriers dans des ateliers minuscules. La place laissée aux clients n'est pas large non plus; une seule personne peut y circuler et lorsque, ce qui arrive continuellement, deux personnes se croisent, il faut se serrer autant qu'aux fauteuils des théâtres de Paris. Il existe surtout un carrefour qui est un rêve.

On fabrique ici cette quincaillerie en or et argent doré,

dont les Égyptiennes aiment à se parer. Les modèles sont toujours les mêmes peut-être depuis des siècles, fabriqués par les mêmes procédés primitifs. Un modèle très souvent exposé dans les vitrines et sur les poitrines des femmes représente un poisson d'une longueur d'environ 8 centi-

UNE CONVERSATION ANIMÉE.

mètres auquel trois autres poissons plus petits sont suspendus et à ceux-ci pendent une dizaine de petites médailles.

Les traits de l'empereur d'Autriche sont également très populaires ; beaucoup de femmes portent suspendues au cou, par une chaîne, des pièces en or autrichiennes de 4 ducats, de la dimension des pièces de 100 francs, mais plus minces que celles-ci et qui ne valent que 47 francs environ. D'autres se contentent d'orner leur poitrine de l'imitation de cette pièce.

Sans m'inquiéter de mon chemin lequel, du reste, est difficile à reconnaître dans ce labyrinthe, je me promène au hasard et, comme par enchantement, je me retrouve sur le Mouski.

Il n'est pas loin de cinq heures; la rue est particulièrement animée à cette heure. On ne peut pas se faire une idée de la variété des types de la foule et de leurs costumes.

Mes yeux fatigués trouvent un repos au jardin de l'Ezbekieh, avec sa végétation tropicale; tout y est calme. Pas de concert aujourd'hui, l'on ne se croirait pas au centre du Caire.

6 février. — Vers dix heures, je me rends de nouveau au Consulat de France, j'ai la chance de rencontrer le vice-consul, M. Dussap, à qui je suis particulièrement recommandé, et je le prie de demander pour moi une invitation au bal que S. A. le Khédive donnera le 28 de ce mois.

Il me répond que cela regarde la Légation et il a l'obligeance de me donner un mot pour M. Péritier, attaché au Ministre, à qui je présente en outre mon passeport diplomatique.

M. Péritier me reçoit d'une façon très courtoise et m'assure qu'il demandera l'invitation pour moi.

La Légation de France occupe un magnifique palais en style mauresque, entouré d'un joli jardin. Trois kawass en costumes très riches et de bon goût veillent à la porte.

Je monte dans un tramway qui me conduit au vieux Caire, où je vais voir l'église copte remarquable par son antiquité. On y montre une pierre sur laquelle s'est reposée la Sainte Famille, lors de sa fuite en Egypte.

Un prêtre me conduit d'abord, il est bientôt rejoint par une jeune femme opulente qui prend la suite des explications, cela fait deux bakhchiches au lieu d'un. La croix coptique, ressemblant un peu à la croix de Malte, est reproduite souvent à l'extérieur et à l'intérieur de l'église ; je la retrouve, tatouée, sur les poignets droits du prêtre et de la jeune prêtresse.

Dans les églises coptes, fréquentées par les Abyssins, le service dure quatre heures, pendant lesquelles les fidèles restent debout. Il est interdit de s'asseoir et il n'est pas

TOMBEAUX DES KHALIFES.

d'usage de s'agenouiller. A ceux qui sont fatigués, on distribue des béquilles pour se soutenir.

Dans la rue deux femmes se disputent devant une boulangerie ; il paraît que l'une d'elles doit de l'argent à la boulangère et le nie. Elle commence par mettre ses bracelets dans sa poche et les fait suivre par la chaîne du cou à laquelle pend une pièce en or autrichienne, après quoi la bataille commence. Même les femmes boxent ici, ce qui prouve qu'elles ont dû déjà apprendre quelque chose des Anglais.

Les frères Heslin se partagent la besogne de m'accompagner. Cette après-midi l'aîné vient avec moi à la Gami el Azhar, l'Université du Caire. Par le portail, nous voyons des étudiants accroupis à terre; beaucoup ont terminé leur cours et s'en vont.

Pour entrer il nous faut attendre que le muezzin ait appelé les étudiants à la prière de l'après-midi et bientôt nous le voyons apparaître au balcon d'un minaret. La prière est courte; cinq minutes plus tard on nous met des babouches, et nous payons deux piastres par personne pour pénétrer à l'intérieur. Les guides prétendent qu'il faut une autorisation d'un consul; mais ils doivent se tromper.

Malgré le nombre considérable d'étudiants que nous avons vu sortir de l'Université, son immense cour, la mosquée de même grandeur, les pourtours et plusieurs petites mosquées latérales sont remplies de jeunes gens et d'élèves paraissant déjà âgés. Tous sont assis en rond par petits groupes; les uns récitent à haute voix, d'autres entourent un professeur qui explique la façon de dire la prière. Il en est aussi qui dorment, ce sont les paresseux, qui mettent plus longtemps à apprendre le Koran par cœur, ce que tous doivent faire. En plus du Koran, on enseigne la grammaire, la géométrie, les mathématiques et d'autres sciences.

Les études sont gratuites; des galettes de pain sont même distribuées aux étudiants; le nombre des galettes varie de cinq à douze suivant les connaissances du futur Cheik.

De petites mosquées sont réservées aux Soudanais, aux Tunisiens, aux Syriens, etc; il y en a aussi une pour les étudiants aveugles, qui sont les plus fanatiques. La plupart des étudiants habitent l'Université et passent la nuit dans la cour et dans la mosquée, dont les murs sont garnis de

PORTE D'ENTRÉE DE LA MOSQUÉE EL-AZHAR.

placards, dans lesquels les étudiants mettent leurs hardes et leurs galettes; sur ces placards ils empilent leur literie.

Seules, les dames étrangères sont admises à visiter l'Université, aucune femme du pays ne peut enfreindre l'entrée sévèrement gardée. Tout cela nous a été expliqué par un jeune homme bien habillé et parlant couramment l'anglais. Il se dit employé au bureau de recrutement et nous a accompagnés dans notre visite.

En sortant nous faisons quelques pas, lorsqu'une odeur se fait sentir; elle contraste agréablement avec celle que nous respirons habituellement dans ce pays, et nous prévient que nous approchons du bazar des parfums. Il y en a pour tous les goûts; mais la spécialité de l'endroit est l'essence de roses, qui vient en général de la Bulgarie en passant par Leipzig où, par un procédé chimique, elle a été allongée considérablement. L'essence de roses est d'un prix très élevé : seules les personnes fortunées peuvent se l'offrir à l'état pur.

Au bazar suivant, on pile des épices dans de gros mortiers au moyen de barres de fer très lourdes; l'homme geint chaque fois qu'il soulève cette barre. Nous voyons aussi des tisseurs de soie, des tourneurs sur bois, des tailleurs et d'autres artisans; presque toujours les ouvriers se servent des pieds en même temps que des mains. Des quartiers spéciaux sont réservés aux marchands syriens et tunisiens.

7 février. — Je fais mes malles et mets dans la plus grande, que je laisse au Caire, tous mes vêtements de laine; j'emporte dans ma valise, les costumes légers en toile.

Puis je vais au Crédit Lyonnais et ensuite à l'Agence des voyages Hambourg Anglo-Américaine, où je retire le billet combiné que j'avais fait préparer :

Billet de chemin de fer à Assouan et retour.	£ 5,15
Billet pour le bateau d'Assouan à Ouadi Halfa et retour, avec nourriture et excursions. .	£ 20
Billet pour le train de luxe de Ouadi Halfa à Khartoum et retour	£ 13,17
Permis pour visiter les monuments de la Haute Egypte.	£ 1,5
	£ 40,17

soit au total : 1 030 francs.

En attendant le départ, je me promène au Mouski, qui, en dehors de la foule ordinaire qui l'anime, est encore parcouru par un grand nombre de convois qui vont aux cimetières dans la direction des tombeaux des Khalifes. En tête de chaque convoi marche un aveugle, puis un groupe d'amis. Le corps, simplement enveloppé, est porté à bras sur une sorte de tréteau et est suivi par des femmes, qui, accroupies par huit ou dix sur une charrette, poussent des cris de douleur.

A la terrasse de l'*Hotel Continental*, aux sons de la musique d'un régiment de cavalerie anglaise, les Inniskilling[1] Dragoons, je prends mon *five o' clock tea*. Il y a au Caire un va-et-vient continuel de troupes anglaises, des détachements et bataillons arrivent et partent très fréquemment; les frais considérables de ces changements de garnison sont supportés par le trésor égyptien.

A sept heures et demie je quitte l'hôtel après avoir distribué les pourboires suivants :

Femme de chambre	10 piastres
Arabe de la chambre	10 —
Maître d'hôtel	10 —
Sommelier	10 —
Garçon de salle	5 —
Garçon du premier déjeuner	4 —
Premier portier	2 —
Arabe de l'ascenseur	1 —
Deuxième portier	2 —
Arabe du vestiaire	1 —
Arabe qui ouvre les portes	1 —
Arabe qui descend les bagages	2 —
Premier conducteur de l'omnibus	5 —
Deuxième conducteur de l'omnibus	2 —
Cocher	1 —
	66 piastres

---

[1]. Inniskilling est une ville en Irlande.

soit 17 francs; cela ne fait pas beaucoup d'argent, mais que de mains tendues! C'est le moment ou jamais de dire *Ouf!* lorsqu'on a fini.

Le train part à huit heures; étant seul dans mon compartiment je puis m'installer commodément, mieux que dans un petit coupé-lit que j'aurais certainement eu à partager avec un inconnu.

AU BORD DU NIL.

CHAPITRE II

DU CAIRE A KHARTOUM

LE NIL A LOUQSOR.

CHAPITRE II

Du Caire a Louqsor. — De Louqsor a Assouan. — Excursion a Philæ. — D'Assouan a Ouadi-Halfa. — De Ouadi-Halfa a Khartoum. — Excursion a Omdurman. — Khartoum. — De Khartoum a Assouan. — D'Assouan a Edfou. — D'Edfou au Caire.

DU CAIRE A LOUQSOR

8 février. — La nuit a été très bonne, quoique très froide, heureusement que j'avais emporté ma couverture de voyage.

A six heures du matin il fait jour et je puis regarder le paysage. La ligne du chemin de fer longe le Nil et comme l'eau ne manque pas, la campagne est verte; on voit partout des villages et des palmiers et déjà beaucoup de mouvement sur les routes.

OBÉLISQUES DE KARNAC.

Le temps passe vite, à dix heures apparaissent deux obélisques et des monceaux de pierres, c'est Karnac ; bientôt après nous arrivons à Louqsor. Je me fais conduire à l'*Hôtel Savoy* où je retrouve les deux frères Heslin qui avaient quitté le Caire hier matin à huit heures et demie et étaient arrivés ici à onze heures et demie du soir.

Une demi-heure plus tard nous nous faisons conduire

aux célèbres temples de Louqsor, distants d'un quart d'heure de l'hôtel, et nous parcourons pendant une heure et demie ces constructions aux murs épais et aux colonnes massives.

AU TEMPLE DE LOUQSOR.

Partout des hiéroglyphes, des sculptures et surtout des statues de Rhamsès II. Il y en a un nombre considérable de toutes grandeurs en plus ou moins bon état. Devant l'entrée principale sont placées quatre statues colossales de Rhamsès II, en partie enfouies dans le sable, un obélisque non complètement déblayé et le socle de celui qui orne la place de la Concorde à Paris. L'ensemble produit une impression de grandeur et de force.

Dans l'enceinte du temple s'élève une vieille mosquée

VILLAGE DE KARNAC.

avec un minaret très pittoresque, dont la légèreté et l'élégance contrastent avec la lourdeur des colonnes du temple.

A l'hôtel je retrouve deux dames de la société Bolthausen que j'avais déjà rencontrées à Baalbek et à Jérusalem. L'une d'elles a eu un petit accident, la selle de son âne s'est défaite et elle s'est blessé le pied. Quelques jours encore de repos l'auraient guérie, mais les deux dames sont forcées de partir

PYLONE DEVANT LE TEMPLE DE KARNAC.

ce soir : la société Bolthausen quittant le Caire demain, leur passage jusqu'à Gênes aurait été perdu.

Après le déjeuner nous allons à pied à Karnac; il ne faut que trois quarts d'heure. En passant devant un village les enfants, dont un complètement nu, nous demandent des bakhchiches. Je photographie celui qui est nu et lui donne quelque monnaie ; immédiatement trois autres enlèvent leur unique vêtement et courent après moi.

Bientôt nous passons entre deux haies de petits sphinx sans tête et nous arrivons à la grande entrée d'un temple bien conservé. Nous nous dirigeons à gauche où existait une autre entrée des temples et où subsiste un long chemin bordé de sphinx ; ce n'est plus que l'amorce de la route primitive qui allait jusqu'au Nil.

Le temple même contient trois cents colonnes environ, des murs épais et de plus un amoncellement d'énormes pierres, le tout comparable au temple de Louqsor. On voit aussi deux obélisques et deux lacs sacrés. Presque toutes les surfaces des murs sont couvertes de sculptures, représentant les Rhamsès et des scènes de leur vie, toujours, à peu de chose près, figurées de la même façon.

Un escalier permet de monter sur le mur d'un temple et de contempler la presque totalité de cette construction gigantesque. La main-d'œuvre n'a pas dû être chère du temps des Rhamsès ; ces temples représentent une somme de travail formidable : maintenant encore des équipes d'ouvriers sont en train de réparer ce chaos, de soutenir les colonnes et de jeter bas les murs qui menacent ruine.

Il a fallu expulser les fellahs, avec leur progéniture toujours nombreuse, qui avaient élu domicile dans les ruines du temple.

Le poète Schiller a dit :

« Das Alte stürzt, es ändert sich die Zeit und neues Leben blüht aus den Ruinen ».

Le passé s'effondre, les temps changent et une vie nouvelle sort des ruines.

Cette définition est ici une réalité.

ALLÉE DES SPHINX A KARNAC.

Les fellahs se sont établis maintenant un peu plus loin; du haut du mur nous voyons leur village entouré de palmiers et adossé au Nil, de l'autre côté duquel s'élèvent quelques hauteurs, les seules dans cette partie du Nil. Le paysage est ravissant. Plus loin le désert apparaît avec quelques bouquets de palmiers.

J'ai emporté jusqu'ici mon casque en liège, je ne le regrette pas, car on en a bien besoin; il protège contre le soleil brûlant, sinon contre les mouches innombrables.

EXCURSION AUX TOMBEAUX DES ROIS

9 février. — A sept heures et demie du matin nous descendons les vingt marches qui mènent au Nil et dont, pendant la crue, quatre seulement sont visibles. Un canot à rameur unique nous attend; en un quart d'heure, il nous fait traverser le fleuve très large ici; de l'autre côté deux hommes nous reçoivent dans leurs bras et nous portent à terre, l'eau n'étant pas assez profonde pour permettre au canot d'aborder.

Un voilier arrive en même temps que nous et s'arrête à quelques mètres du rivage; il amène nos ânes qui sautent tout seuls à l'eau. La cavalcade commence aussitôt à travers des terrains sablonneux sur lesquels passe le Nil en temps d'inondation. Après une demi-heure de course, nous arrivons à l'emplacement de l'ancienne ville de Thèbes, où se trouvent les ruines du temple de Kourna, dont la plus grande partie a disparu; il reste encore une colonnade et quelques cours remplies de pierres.

Une nouvelle cavalcade d'une heure à travers un paysage aride et accidenté nous conduit dans une vallée sauvage entourée de rochers. La route est très belle; elle a été nouvellement construite pour la visite de la princesse de Connaught. Les voyageurs lui doivent leurs remerciements.

Dans cette vallée se trouvent les *Tombeaux des Rois*, quarante environ, dont nous visitons les cinq plus remarquables.

Tous sont taillés dans le rocher; il y a des galeries d'une longueur de cent mètres descendant un plan fortement incliné; elles aboutissent à la chambre mortuaire, en passant

TOMBEAUX DES ROIS.

devant beaucoup de petites pièces latérales. Tous les murs sont couverts de très belles sculptures coloriées en bon état.

Le tombeau le plus artistique et le mieux conservé est celui de Séti I.

Dans un autre, nous pouvons contempler la momie intacte du roi Amenhotep II, couché dans son sarcophage dont le couvercle est enlevé et qui est éclairé par une lampe électrique. Partout l'électricité éclaire les constructions souterraines.

Longtemps avant qu'elle n'eût été soupçonnée par les

FRAGMENTS DU RHAMSEION.

savants, l'existence de la plupart de ces tombeaux était connue par les indigènes qui ont enlevé et vendu tout ce qu'ils ont pu, même des fragments de murs sculptés. Pourtant de grands trésors ont été conservés et sont exposés au Musée du Caire. Les fouilles continuent; elles mettront peut-être à jour d'autres objets d'art.

En résumé, ces tombeaux sont une des choses les plus curieuses et les plus intéressantes qu'on puisse voir. Cent touristes au moins visitent les tombeaux en même temps que

STATUES D'AMENHOTEP III A THÈBES.

nous; leurs chameaux, ânes et chaises à porteur sont rangés sous un hangar.

Maintenant il nous faut grimper à pied un sentier très raide, où le plus jeune des frères Heslin qui m'accompagne aujourd'hui se fait tirer et pousser par les âniers; nous descendons ensuite le versant opposé, ce qui est pour le moins, aussi pénible. Devant nous, se trouve un ancien couvent, *Der el Bahari*. Il est midi ; des centaines de petits garçons employés au déblaiement de cette construction exécutent une fantasia échevelée à travers les ruines pendant que, sous la véranda et assis sur des pierres couvertes d'hiéroglyphes, nous prenons notre déjeuner.

Le couvent de Der el Bahari a trois terrasses superposées, dont la plus haute et la plus reculée est taillée dans le roc. Il y a des colonnades, des vestibules et des petites chambres, décorées de sculptures murales.

Un quart d'heure d'âne nous conduit d'abord au temple de *Medinet Habou* et ensuite au *Rhamseïon*, très belle ruine d'un temple de Rhamsès II, avec des fragments d'une statue colossale en pierre de ce roi. Il n'existe pas au monde de plus grande statue en pierre.

Enfin, une demi-heure plus tard, nous sommes devant les deux immenses statues d'Amenhotep III à Thèbes, isolées au milieu de la campagne : nous en avons fini avec les Rhamsès pour aujourd'hui!

Revenus au Nil, on nous hisse sur le canot ; bientôt nous montons les marches de notre hôtel, fatigués, mais contents d'avoir fait cette belle excursion.

L'excursion a coûté pour deux :

Trois ânes	30 piastres
Trois pourboires	15 —
Guide	17 —
Bateau	3 —
	65 piastres

soit 8 fr. 50 par personne. J'ai promis au guide Magar Boutros de le recommander.

La chaleur et la poussière nous ont donné une soif

ardente que nous pouvons calmer, heureusement, dans une brasserie bavaroise où l'on nous donne de l'excellente bière de Munich, à deux piastres le quart; à Munich on aurait cinq quarts pour ce prix, mais nous en sommes si loin!...

DE LOUQSOR A ASSOUAN

10 février. — Promenade le long du Nil, sur lequel voguent quatre grands bateaux à vapeur; ce sont de véritables hôtels flottants à trois étages : je ferai bientôt leur connaissance. Il y a aussi de nombreuses dahabiehs à voile.

Beaucoup de touristes se promènent sur le quai, partagés en deux par une file ininterrompue de porteurs d'eau, qui remplissent leur outre au Nil et dont la meilleure affaire est de poser devant un kodak : deux poses rapportent autant qu'une journée de travail pénible.

Quarante voyageurs arriveront ce matin à l'hôtel, l'hôtelier sera obligé d'en refuser la moitié; il regrette qu'ils ne viennent pas un mois plus tard, il y aurait alors des chambres vacantes!

Je reste quelque temps devant le temple de Louqsor que je voudrais regarder tranquillement pendant cinq minutes; mais il n'y a pas moyen, les guides et vendeurs d'antiquités se suivent sans interruption; tous les porteurs d'eau s'arrêtent et demandent à être photographiés, des enfants m'entourent et crient *bakhchiche*. J'abandonne la place.

A dix heures et demie nous prenons le train à voie étroite pour Assouan. En exceptant quelques oasis, nous sommes presque tout le temps en plein désert; une fine poussière blanche pénètre dans les wagons. Le déjeuner dans le wagon-restaurant fait passer une heure agréable, je recommence à boire du whisky et du soda qui est la boisson la plus agréable dans les pays chauds; et il fait chaud!

COLONNADE A LOUQSOR.

La population que nous voyons maintenant est noire. Des hommes complètement nus, sauf un morceau d'étoffe autour des reins, travaillent dans les champs. Plus loin apparaît un grand camp de Bédouins, où une peuplade demi-nue et à l'aspect sauvage, grouille devant les tentes.

Vers quatre heures et demie, le paysage devient accidenté

et la campagne se couvre de palmiers et de verdure, à cinq heures nous arrivons à Assouan.

Un large quai longe le Nil, lequel est encaissé dans des rochers très pittoresques; du lit du fleuve très animé sortent également des rochers. Dames et messieurs en costumes blancs passent à dos de chameaux ou d'ânes, mêlés à une population égyptienne et nubienne bien différente de celle de la Basse-Egypte.

Une promenade au petit bazar de l'endroit complète la journée; nous y trouvons le bric-à-brac courant de l'Egypte, et, en plus, celui du Soudan dont les crocodiles empaillés et les sagaies forment les principaux articles de commerce. A l'hôtel je rencontre le jeune docteur italien qui avait passé avec nous deux jours à Damas, d'où il voulait aller à Jérusalem par Beyrouth et Jaffa. Il a été promené en paquebot de Beyrouth à Port-Saïd, et de Port-Saïd à Beyrouth, sans pouvoir débarquer à Jaffa, vu l'état de la mer, et il n'a pu le faire qu'au troisième passage. Il n'est arrivé à Jérusalem que lorsque nous étions déjà partis.

EXCURSION A PHILÆ

11 février. — La température est très agréable : ni mouches ni moustiques ne nous incommodent. A neuf heures nous prenons le train pour Chellal. Nous passons de nouveau devant le camp des Bédouins appelés *Béchari;* le train ralentit sa marche pour permettre aux enfants à la chevelure épaisse de courir à côté et de demander des bakhchiches. Nous sommes en plein désert, des pierres énormes ayant des formes bizarres et sans doute de provenance volcanique, bordent la voie.

Ce chemin de fer a été construit au moment où les Anglais s'apprêtaient à reconquérir le Soudan; il servait à relier les deux parties du Nil, séparées par la première cataracte, laquelle n'était alors pas navigable.

Le trajet ne dure qu'une demi-heure, nous arrivons de nouveau au Nil qui ressemble maintenant à un petit lac entouré de rochers. Du milieu du lac s'élèvent des palmiers et les temples de Philæ. Une barque à quatre rameurs nous y conduit et nous les fait traverser dans tous les sens comme si nous étions à Venise.

Sous le porche d'un temple est gravé le nom de Desaix, ainsi que ceux de quelques généraux français qui ont conquis la Haute-Égypte lors de l'expédition de Bonaparte.

Étant montés sur le toit du temple, ce que nous voyons paraît un pays inondé. En effet, à nos pieds s'étend le grand réservoir du Nil créé par le barrage érigé à peu de distance. Ce barrage a eu pour résultat de plonger le temple de Philæ, qui se trouvait sur une île, complètement dans l'eau et causera à la longue sa désagrégation. Il avait été question d'entourer d'un mur le temple, dont une partie, appelée le kiosque, est d'une jolie architecture, afin de le sauver de la destruction complète. On parle aussi de l'enlever de là et de le reconstruire sur la rive. Les deux projets sont très difficiles à exécuter maintenant; on aurait dû y penser et prendre une décision avant que les travaux ne fussent terminés.

Notre barque nous conduit au barrage, où nous pouvons juger de l'importance de ce mur colossal de deux kilomètres de longueur qui barre le lit du Nil dans toute sa largeur. Nous montons sur le parapet où une voiturette sur rails nous conduit à l'extrémité; là, un canal pour la navigation a été construit.

Par les écluses ouvertes, l'eau traverse le barrage en écumant et couvre une partie des rochers qui forment la première cataracte. Le barrage a coûté 4 millions de livres

ENTRÉE DU TEMPLE DE PHILÆ

sterling et on évalue à 2 millions et demi de livres sterling le produit annuel qu'il procure au pays; c'est un bon placement. Des gens du métier prétendaient que cette muraille ne résisterait pas longtemps à l'énorme pression de l'eau; mais, des derniers examens, il résulte qu'on pourra même l'élever encore de six mètres. Ces six mètres d'eau

LE KIOSQUE DE PHILÆ.

doivent, suivant les statisticiens, rapporter à l'Égypte 3 500 000 livres en plus par an.

Il faut admirer l'esprit d'entreprise des Anglais qui ont créé cette œuvre moins belle, mais plus utile aux Égyptiens que les temples de tous les Rhamsès!

De retour à Assouan par le même chemin à midi et

demi, nous voyons arriver le vapeur *Nubia* par lequel je dois partir demain.

En rentrant à l'hôtel, je puis voir par la porte laissée ouverte, l'intérieur d'une mosquée, et le spectacle d'un service religieux : trois rangées de musulmans, sur un signe du Cheik, font des mouvements d'ensemble, ils se prosternent, se jettent à terre, avec une très grande précision ; les jeunes d'entre eux feront d'excellents soldats !

Il fait très lourd cet après-midi ; vers trois heures, le vent du nord souffle avec violence et obscurcit l'horizon par les nuages de poussière qu'il soulève.

En face de nous, sur l'île Elephanta, se trouve le magnifique *Hôtel Savoy*, considéré comme le meilleur d'Assouan par les uns, tandis que d'autres préfèrent le *Cataract Hotel*, qui est de ce côté du Nil et où nous allons prendre notre « five o' clock tea ». L'hôtel a une belle vue sur le commencement de la cataracte et forme à lui seul une petite cité. La salle à manger en est singulière, l'extérieur et l'intérieur ont l'aspect d'une mosquée ; il ne manque que le minaret, d'où le maître d'hôtel pourrait appeler les hôtes à table.

Parmi les gens si différents, qui passent dans la rue, se distinguent les Béchari, ils ont des têtes et des accoutrements impossibles ; ces malheureux me rappellent les marchands des quatre saisons de Paris : les agents les suivent et ne les laissent stationner nulle part.

D'ASSOUAN A OUADI-HALFA

12 février. — Promenade le long du Nil et au *Cataract Hotel*, de la terrasse duquel le regard plonge sur le Nil, au

BARRAGE D'ASSOUAN.

lit semé de rochers et entouré de bouquets de palmiers.

Mes bagages sont portés au *Nubia* et je retourne déjeuner à l'hôtel. Après quoi, accompagné des deux frères Heslin qui ne vont pas plus loin, je m'installe sur le bateau, qui part à deux heures et demie.

Nous passons devant le *Cataract Hotel* et nous louvoyons entre les rochers qui forment la première cataracte, ou plutôt les rapides du Nil. Après une demi-heure de navigation, nous sommes en vue du barrage, mais nous avons encore à passer par cinq écluses avant d'arriver à

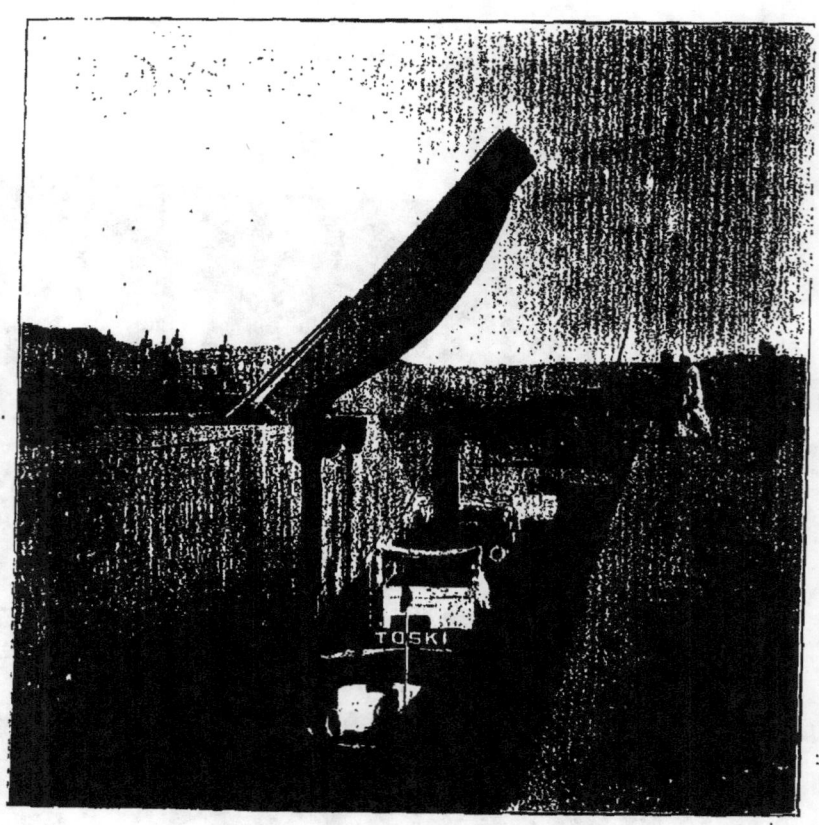

ÉCLUSE D'ASSOUAN.

la hauteur du réservoir, c'est-à-dire de l'autre côté du barrage, qui est plus élevé de 20 mètres que le lit du Nil. Il nous faut pour cela une heure et demie; la plupart des voyageurs quittent, pendant ce temps, le bateau et se promènent.

Les écluses ont des portes qui sont d'une construction nouvelle et ingénieuse; elles ne s'ouvrent pas, comme celles que j'ai vues jusqu'à présent, elles glissent dans des rainures ; il suffit que le mécanicien manœuvre un petit engrenage et la lourde porte, mue par la force hydraulique disparaît comme un décor de théâtre. L'armature supérieure se soulève avec la même facilité.

Le *Nubia* a été construit spécialement pour pouvoir passer par les écluses. Il a cette particularité que les roues, au lieu d'être de chaque côté, se trouvent toutes les deux à l'arrière du bateau ; sa longueur est de 60 mètres et il est le seul grand bateau de touristes qui embarque ses voyageurs à Assouan, au lieu de les faire venir jusqu'à Chellal.

Sa forme n'est pas très élégante ; il me semble aussi qu'il n'est pas très facile à gouverner, car pour entrer et passer par les écluses, les matelots poussent et tirent de tous les côtés, ce qui, selon la mode du pays, ne se fait pas sans beaucoup de bruit. Les matelots sont d'ailleurs de beaux Nubiens ; ils ont la tête entourée d'une écharpe blanche et ils sont vêtus d'une vareuse de laine bleue et de pantalons bouffants blancs.

Au loin se dessinent les colonnades de Philæ et nous avançons entre des rives jaunes assez élevées jusqu'au moment où l'obscurité ne laisse plus reconnaître le paysage.

Ma cabine est belle et spacieuse, au troisième étage, le plus recherché, où se trouvent aussi les deux salons, dont l'un est en plein air.

La septième heure nous réunit dans la salle à manger ; je compte trente et un passagers dont dix-huit dames. A ma table sont deux touristes, l'un est M. Brockhaus, de Leipzig, de la célèbre famille d'éditeurs, l'autre, un jeune Italien, Signor Luigi Beretta, qui va à Khartoum et partira

TEMPLE DE KALABCHEH.

de là en caravane pour chasser le lion, l'éléphant, l'hippopotame et le crocodile; il compte rester cinq mois et revenir par l'Abyssinie, à moins d'y rester tout à fait!

Un guide, qui est attaché au bateau, nous annonce qu'il faut être prêt demain matin à huit heures et demie, car il va nous faire voir les temples de Kalabcheh. Et moi qui comptais avoir trois jours de tranquillité!

Malgré l'obscurité, nous marchons à grande vitesse, il paraît que jusqu'à demain soir, nous naviguerons dans le réservoir créé par le barrage et la grande profondeur de l'eau supprime tout danger. A neuf heures du soir, notre bateau s'arrête près de Kalabcheh, où nous passerons la nuit.

13 février. — Lorsqu'il fait jour, nous voyons à quelques pas du rivage le temple de Kalabcheh, entouré d'un village. Les habitants sont déjà accroupis devant la passerelle du bateau, dont l'arrêt doit être une fête dans leur vie monotone. A huit heures, le gong résonne pour le premier déjeuner, et à huit heures et demie, pour la descente à terre. Sous la conduite du guide qui baragouine un anglais impossible, nous visitons un temple en grande partie en ruines, et puis un autre taillé dans le rocher, qui s'appelle *Bet el Ouali* et a le mérite d'être tout petit. Rien ne distingue ces deux temples des autres plus importants déjà vus.

Cinq des touristes du *Nubia* n'ont pas la carte obligatoire pour visiter les monuments de la Haute-Égypte. Elle coûte une livre 5 shill. et est réclamée à l'entrée de chaque temple. Le guide commence par chasser les indigènes, qui nous entourent, après quoi il a une conversation animée avec le gardien, finalement tout le monde entre dans le temple.

J'évalue à 2 fr. 50 le backhchiche du gardien, à 10 francs celui du guide, quant au service des antiquités il perd les 150 francs que les cinq cartes auraient coûté.

Beaucoup plus intéressante que les deux temples, me paraît la population, rangée sur notre passage ou à l'entrée des maisons. Des femmes noires, de tout âge, avec des anneaux en or ou en argent dans le nez, dans les oreilles, autour des bras et des jambes, avec des colliers de perles multicolores autour du cou et de la poitrine, vêtues d'un morceau d'étoffe sombre et ne se voilant pas la figure, sont occupées à fabriquer des corbeilles et des nattes de cheveux.

HABITANTS DE KALABCHEH.

Des enfants peu habillés et à la mine éveillée offrent des petits jouets ou des colliers de perles, et des hommes essayent de nous vendre des bagues, des plaques en argent, des sagaies, des couteaux, etc.

Un voyageur achète au prix d'une livre une plaque en argent et une petite demi-lune en or; le marchand le poursuit encore en demandant un bakhchiche et montre

ENFANTS A KALABCHEH.

la pièce d'or qu'il a reçue au moins à six personnes, pour s'assurer qu'elle est bien bonne.

Un homme puise de l'eau dans le Nil au moyen d'une peau et d'un bloc de limon séché, qui fait contrepoids; ce système élémentaire s'appelle *Schadouf*. J'essaie de faire comme lui et lui démolis complètement son appareil primitif.

A dix heures, nous sommes de nouveau réunis sur le bateau et nous partons aussitôt. Les matelots, au nombre d'une quinzaine, sont assis à l'avant du bateau et donnent un concert. Deux dansent, un tape sur un tambour, les autres battent des mains, et tous chantent une mélodie, toujours la même et interminable ! Cela est amusant pendant cinq minutes, mais dure une heure ! Pour finir, ils crient trois fois *hourrah !* et disent : *thank you !*

Alors que sur d'autres parcours, on offre à onze heures un bouillon et des sandwichs, ici on nous sert un temple. Aujourd'hui il

JEUNE CITOYEN DE DAKKEH.

s'appelle *Dandour* et ressemble aux autres. La population clairsemée paraît très pauvre et n'a à nous vendre que quelques pièces de monnaie ancienne. Un artiste joue sur une harpe de l'époque de Rhamsès.

Immédiatement après le déjeuner, on nous sert un

autre temple, celui de *Dakkeh*, qui n'offre aucun intérêt. Il n'en est pas de même de la population, qui accourt à notre rencontre. Quelques femmes et une nuée d'enfants noirs, les garçons complètement nus, les filles n'ayant qu'une ceinture de perles autour des reins. Tous veulent être photographiés, naturellement contre bakhchiche et sont largement servis. Un Cheik, qui désire un bakhchiche, les chasse; mais après une retraite sur le sable, ils reviennent. Les enfants sont très peureux; mais néanmoins se laissent attraper, pour être photographiés tenus à bout de bras par une jolie dame.

Trois heures, événement extraordinaire, nous passons devant cinq colonnes et un tas de pierres, sans nous arrêter!

Dépassant la barque d'un pêcheur, il nous montre un énorme poisson qu'il vient de prendre. Il paraît qu'il y en a qui pèsent jusqu'à 120 kilos et sont excellents. A neuf heures du soir, nous nous arrêtons, au village de Korosko, et le guide, qui a endossé un magnifique costume, nous prévient, que ceux d'entre nous qui voudront voir le lever du soleil, seront réveillés à cinq heures du matin.

14 février. — Je suis de ceux qui se font réveiller. A cinq heures et demie on nous sert du thé, et, un quart d'heure plus tard, nous partons, précédés d'un matelot, qui éclaire le chemin avec une lanterne. Nous sommes en tout dix-huit, dont neuf dames; nous grimpons pendant une demi-heure une hauteur du nom de *Ouas el Goroni*, et attendons le soleil qui ne vient pas.

Après une demi-heure d'attente nous voyons, à travers le brouillard, apparaître le soleil, un disque pâle, grand comme la lune; le but de notre excursion est atteint, nous pouvons retourner au bateau, où ceux qui sont restés nous accueillent d'un sourire narquois.

Korosko se trouve sur le chemin des caravanes, lesquelles d'ici, mettent seize jours pour aller à Khartoum. L'endroit était aussi le point de ralliement des troupes anglaises qui, en 1898, allaient reconquérir le Soudan; plusieurs engagements ont eu lieu dans les environs, entre les Derviches et les Anglais.

Une heure plus tard, nous nous arrêtons de nouveau à Amada, pour visiter un temple dont l'extérieur n'est pas brillant; mais en revanche, l'intérieur est bien décoré de sculptures coloriées en assez bon état. Elles représentent entre autre, la déesse Isis en train d'enlacer et d'embrasser le roi Dhutmose.

J'ai déjà fait la connaissance de presque tous les passagers; il y a M., Mme et Mlle Sursock, de Beyrouth; en outre, trois habitants d'Alexandrie, un Russe, M. Kateneff, et un Belge, M. Haine, qui habitent Paris, quatre Allemands, deux dames belges; les autres sont des Anglais ou des Américains.

Les bords du Nil n'offrent pas beaucoup de variété; ils se composent généralement d'une bande de verdure et de palmiers, derrière laquelle apparaît la couleur grise du désert. Tout le long du rivage se voient les installations primitives, destinées à puiser l'eau du Nil et à la déverser dans des canaux. Un ou deux buffles tournent en cercle du matin au soir, entraînant une roue à crémaillère, qui fait monter des cruches pleines d'eau, attachées à une corde. Cet appareil s'appelle *Sakije* et son bruit grinçant s'entend continuellement. Un homme est assis sur la roue tournante; le destin qui l'a voué à une telle existence ne lui a pas été favorable.

Vers midi, nous apercevons la montagne Kasr Ibrym

avec les ruines d'une importante forteresse, qui a été occupée par les Romains, les Turcs et les Mamelouks.

La journée passe tranquillement jusqu'à cinq heures du soir, nous nous arrêtons alors à Abou Sembil, qui possède deux temples, taillés dans le roc. Du bateau, nous voyons leurs façades grandioses. Celle du petit temple est composée de quatre statues de Rhamsès et de deux de madame Rhamsès née Nofrit-ari-mi-en-mut; celle du grand temple a quatre Rhamsès assis de vingt mètres de haut et tous sont sculptés à même le roc.

La tête et le corps d'un des Rhamsès sont tombés; les morceaux couvrent le sol, et nous permettent de nous rendre compte de leur dimension.

Bien que nous ayons déjà vu trop de Rhamsès, ceux-ci s'imposent à notre admiration par leur énormité et par leur isolement.

Nous visitons le petit temple, dont l'intérieur n'offre rien de particulier et nous retournons ensuite à bord. Après le dîner, toute la société se remet en route pour voir le grand temple. On a eu l'idée ingénieuse de le garnir intérieurement de lampes électriques, qui sont reliées aux dynamos de notre bateau.

L'intérieur du temple diffère de ceux que nous connaissons déjà : huit Rhamsès énormes, quatre de chaque côté, sont adossés à autant de piliers dans le grand hall, tandis que dans une salle du fond quatre personnages, les trois dieux Horus, Ammon-Ra et Phtah et Rhamsès en personne, sont assis côte à côte sur un banc. De nos jours, l'artiste aurait groupé les quatre personnages autour d'une table en train de jouer au bridge !

La quantité de statues de Rhamsès II qui existe en Egypte est considérable. Ces statues ressemblent à celles des autres Pharaons, comme un œuf à un autre ; on ne peut les reconnaître que par leur cartouche, contenant le nom en hiéroglyphes, et qui se trouve sur toutes les statues. Il

FAÇADE DU GRAND TEMPLE D'ABOU SEMBIL.

paraît que Rhamsès II, non content de s'être fait sculpter quelques milliers de fois pendant les soixante-six ans de son règne a, en outre, fait gratter les cartouches sur les statues de ses ancêtres pour les remplacer par les siennes.

Le temple renferme de nombreuses salles plus ou moins

décorées de reliefs coloriés ; leur dessin est de beaucoup supérieur et plus réaliste que celui des autres temples. L'éclairage électrique fait ressortir les reliefs par les ombres et dérange aussi un grand nombre de chauve-souris, qui habitent ces lieux.

Espérons que, pour l'instant, nous en avons fini avec les temples, et ceux que nous venons de voir forment le digne couronnement de nos visites ; ils sont, du reste, considérés, avec le temple de Karnac et les Pyramides, comme la plus grande curiosité de l'Égypte et valent à eux seuls le voyage, si agréable, jusqu'à Ouadi-Halfa.

Tous les touristes, et ils sont en grande majorité, qui n'étendent leur voyage que jusqu'à Assouan, prétendent que cela ne vaut pas la peine d'aller plus loin.

Le guide nous engage à nous lever de bonne heure demain matin, afin de voir le soleil éclairer l'intérieur du grand temple jusqu'au fond. Il nous prévient aussi qu'à partir de trois heures du matin, nous pourrons voir la belle constellation de la Croix du Sud.

15 février. — Nous avons le temps, ce matin, de nous promener autour et à l'intérieur des deux temples et nous n'y manquons pas. Aujourd'hui les façades sont bien éclairées par le soleil, mais l'intérieur est sombre.

Un peintre anglais est installé sous une tente devant le grand temple ; il vient depuis vingt ans chaque saison et vend ses tableaux aux touristes à raison de 2 ou 300 livres. Ces tableaux sont bien peints, et constituent un beau mais coûteux souvenir. Le peintre s'appelle M. Newton.

Un avis du ministère de l'Intérieur, affiché un peu partout, prie les touristes de ne pas donner de bakhchiche aux populations.

Plusieurs vapeurs descendent le Nil, entre autres le *Prince Abbas* de la Cie Cook et un vapeur du Gouvernement, flanqué de chaque côté d'un chaland à deux étages ; un des chalands est destiné aux indigènes voyageant en première et deuxième classe, l'autre aux animaux et aux voyageurs de troisième classe ; l'odeur des uns doit quelquefois incommoder les autres.

A trois heures, nous voyons dans le lointain une mosquée et quelques maisons, et une demi-heure plus tard nous arrivons à Ouadi-Halfa. Il ne vient pas beaucoup de monde à notre rencontre ; un agent de police chasse les quelques enfants qui voudraient nous voir.

Le long du Nil il y a une rangée de petites maisons jaunes, vertes, bleues et roses, mais elles sont toutes fermées et paraissent inhabitées. Deux rues parallèles montrent des boutiques tristes et une population clairsemée, qui n'offre pas de types nouveaux. Dans les boutiques il n'y a rien d'original ; on ne vend que des objets fabriqués en Europe, des babouches, des comestibles et de la viande repoussante.

J'achète des jetons en cuivre, fabriqués à Nuremberg, avec les armes de l'Autriche, lesquels remplacent chez les pauvres les pièces d'or que les femmes portent sur la poitrine.

La ville est petite ; nous rencontrons tous les passagers du *Nubia*. Des femmes ôtent leurs boucles d'oreilles en argent, ayant la forme d'une demi-lune, et nous les offrent ; elles en vendent plusieurs paires à 5 francs.

Il paraît que beaucoup d'habitants ont quitté Ouadi-Halfa pour s'établir à Port-Soudan, port anglais sur la Mer Rouge de grand avenir et aussi à Atbara, point de jonction des chemins de fer de Port-Soudan et de Ouadi-Halfa à Khartoum.

Le train pour Khartoum ne part que demain, à trois heures de l'après-midi; mais j'ai le droit de rester sur le *Nubia* et n'ai pas besoin de passer la journée dans un hôtel.

A Ouadi-Halfa se trouve la première poste du Soudan, aussi les touristes ont-ils accumulé des monceaux de lettres et de cartes postales, afin de les expédier d'ici munis de timbres soudanais.

Après le dîner, toute la société monte à âne; les selles du pays étant trop mauvaises, la Compagnie débarque la quantité nécessaire de selles d'hommes et de dames; mais nos selles ne s'adaptent pas à nos ânes maigres. Plusieurs selles tournent et les montures déposent leurs cavaliers dans le sable; naturellement je suis du nombre.

Une demi-heure de cavalcade nous conduit dans le village de Ouadi-Halfa. Toute la population nous reçoit. Bientôt les tambours font rage, et d'un groupe compact se détachent deux femmes noires qui font des contorsions du cou et du corps; il est impossible de distinguer dans la demi-obscurité si elles sont de face ou si elles nous tournent le dos. Un homme, un nègre immense, fait tourner au-dessus des têtes des deux danseuses une forte hache en bois. Graduellement d'autres femmes, des hommes et des enfants se joignent aux premières et, pour finir, il y a au moins cinquante personnes qui font les mêmes mouvements du corps et de la tête, en chantant une mélodie languissante avec accompagnement de battements de mains et de tambours. Je suis convaincu que tout n'est pas combiné dans ce spectacle; mais que les danseurs s'excitent eux-mêmes et sont peu à peu entraînés dans un tourbillon de folie.

Notre guide éclaire de temps en temps la scène avec un fil de magnésium : il ferait mieux d'avoir une lanterne à acétylène, car le spectacle est vraiment curieux. Au centre, les danseurs, d'un côté les touristes, derrière eux les ânes et les âniers; de l'autre côté une population noire et grouillante et au fond quelques hommes à dos de chameaux.

Tout le village est gouverné par un Cheik, vieillard aussi long que laid, qui encaisse les bakhchiches obtenus par cette matchiche.

Le retour se fait sans accident; le jeune Italien a acheté la grande hache qu'il emportera comme souvenir; elle ne lui sera d'aucune utilité contre les lions qu'il va chasser.

Nous causons encore au fumoir, lorsque notre conversation est subitement interrompue; il est onze heures et l'électricité ne fonctionne plus.

DE OUADI-HALFA A KHARTOUM

16 février. — Presque tous les passagers sont partis ce matin à sept heures pour voir la deuxième cataracte; les voyageurs pour Khartoum ne sont pas de cette excursion, de peur de manquer le train de luxe, lequel ne roule qu'une fois par semaine.

D'autres voyageurs pour Khartoum sont arrivés ce matin par le vapeur de Cook, *Soudan*, et par le vapeur du Gouvernement, *Ibis*; celui-ci vient de Chellal (Assouan), en 48 heures, aussi ne s'arrête-t-il nulle part.

Il y a encore un bateau-poste qui s'arrête à tous les villages; les indigènes apportent et viennent chercher leurs lettres. Un autre steamer de Cook, *Memnon*, arrive, le départ du train de luxe réunit ici toute une flotte.

M. Haine est retourné ce matin au village de Ouadi-Halfa, pour revoir au jour la danse d'hier soir. A cet effet, les habitants se sont de nouveau réunis, pour lui offrir le spectacle. Comme d'habitude, on a cherché à lui vendre des antiquités parmi lesquelles il a retrouvé un bouton de manchette en or qu'il avait perdu la veille au soir.

Vers une heure les excursionnistes reviennent de la deuxième cataracte, les plus sincères avouent qu'ils n'ont pas été récompensés de leur fatigue. A deux heures et demie je me rends à la gare, en dehors de M. Beretta, la famille Sursock part aussi pour Khartoum.

Les voitures du train de luxe n'ont rien de surprenant : un lit dans le sens de la largeur, un autre plus haut dans celui de la longueur, une tablette fixée aux parois, un fauteuil de jardin en rotin et c'est tout. Pas de lavabo, pas d'eau, rien pour faire sa toilette. Où est le luxe annoncé par les indicateurs? Inutile de constater qu'il y fait très chaud.

Il y a en tout vingt et un voyageurs de première classe, dont huit officiers anglais qui ont chacun un compartiment particulier; il ne faut pas oublier que nous voyageons sur un chemin de fer du Gouvernement; j'ai comme compagnon de compartiment un Français.

A quatre heures, on sonne pour nous prévenir que le thé nous attend. Comme paysage, le désert : pas un brin d'herbe, pas un arbre; je passe mon temps à lire et à causer avec des personnes de connaissance.

A sept heures et demie on sonne de nouveau, pour le dîner cette fois-ci. Il est bon, mais la viande est horriblement dure. Après le dîner, les officiers jouent au baccara avec des allumettes et boivent du whisky et du soda.

Depuis le départ de Ouadi-Halfa il n'y a eu aucune station, mais le train s'est arrêté plusieurs fois afin de prendre dans les réservoirs de l'eau pour la locomotive. Je reste dans le wagon-restaurant; j'arriverai toujours assez tôt dans mon compartiment. M. Sursock vient me tenir société. Il me raconte qu'il a été six ans à Paris et qu'il a

LE « NUBIA ».

beaucoup joué à la Bourse et au cercle, où il a gagné un soir 25 000 francs au bézigue. Vers minuit je me retire, les officiers anglais jouent encore au baccara, mais maintenant les enjeux sont en argent et les pièces de monnaie ont remplacé les allumettes.

17 février. — En longeant le couloir du wagon, je remarque que tous les officiers anglais ont apporté leurs cuvettes; ils connaissent le train dit de luxe.

Premier arrêt, Berber, qui n'est qu'une grande agglomération de huttes en limon du Nil desséché. Quelques habitants, bien habillés, prennent le train. Une heure plus tard, nous sommes à Atbara, où l'on construit un nombre considérable de bâtiments et qui sera une station très importante lorsque les travaux de Port-Soudan et la ligne Le Caire-Capetown seront terminés.

Sur un pont en fer nous traversons la rivière Atbara qui vient de l'Abyssinie et constitue l'unique affluent du Nil. Le Nil a un parcours de 6500 kilomètres; les explorateurs ont longtemps cherché ses sources qui, même aujourd'hui, ne sont pas encore nettement connues. Maxime du Camp raconte dans son intéressant livre *Le Nil* qu'il a demandé à son guide d'où venait l'eau du Nil et que celui-ci a répondu : « Elle vient du paradis, où elle a servi aux ablutions des anges. »

Le paysage est toujours aussi désolant; mais au loin on voit une bande de verdure qui indique le cours du Nil.

A midi et demi nous arrivons à Chenda; nous y restons deux heures : il paraît qu'un wagon de notre train est cassé et qu'il faut le raccommoder. Un train transportant des soldats égyptiens au Soudan stationne à côté du nôtre; les soldats sont accroupis sur des voitures plate-forme et exposés à une chaleur de quarante-cinq degrés.

Dans la campagne je remarque des jeunes filles, n'ayant qu'un caleçon noir pour tout vêtement. Les femmes étaient vêtues de la même façon avant l'occupation anglaise, le Gouvernement anglais les a forcées depuis à s'envelopper dans des draps de lit.

Les officiers anglais continuent à jouer au baccara. Vers six heures, nous nous arrêtons pendant une demi-heure devant un grand camp d'artillerie; pourquoi ce long arrêt?

TEMPLE DE DAKKEH.

Je suppose que quelques officiers doivent quitter le train ici et qu'ils veulent finir leur partie de baccara.

Mon compagnon de cellule a fait le voyage du Caire à Louqsor par le Nil. Le bateau sur lequel il était, s'étant échoué sur un banc de sable à 150 kilomètres du Caire, est resté cinquante heures à la même place. Trois cents fellahs ont d'abord été réquisitionnés pour le tirer de là, et comme ils n'ont pu réussir on a fait venir deux remorqueurs.

Ce touriste semble bien préparé pour voyager dans les pays chauds. Il a un complet noir, un chapeau de feutre, faux-col et manchettes en celluloïd, je crois même que sa chemise est aussi en celluloïd, mais je n'en suis pas sûr.

Notre train doit arriver à cinq heures et demie du soir à Khartoum; la chance ne nous a pas encore abandonnés, car nous n'avons qu'un retard de deux heures et demie, tandis que d'habitude il est beaucoup plus long.

Le train s'arrête à huit heures dans une gare mal éclairée. Un employé du *Gordon Hotel* se charge de mes bagages et, en suivant la foule, j'arrive à un petit vapeur qui va nous faire traverser le Nil bleu.

Une demi-heure d'attente, le temps de charger les malles et nous partons; après une traversée de dix minutes, il faut grimper une berge sablonneuse et monter dans une voiture, laquelle quelques minutes après, nous dépose devant un bâtiment neuf, le *Gordon Hotel*.

La saison est finie, aussi la pension n'est plus que de cent piastres, soit 26 francs par jour.

EXCURSION A OMDURMAN

18 février. — Surprise agréable, j'ai couché la fenêtre grande ouverte sans avoir été piqué par des moustiques; il n'y en a pas à l'hôtel, ils restent tous au bord du Nil.

Devant ma chambre se trouve la cour de l'hôtel, où se promènent un âne, une autruche, un biquet noir avec des oreilles blanches très longues, un chat ressemblant à un jeune tigre, des poules, etc. Je me rends à huit heures du matin au *Grand Hôtel*, d'où je pars avec les excursionnistes de Cook; nous ne sommes que quatre personnes, un jeune couple belge, un Américain et moi. Un petit vapeur nous fait descendre le Nil bleu et, après dix minutes de voyage, nous voyons: à notre gauche, le Nil blanc, qui sépare Khartoum et Omdurman et qui vient se réunir avec le Nil bleu ici. Le guide nous fait re-

LE NIL A OMDURMAN.

marquer les couleurs différentes des deux Nils, l'un bleu et l'autre blanc. Malgré ma bonne volonté, je ne vois aucune différence; il est possible qu'elle existe à un autre moment du jour.

Des centaines d'hommes travaillent le long du Nil pour

construire un quai, plus loin des femmes ont ôté leurs vêtements, généralement de couleur bleue foncée et les lavent dans le Nil ; elles ne respectent pas suffisamment les ordonnances du Gouvernement.

Bientôt nous passons devant Omdurman, où beaucoup

RUINES DU TOMBEAU DU MAHDI.

de voiliers sont amarrés et un grand mouvement d'hommes, de chameaux et d'ânes se voit sur un espace considérable. Notre bateau nous conduit quelques centaines de mètres plus loin ; nous accostons alors et enfourchons des ânes, qui se mettent aussitôt à galoper dans la direction d'Omdurman et s'arrêtent aux magasins de l'armée, Beit el Amana, dans lesquels sont conservés les armes et autres objets pris aux Mahdistes et ceux qu'eux-mêmes avaient emportés de Khartoum après l'assassinat de Gordon. On nous montre la voiture du Khalife, successeur du Mahdi, et celle de Gordon. Toutes les deux sont dans un triste état. Quelques milliers de fusils et pistolets inutilisables, provenant du champ de bataille de Kerreri sont à vendre à raison de 12 fr. 50

SOLDAT SOUDANAIS.

GARDIEN DE LA MAISON DU KHALIFE.

et 1 fr. 25, ils ne valent réellement ce prix que pour des Anglais. On vend également des coiffures de derviches, des bonnets ouatés très drôles.

Deux canons et le piano que le Khalife avait fait transporter chez lui, après la mort de Gordon, complètent la collection des souvenirs de cette époque.

L'habitation du Khalife, que nous visitons ensuite et à la construction de laquelle Slatin Pacha et d'autres prisonniers ont travaillé, contient encore un lavabo en marbre et des portes enlevés à Gordon. Une plaque commémorative indique l'endroit où le correspondant de guerre Hubert Howard a été tué par un boulet anglais, le 2 septembre 1898. Il s'était trop hâté d'entrer dans Omdurman, où l'armée anglaise s'est fait précéder par une décharge d'artillerie superflue, avant d'y pénétrer à son tour.

Du toit de la résidence du Khalife, nous voyons la maison du Mahdi, qui sert maintenant de bureau de poste, ainsi que le tombeau qu'il s'était fait construire de son vivant et que les Anglais ont démoli. Le tombeau ne représente dans son état actuel que quatre murs percés de fenêtres, qui étaient surmontés d'une coupole très élevée, avant sa destruction.

On nous montre aussi la maison habitée par Slatin pendant sa captivité, et d'où il venait chaque matin réveiller le Khalife par les mots : Alah il Alah.

Visite obligatoire aux bazars : on y voit principalement des articles européens, surtout de la verroterie provenant de la Bohême; mais on y fabrique aussi des objets en filigrane d'argent et des babouches avec les bouts relevés, comme les toits des pagodes chinoises. Dans une boutique se vendent des armes du Soudan et des crocodiles empaillés; il existe également un grand entrepôt de gomme.

Dans un café, qui n'a rien de soudanais, nous rencontrons M. Beretta avec son chef de caravane, le Dr David, de Bâle; ces Messieurs ont acheté des mulets, loué des chameaux, engagé du monde et fait des emplettes.

Toutes les portes et fenêtres du café sont assiégées par une foule pittoresque; il y a des petites filles très gentilles et des garçons pas trop mal, mais les adultes et spécialement les femmes sont franchement laids!

Tous ensemble nous partons, d'abord au pas dans la ville, et ensuite au grand galop à travers le désert ; les âniers courent derrière nous, chargés des emplettes. L'un porte un petit crocodile empaillé, qui sert de fourreau à une épée, les

DÉPART D'OMDURMAN.

autres des fusils, pistolets, sagaies, lances, poignards, une selle, des poupées, des coiffures de derviches et une canne en peau d'hippopotame. Cette course est tout ce qu'il y a d'amusant, sauf pour l'Américain, qui fait une chute, heureusement sans conséquence.

Arrivés au bateau nous espérons avoir un peu de repos ; mais le guide a emporté des objets en argent, tels que bracelets, bagues, boucles d'oreilles, cachets, qu'il cherche à nous vendre.

Un voilier, rempli de défenses d'éléphants est ancré à proximité.

Devant le *Grand-Hôtel* est rangé une file de rikishas pour les touristes qui n'aiment pas les ânes.

SÉJOUR A KHARTOUM

L'après-midi, la même société se retrouve, l'Américain, M. et Mme Van Halteren, avocat à Bruxelles, et moi. Nous partons de nouveau à dos d'âne et visitons d'abord le palais du Gouverneur, Sir H. Wingate qui, par gracieuseté, permet aux touristes de le parcourir, même pendant sa présence.

Ce palais qui était en ruines après l'assassinat de Gordon, a été reconstruit luxueusement depuis.

Au-dessus du hall d'entrée est placé un énorme crocodile empaillé, qui, paraît-il, dévorait de son vivant, un ou deux soldats par jour, sans distinction de nationalité ni de couleur.

Les vérandas de l'entresol sont décorées avec des armes prises aux derviches; elles sont plus jolies que celles, mises en vente, à Beit-el-Amana. Il y a aussi des canons pris par les Mahdistes et repris par les Anglais, des drapeaux; d'énormes défenses d'éléphants, des instruments de musique, etc. Puis aux étages supérieurs sont les salons et salles à manger immenses, meublés avec le bon goût des Anglais riches; enfin tout ce qu'il faut pour divertir le Gouverneur, sa famille et les invités : il y a notamment une collection complète de phones, tel que gramo, grapho, micro, téléphones, etc. Un grand hall sert d'église.

Du toit du palais on voit toute la ville de Khartoum, et

au loin le champ de bataille de Kerreri, où les Derviches ont été exterminés au nombre de 35 000, tandis que seulement 34 Anglais ont été tués. On nous indique la place, en

MONUMENT DE GORDON PACHA.

haut de l'escalier, où Gordon a trouvé la mort le 26 janvier 1885.

Il y a un jardin magnifique, rempli de fleurs exhalant une odeur très agréable; un pélican soudanais affligé d'un bec très original s'y promène.

Sous des tentes de différentes formes et de différentes dimensions, nous voyons du monde en train de prendre du café ou du thé. A la porte du jardin, nous admirons le beau monument de Gordon Pacha, qui le représente assis sur un chameau et cherchant à l'horizon l'armée anglaise de secours qui arrivera trop tard.

De là nous allons au Gordon College, où la langue anglaise est enseignée aux Égyptiens, Nubiens, Soudanais et autres peuplades au prix de 100 francs pour trois mois. C'est pour rien, car ils sont logés et nourris pendant ce temps; les dortoirs et les réfectoires sont d'une propreté exemplaire. Dans la cour, des élèves font des mouvements d'ensemble, d'autres jouent au foot-ball. Les élèves présents nous suivent et regardent avec plaisir Mme Van Halteren. Un petit Musée avec des instruments de musique indigènes, des cornes d'animaux, etc., se trouve dans l'établissement.

Une course d'une demi-heure d'âne nous conduit à des villages habités par vingt tribus différentes; les villages sont séparés les uns des autres, mais il est difficile de distinguer les races des habitants. Il y a des Chilouk, des Dinka, des Bornavi, des Gebelavi, des Foravi, des Taaisha, des Baggara, des Muvallidin, etc. Allez donc vous reconnaître dans ces peuplades.

Tous sont laids, surtout les femmes, qui, surprises de notre arrivée, se mettent vite en règle avec les ordonnances du Gouvernement, ou disparaissent dans leurs huttes en terre ou sous leurs tentes en toiles.

Les hommes regardent, avec de grands yeux, Mme Van Halteren et doivent faire des comparaisons avec leurs épouses. Ils nous offrent de la bière de leur fabrication, mes compagnons en boivent; il paraît qu'elle est bonne et saine, mais malgré ma soif, j'aime mieux attendre et m'offrir ce soir un supplément de whisky et soda. Il est six heures lorsque je fais ma rentrée à l'hôtel.

Ce soir, six colonels égyptiens dînent à l'hôtel, ils sont très bien habillés de tuniques d'un blanc immaculé, la poitrine barrée de deux rangées de rubans de décorations multicolores; ils ont des figures distinguées et intelligentes. Une musique militaire égyptienne joue dans la cour; elle est composée de huit joueurs de cornemuse, de quatre tambours et d'une grosse caisse, en tout treize, et la superstition, qu'en fait-on? Ils jouent absolument comme les Écossais.

Épilogue de la journée : trois whiskies et six sodas!

19 février. — Il ne me reste plus rien à voir à Khartoum : je pourrais déjà m'en aller, mais le train de luxe ne part que demain soir.

Je fais une promenade dans la ville; toutes les maisons, sauf les édifices publics et les hôtels, sont construites d'une façon identique : des rez-de-chaussées, divisés en boutiques, dont seulement quelques-unes sont occupées, je me demande qui va bien louer les autres... Un grand bâtiment est destiné à constituer les bazars; un gardien dort à l'entrée, mais les boutiques sont vides.

Un bâtiment similaire contient le marché; il y a des halles spéciales pour les légumes, pour la volaille et pour la viande. Tout est très propre, à remarquer surtout la halle des bouchers qui se trouvent au centre sur deux rangées et sont entourés d'une haute palissade en bois, les ménagères et cuisinières ne peuvent approcher des étalages et toucher la viande; elles ne peuvent que désigner du doigt les côtelettes et beefsteaks qui leur plaisent. Comme la majorité des cuisiniers est indigène, je trouve ce système très recommandable, mais il ne serait guère praticable ailleurs.

Ces constructions basses sont séparées les unes des autres par des places, de véritables déserts, grandes comme la place de la Concorde, plantées de quelques palmiers. On monte à âne pour traverser une place ; du reste, un Européen qui va à pied est un sujet de haute curiosité pour les quelques indigènes qu'il rencontre.

La ville est bâtie sur un plan très régulier et entourée de casernes. Le palais du Gouverneur et les habitations des officiers supérieurs longent le Nil ; en cas de danger ils pourraient facilement se retirer sur l'autre rive. Gordon aurait pu partir par le même chemin, s'il l'avait voulu.

Slatin Pacha, qui était prisonnier du Mahdi, est revenu ici et occupe une haute position ; le père Ohrwalder, également ancien prisonnier, est installé à Omdurman.

Tout le commerce de Khartoum est entre les mains des Grecs, il y a surtout une maison « Carpato » qui tient presque le monopole du commerce dans tout le Soudan et possède dans cette ville des entrepôts considérables.

Pendant toute la journée des hommes et des femmes vont chercher de l'eau au Nil ; la plupart de celles-ci n'observent qu'à moitié les prescriptions gouvernementales.

De nombreux sakijehs fonctionnent en grinçant. Les malheureux buffles qui les mettent en mouvement n'ont même pas la possibilité de dormir en tournant, car, à chaque tour, ils doivent enjamber l'arbre de couche, en bois très épais. Il y a cependant quelques sakijehs perfectionnées en fer, qui fonctionnent plus facilement, mais les pauvres bêtes n'y gagnent rien, car on les fait tourner plus vite afin d'augmenter le rendement d'eau déversée.

Au *Grand-Hôtel*, je trouve le D^r Ad. David, qui prépare et dirigera l'expédition de M. Beretta. Il est en train d'étudier les règlements prescrits aux chasseurs et me montre la liste des 32 genres d'animaux qui doit être remplie avec le nombre des pièces tuées et remise à l'autorité au retour. Les crocodiles ne figurent pas sur la liste : on a le droit d'en

UNE PLACE A KHARTOUM.

tuer sans compter, tandis que pour les autres animaux ce droit est limité. Il faut déjà être docteur ès-sciences naturelles et avoir fait plusieurs expéditions pour pouvoir reconnaître tous ces animaux. Le Dr David me dit qu'il dirige l'expédition d'une façon scientifique. Tous les animaux tués seront empaillés et ceux qu'on ne désire pas garder sont vendus ou donnés aux Musées. Il me montre des photographies qu'il a prises de peuplades indigènes et surtout d'animaux en liberté, tels que des pélicans, des zèbres, des gazelles et même celle d'un hippopotame.

Je crois qu'il doit être très intéressant de faire une partie de chasse de quatre à cinq mois sous la direction instructive du Dr David, qui est de Bâle et habite le Caire. Les frais s'élèvent à environ 10 000 francs par mois; le permis de chasse coûte 1 000 francs. Avis aux nombreux jeunes gens blasés, qui ne savent plus que faire de leur temps et de leur argent!

20 février. — Je vais à la poste expédier mes nombreuses cartes postales, ensuite au *Grand-Hôtel* voir si la caravane de M. Beretta est prête. Toutes les charges sont préparées pour vingt-quatre chameaux, mais ceux-ci ne sont pas encore arrivés et le départ n'aura lieu qu'après-demain. En visitant le *Grand-Hôtel*, je constate que les chambres et la salle à manger sont moins bien qu'au *Gordon;* la cuisine n'en est pas très recommandable, tandis que la nôtre est bonne. Il n'y a que les W.-C. qui soient identiques; il n'y a pas de canalisation à Khartoum et ils sont pareils à ceux de Canton et de Singapour. Ce fut toujours un de mes grands étonnements au cours de mes voyages, de voir que les Anglais n'ont fait installer de W.-C. hygiéniques dans aucun des pays qu'ils occupent et civilisent; nulle part, ces grands amateurs d'eau n'ont essayé de construire des canalisations urbaines. Par exemple à Khartoum, je ne m'explique pas pourquoi le Gouvernement ne construit pas une machine élévatoire qui fournirait de l'eau à toute la ville. Il est vrai qu'il faudrait alors trouver une autre occupation aux trois quarts de la population.

SÉJOUR A KHARTOUM

L'emplacement du *Grand-Hôtel*, au bord du Nil, est de beaucoup préférable à celui du *Gordon Hotel*, car le peu de mouvement qui existe à Khartoum se concentre ici, l'après-midi. Pendant le reste de la journée on ne voit que des porteurs d'eau. La quantité d'eau enlevée au Nil est incroyable ; il faut vraiment qu'il y en ait beaucoup, pour qu'il y reste encore une goutte en arrivant au Caire ! Des boîtes carrées en fer blanc qui ont servi à l'expédition du pétrole sont ici employées à puiser et à transporter l'eau, cela est plus pratique, mais moins pittoresque que les cruches aux formes élégantes des Égyptiennes.

BAKHCHICHE !

Je rencontre un groupe d'une trentaine de forçats ; de lourdes chaînes sont rivées à leurs chevilles et maintenues à la taille ; ils sont escortés par des soldats. Ils portent des seaux énormes ; les travaux forcés consistent ici à aller chercher de l'eau. Je photographie le groupe, aussitôt les prisonniers se mettent à crier *bakhchiche*, mais aucun n'ose quitter le rang.

Le mot *bakhchiche* accompagne le touriste à chaque pas, un autre mot qui s'entend très fréquemment est *boucrah*. Un Arabe auquel on demandera un service ne dira jamais non; il n'aime pas non plus qu'on le lui dise. On dit alors *boucrah*, dont la traduction est : demain, mais en réalité ce mot veut dire : demain, après-demain, une autre fois, jamais!

Un mot que l'étranger n'entend pas souvent, mais qui joue un rôle important auprès de tous les Orientaux est celui de *kismet*. Lorsqu'il arrive un désagrément quelconque, ou même un malheur à un Oriental, il dira *kismet* : le destin l'a voulu et il n'y pensera plus. Je conseille à mes amis d'adopter cette locution.

Tous les domestiques sont habillés en blanc, ils ont la tête couverte d'un grand turban, dont la frange forme un panache; tous ont une ceinture, des revers, quelquefois aussi des écharpes en couleur.

M. Albert Singer, pour qui j'ai une carte d'introduction et qui est depuis longtemps établi ici, a grand espoir dans l'avenir de Khartoum, lorsque le chemin de fer du Caire au Cap sera terminé, ce qui demandera peut-être encore six ans. Je reviendrai pour voir s'il a raison. Le chemin de fer du Caire à Capetown à travers le continent africain aura une longueur totale d'environ 9 500 kilomètres, dont 5 500 sont déjà construits et exploités, mais les 4 000 kilomètres qui restent à construire sont ceux qui offrent les plus grandes difficultés.

Ma note à l'hôtel s'élève pour trois jours à 460 piastres, soit 117 francs, sans les pourboires, mais, il est vrai, avec le blanchissage. Une paire de manchettes coûte 50 centimes, un col 25 centimes, le reste à l'avenant; le touriste qui porte du linge en celluloïd ne connaît pas ces dépenses!

Vers neuf heures, nous partons de l'hôtel en omnibus jusqu'au Nil, que nous traversons en bateau à vapeur. Le train de luxe nous attend, mais ne part qu'à dix heures.

Mon compagnon de compartiment est le même qu'en venant; lui aussi emporte un assortiment de sagaies et un bouclier, derrière lequel je me cacherais, de honte, si j'avais fait des achats pareils. Le train emporte la famille Sursock, qui arrive à la gare, accompagnée d'au moins dix personnes.

J'ai, en vain, cherché à savoir si le Soudan est une possession anglaise ou une province égyptienne. Il m'a semblé que les deux Puissances se partagent la besogne : l'Angleterre commande et l'Égypte paie.

DE KHARTOUM A ASSOUAN

21 février. — La nuit a été très fraîche, et ce matin il fait une température tout à fait agréable.

De sept à huit heures et demie nous nous arrêtons à la station d'Atbara, pour attendre le train de Ouadi-Halfa qui a du retard. A midi nous arrivons à la station de Chereikh, en plein désert. Il y a beaucoup d'Européens à la gare, ils sont attirés par des mines d'or, qui se trouvent à une distance de 6 kilomètres.

Pendant le déjeuner je cause avec mon vis-à-vis; nous parlons de tout, et entre autre de la défunte impératrice d'Autriche; je fais la remarque qu'elle avait des habitudes bizarres, par exemple, celle de se faire accompagner dans ses promenades par un étudiant grec, qui déclamait l'Iliade dans le texte original.

« Je n'y trouve rien de bizarre, me répond-il. Du reste, je suis le Dr Cristomanos, l'étudiant grec en question. » Il me raconte qu'il a voyagé trois ans avec l'impératrice et qu'il a eu une situation très difficile. Il en a publié un récit en allemand, et le livre a été traduit en français par Gabriel Syveton.

Il ajoute que, sur le conseil d'un ami, il a acheté un feddan (4000 mètres carrés) de terrain en face de Khartoum, pour 150 livres, mais il craint de l'avoir payé trop cher. Je lui promets de me renseigner auprès de M. Sursock et je peux en effet le rassurer, le terrain valant bien le prix payé.

M. Sursock ajoute qu'il possède aussi un terrain à Khartoum, qui a été payé d'abord 14 livres, puis 30 livres; il aurait pu l'avoir à ce prix, mais l'a acheté deux ans plus tard pour 4500 livres; on lui en offre aujourd'hui 7000 livres.

Il répond aussi à ma question que les études sont faites pour installer une machine qui fournira de l'eau à Khartoum et si les travaux n'ont pas encore été commencés, l'unique raison en est que les Anglais, voulant faire une installation paraissant trop grande aux yeux des Égyptiens qui ont à payer la note et qui craignent de nuire à la Basse-Égypte, n'ont pas encore pu se mettre d'accord avec eux.

D'après M. Sursock, tout indique que les Anglais veulent faire de Khartoum une ville qui sera la capitate du Soudan. Il est très étonné que je n'ai pas également acheté quelques feddans de terrain.

Vers trois heures, nous arrivons à Abou-Hamed, très bien situé au bord du Nil. Autrefois tous les trains de luxe s'arrêtaient ici pendant une heure, afin de permettre aux voyageurs de prendre un bain; mais maintenant les heures de départ ont été changées. Après la station nous abandonnons le Nil, qui fait un coude énorme; nous ne le retrouverons qu'à Ouadi-Halfa.

A quatre heures nous prenons le thé; un Nubien, beau brun, à la mine très éveillée, nous sert, il

JEUNE SOUDANAISE.

NABHIA ALIA.

parle toutes les langues et surtout très bien l'allemand.

Notre train roule de nouveau en plein désert; quelques rochers noirs isolés émergent du sable brun. Avec de la bonne volonté, on croit apercevoir dans le lointain la mer ondulée, des palmiers et même des villes avec des clochers. J'aurais bien voulu voir ce mirage, ou *fata morgana*, mais il paraît que, pour cela, il faut être fatigué ou avoir très soif, ce qui n'est pas mon cas aujourd'hui.

Après le dîner je continue de converser avec le Dr Cristomanos qui est décidément un homme très intéressant. Il me montre sa note du *Gordon Hôtel*. Il n'avait pas, comme moi, demandé le prix en arrivant : on lui a compté 125 piastres par jour et, en outre, un dîner qu'il n'a pas pris de 30 piastres. De mon côté, j'ai payé 100 piastres par jour, et un autre voyageur, à qui j'ai parlé et qui avait marchandé à l'arrivée, n'a payé que 80 piastres.

M. Sursock me dit qu'au *Grand-Hôtel* la pension était de 125 piastres par jour, et on lui a compté 50 piastres en plus pour la glace et le sucre. Il y a donc avantage à débattre les prix en arrivant et sans se gêner.

22 février. — A minuit et demi, avec une avance de dix minutes sur l'indicateur, nous arrivons à Ouadi-Halfa. Le bruit des voyageurs qui quittent le train pour prendre le bateau du Gouvernement me réveille. Le bateau part ce matin à six heures de Ouadi-Halfa et arrivera demain matin à Assouan, d'où le train amène les voyageurs pressés au Caire en vingt et une heures. On peut donc aller en trois jours de Khartoum au Caire, il faut quatre jours en sens inverse.

Dans le wagon où je suis maintenant seul, je m'endors de nouveau jusqu'à six heures du matin; je n'aurais pas osé dormir aussi tranquillement dans une gare européenne. Je vois le soleil se lever, sans me déranger, mais le conducteur du train vient me prier d'imiter le soleil. Je fais porter mes bagages au *Grand-Hôtel*, qui est tout près, et je puis faire ma toilette, ce qui n'était guère possible dans le train de luxe.

La ville est déserte, presque toutes les boutiques sont fermées, elles ne s'ouvriront qu'à l'approche d'un bateau de touristes. Un petit nègre me suit et me parle en anglais; il

CATARACTE D'ASSOUAN.

me demande de lui donner un livre anglais, j'ai le regret de ne pouvoir satisfaire à sa demande, n'en ayant pas sur moi.

Plus loin j'avise une femme assez jolie, à laquelle je fais demander par le petit nègre de se laisser photographier. Il s'acquitte bien de la commission; mais la dame pose une condition : elle voudrait avoir une épreuve et fait écrire son nom par le petit interprète : Nabhia Alia à Halfa ». Elle aura son portrait.

La fumée du *Nubia* se montre vers trois heures à l'horizon, et à quatre heures il est amarré au quai. Quelques cabines étant vacantes, je puis faire apporter de suite mes bagages et m'y installer. Ayant été reconnu comme revenant de Khartoum, je suis aussitôt interviewé par un monsieur à tournure militaire et par sa femme, auxquels se joignent trois Françaises, Mlle de Bazelaire de Ruppierre avec deux de ses amies. Je leur donne, entre autres indications utiles, celle d'acheter des cuvettes et de les emporter. Au dîner, à ma petite table, j'ai pour vis-à-vis M. Théodore Porgès, de Paris, qui me montre ses dépêches des derniers cours de la Bourse.

Le guide se présente avec le boniment habituel; mais il n'a pas revêtu son beau costume et il ne propose pas d'aller voir danser les Soudanais, l'excursion ne lui paraissant pas assez rémunératrice.

23 février. — Après deux nuits passées dans le wagon avec son bruit et ses cahots, celle sur le bateau a été particulièrement paisible et agréable, mais à six heures on réveille les touristes qui vont aux cataractes, et le tapage recommence. Les cloisons qui séparent les cabines sont très minces; on entend tout ce qui se passe et se dit dans quatre cabines, celles de chaque côté, de dessous et de derrière. J'aurais pu me joindre cette fois à l'excursion; mais je m'en suis dispensé.

Au cours de ma promenade dans Ouadi-Halfa, je vois un rassemblement devant la Poste, j'y vais : un employé lit à haute voix les adresses des lettres arrivées et les destinataires les réclament au fur et à mesure.

A deux heures, huit voyageurs pour Khartoum quittent le bateau avec le cœur gros, grâce à moi, car je ne leur ai dépeint ni le trajet, ni Khartoum en rose. Plusieurs d'entre eux étaient déjà allés voir le train de luxe, qui sera archicomble et ont trouvé ma description exacte.

Lorsque nous partons, deux matelots sont placés à

GROUPE DE BÉCHARI.

l'avant du bateau armés de longues perches, qu'ils plongent continuellement dans le Nil, afin de s'assurer de sa profondeur; aussitôt qu'elle devient moins forte, le bateau ralentit.

La société n'est pas aussi gaie que celle qui était à bord en venant; il n'y a en tout que vingt passagers, dont la famille Sursock, une famille roumaine de trois personnes très distinguées, trois Anglais et sept Allemands, parmi lesquels se trouve le baron Cetto, de Munich.

24 février. — Régulièrement j'inscris la date et le jour de la semaine; aujourd'hui c'est dimanche. Tant mieux il y aura beaucoup de monde qui ne fera rien, surtout depuis que le repos hebdomadaire est obligatoire. Les distractions seront rares; même plus de crainte d'échouage, car nous naviguons, de nouveau, sur les eaux du réservoir.

Installé dans un fauteuil, je fume des cigarettes égyptiennes. Dans aucun pays on ne fume autant qu'en Égypte, mais tout le tabac vient du dehors. Du reste, lors de mon récent voyage en Bosnie, grand pays de production de tabac, j'avais appris que les deux tiers de la récolte sont expédiés en Égypte.

La culture du tabac, qui certainement donnerait d'excellents résultats, est défendue en Égypte, uniquement parce que les droits d'entrée sur le tabac forment un des principaux revenus du pays.

A midi, nous descendons à terre et allons voir le petit temple de Dandour, dont il ne reste que quelques ruines et quelques sphinx.

Le bateau marche ensuite jusqu'à onze heures du soir.

25 février. — En me réveillant, nous sommes devant Chellal à proximité de Philæ, où le canot du *Nubia* nous conduit à huit heures et que je revois pour la deuxième fois, sans regretter ma visite.

Notre canot nous mène ensuite au barrage, que je vois pour la troisième fois et longuement, car nous devons, avant de passer par les quatre écluses, attendre qu'un autre bateau, qui monte le Nil, les ait traversées. Il y en a même un de notre côté, qui est arrivé avant nous, mais

TEMPLE A LOUQSOR.

qui nous laisse la préséance, sans doute moyennant bakhchiche.

Il nous faut une heure pour traverser les écluses et après un quart d'heure nous passons par une écluse supplémentaire d'un système ancien.

A midi, nous arrivons à Assouan, les touristes qui

s'arrêtent ici quittent le bateau, ceux qui doivent prendre le train demain (car aujourd'hui il n'y en a plus) restent à bord. En lisant le journal, j'apprends que le bal du Khédive est ajourné de quarante jours par suite de la mort du prince Ahmed Pacha Kamel; c'est dommage, j'avais compté sur ce bal pour rompre la monotonie de ce récit de voyage.

Pour passer le temps, je vais à pied voir les Béchari; je suis reçu par une nuée d'enfants qui demandent tous à être photographiés, naturellement pour avoir un bakhchiche; heureusement un agent de police met à l'ordre cette marmaille et me demande quels sont les sujets que je veux photographier, pour éloigner les autres. Quelques hommes sortent des tentes ainsi que des femmes; tous sont habillés d'une façon pittoresque, on voit que la saison est bonne. Ils peuvent changer leur accoutrement, mais non leurs têtes noires, très bizarres et leurs figures singulières, dans lesquelles brillent des dents d'une blancheur extraordinaire.

Ce soir nous ne sommes que neuf personnes à table, la famille roumaine, la famille Sursock, une Anglaise, le baron Cetto et moi, nous devenons aussi intimes que si nous étions de vieilles connaissances. Le baron Cetto nous montre ses emplettes : un minuscule crocodile empaillé, une peau de tigre et un beau morceau d'ivoire.

Je prends congé de cette aimable société, car je vais quitter le *Nubia* demain matin à la première heure.

Le séjour sur le *Nubia*, aussi bien à l'aller qu'au retour, fut des plus agréables; la nourriture y était excellente et la Cie Hambourg-Anglo-Américaine fait ce qu'elle peut pour satisfaire les touristes, aussi je compte l'excursion à Ouadi-Halfa parmi une de mes plus agréables promenades, non pour ce qu'on y voit, car, à l'exception des merveilleux temples d'Abou Sembil, il n'y a rien de remarquable ; mais surtout à cause de la bonne société que j'y ai rencontrée ainsi que du repos et du confort qu'offre la Compagnie.

Il est seulement regrettable que ce repos soit si souvent interrompu par le tapage des matelots, qui ne peuvent rien faire sans crier et qui, lorsqu'ils sont inoccupés, nous gratifient de chants monotones qui finissent invariablement par les cris *hip hip hourrah* et *thank you!* en prévision des bakhchiches.

Le manager, M. Charles Zipp, ainsi que le guide, me demandent de témoigner par un mot ma satisfaction à leur égard ; je le fais avec grand plaisir.

Quant à la visite à Khartoum, il ne faut la considérer qu'au point de vue historique ; car ce qu'on montre au bout du voyage si peu confortable dans le train dit de luxe, est bien maigre. Même Omdurman ne tient pas ce qu'il promet d'après les guides de voyage.

D'ASSOUAN A EDFOU

26 février. — Je me lève à quatre heures et demie du matin, et je fais des efforts inutiles pour allumer une bougie suspendue à la paroi de ma cabine, l'électricité ne fonctionnant pas la nuit. La lune, qui tout à l'heure encore m'éclairait, a disparu, et je suis obligé de faire ma toilette et de boucler ma valise dans une obscurité complète. Enfin un nègre arrive et m'apporte une bougie. Je prends du thé et, accompagné du guide, deux matelots me font traverser le Nil dans un canot, car le *Nubia* est ancré à la rive opposée à Assouan. Je revois le soleil se lever sur le Nil, ce qui, dans ce voyage, m'est déjà arrivé plusieurs fois. Le nombre des voyageurs, à cette heure matinale, est restreint, il n'y a en première classe, dans un autre compartiment, que deux Suédois qui vont à la chasse.

Les deux Suédois descendent à sept heures et demie à la station de Daraco; leur guide leur fait remarquer qu'un

MUR DU TEMPLE D'EDFOU.

des deux fusils est cassé, un des chasseurs se sera donc dérangé inutilement.

Des femmes et des enfants viennent vendre des œufs.

A huit heures à la station Kom Ombo, il y a beaucoup de mouvement à la gare et, dans le voisinage s'élèvent de belles constructions modernes. Une haute cheminée apparaît dans le lointain, ainsi qu'un petit temple sans intérêt.

On construit en ce moment un canal pour amener l'eau du Nil, d'un genre absolument nouveau. Comme on ne pouvait pas creuser un canal dans le désert, qui non seulement se remplirait par le sable glissant des bords, mais aussi de celui amené par le vent et qui laisserait s'infiltrer l'eau à travers son fond mobile, on a installé un canal entièrement

ÉPERVIER SACRÉ DEVANT LE TEMPLE D'EDFOU.

en tôle, de forme arrondie, qui a six mètres de largeur à la surface et trois mètres de profondeur au centre.

A dix heures, nous arrivons à Edfou. Un homme s'empare de mes bagages et les dépose au bureau du chef de gare; il me fait signe de le suivre, me conduit aux bords du Nil et me fait monter dans une barque qui, à force de rames, traverse le Nil et s'arrête de l'autre côté, assez loin du rivage. Lui et le batelier sautent à l'eau, m'empoignent et me portent à terre. Là un âne m'attend, qui se met aussitôt à trotter.

Je n'ai pas encore prononcé un seul mot, mais je vois, au loin, les murs immenses d'un temple; je suis donc dans

SCULPTURES DU TEMPLE D'EDFOU.

le bon chemin. Mon guide commence à me baragouiner un peu d'anglais; heureusement qu'il n'en sait que quelques mots et qu'il me laisse ensuite chevaucher tranquillement!

Le temple d'Edfou est le mieux conservé de tous les temples de l'Égypte; son ensemble donne une parfaite idée des constructions de ce genre. Non seulement les principales cours et les grandes salles sont intactes, mais beaucoup de pièces latérales le sont également; le tout est entouré d'un mur très élevé. Pas un centimètre de ce mur extérieur ou

PETIT TEMPLE D'EDFOU.

intérieur n'est nu; partout des dieux et des hiéroglyphes sont sculptés en relief; malheureusement, ils sont en grande partie endommagés. C'est le seul temple que j'ai pu parcourir à mon aise, sans être dérangé continuellement par les explications d'un guide. Je monte sur le toit, les marches ne sont pas hautes; mais il y en a 242 et je ne découvre rien de particulier de là-haut, quoique l'ascension soit fortement recommandée par mon guide de voyage.

Le temple d'Edfou était complètement enfoui dans le sable; pendant des années on a travaillé à le dégager et à le restaurer. Beaucoup de ses épaisses colonnes avaient fléchi et menaçaient de s'écrouler sur les touristes; mais elles ont été redressées par M. Barsanti qui a employé un système très ingénieux. En face du grand temple on a trouvé et déblayé un autre temple plus petit.

En traversant la petite ville, je reviens à la gare par le chemin par lequel j'étais venu. Il est midi et l'express n'arrivera que dans une heure et demie. Je passe mon temps à regarder les voyageurs, qui attendent le train et qui offrent toujours une curieuse variété de types.

Mon train arrive à l'heure. Je monte immédiatement dans le wagon-restaurant et arrive encore à temps pour le second service du déjeuner. Je rencontre dans le train neuf personnes de connaissance.

A quatre heures et demie nous sommes à Louqsor, d'où je pars une heure plus tard en express. Je suis seul dans mon compartiment et pourrai m'installer commodément pour la nuit. Presque tous les voyageurs prennent le train, composé de sleeping-cars, qui part dans une heure. Ceci explique pourquoi il y a si peu de monde en première classe de l'express; quant à moi, je préfère être seul dans un grand compartiment qu'à deux dans un tout petit et me payer ce plaisir par un supplément de 25 francs.

Ma solitude n'est pourtant que de courte durée, car à neuf heures, un jeune et gros Égyptien, très bien habillé à l'européenne, entre; il s'excuse en bon français de me déranger et je fais avec lui un bout de conversation.

Il est Copte chrétien; il n'a pas la croix tatouée sur le bras, la mode en est passée. Il ne peut pas reconnaître ses coreligionnaires, à moins de parler avec eux politique, pour savoir s'il s'adresse à un musulman ou à un chrétien. « Les Coptes chrétiens, me dit-il, ont en outre un mouvement secret de la main, dans le genre de celui des francs-maçons

PORTEURS D'EAU.

pour se reconnaître mutuellement. » Il me pose aussi quelques questions et notre curiosité étant satisfaite, nous nous souhaitons bonne nuit et nous nous endormons paisiblement.

SÉJOUR AU CAIRE

27 février. — Vers six heures je me réveille et vois le soleil se lever; j'aperçois, en passant, la Pyramide à étages de Sakkarah et au loin les Pyramides de Ghizé, qui paraissent d'ici des masses colossales, ce qu'elles sont du reste.

L'ARABE DE L'EDEN-PALACE-HOTEL.

Pour la troisième fois j'arrive à l'*Eden-Palace-Hôtel* du Caire. Je suis une vieille connaissance, ce qui n'empêche qu'il n'y a aucune chambre à ma disposition. Le gérant me prouve que trois personnes couchent au salon et qu'un voyageur a habité l'ascenseur. Celui-ci a déjà quitté ses appartements! Dans l'attente d'un gîte, je vais à la poste prendre mon volumineux courrier de trois semaines et, à mon retour, je peux avoir, provisoirement, une chambre à deux lits, que des voyageurs viennent de quitter. Elle est dans un joli état : je remarque entre autre deux bouteilles vides de Scotch Whisky, *black and white specially selected for the House of Commons*.

En général, les Anglais ne boivent que de l'eau à table; mais par contre ils se rattrapent dans leurs chambres avec des alcools achetés dehors : cela est plus distingué et surtout plus économique !

Un nègre vient faire de l'ordre dans la chambre; avec la même serviette il essuie cuvettes, verres et vases et

LE CLERGÉ A L'ENTERREMENT DE FABRICIUS PACHA.

a bientôt fini. Comme je connais le procédé, j'ai mon propre verre, que j'enferme soigneusement.

Toutes les salles de bain servent de chambre à coucher, et aucune n'est libre. Le soir, les deux frères Heslin, que j'ai retrouvés ici, m'emmènent au quartier juif, qui est décoré de petits drapeaux. Des enfants masqués parcourent les rues et lancent des pétards en l'honneur d'une fête israélite, le Pourim. Le culte israélite est célébré dans 14 temples, dans l'un d'eux nous assistons au service religieux, pendant lequel un défilé ininterrompu de mendiants passe entre les rangs des fidèles. Le Directeur de la Banque

Nationale d'Égypte vient avec sa femme, qui s'asseoit au milieu des hommes, quoique les femmes soient reléguées d'ordinaire à la galerie.

1ᵉʳ mars. — La Bourse des valeurs se tient provisoirement dans la cour d'un hôtel ; j'y rencontre un monsieur que j'ai connu à Paris. On y fait beaucoup de bruit, mais peu d'affaires. Toutes les transactions se font en langue française et je n'entends que cet idiome.

2 mars. — Un grand enterrement aura lieu à dix heures, celui de Fabricius Pacha, architecte du Khédive. J'y vais et vois partir le cortège du défunt, qui appartenait à la religion orthodoxe.

Le corbillard est précédé de nombreux enfants des écoles, d'une musique, de porteurs d'énormes couronnes en fleurs artificielles et de quelques prêtres, dont un, l'archevêque d'Alep, est drapé d'or.

Quatre messieurs, coiffés de chapeaux haut de forme, portent un drap mortuaire. Un autre drap mortuaire est tenu par six messieurs coiffés de tarbouchs. J'apprends que ce sont le Gouverneur du Caire, le maître de cérémonie du Khédive Fouad Pacha, Izzet Pacha, Boghos Pacha, MM. Nubar et Mitchell, les personnalités les plus importantes du Caire.

Ils sont suivis par un parent, qui porte les décorations du défunt sur un coussin. Le corbillard disparaît sous les couronnes ; les six chevaux sont tenus en main par autant de notabilités, chacune suivie d'un palefrenier.

Au premier rang des nombreuses personnes qui suivent, se trouve lord Cromer, en noir et chapeau haut de forme. Viennent ensuite des voitures remplies de fleurs artificielles ;

je ne remarque que deux couronnes en fleurs naturelles, facilement reconnaissables, parce qu'elles sont fanées.

ENTERREMENT DE FABRICIUS PACHA.

On raconte que dernièrement, sur la lettre de faire part d'un prêtre grec, on pouvait lire : Pas de fleurs en fer-blanc !

C'est aujourd'hui le jour des enterrements. En allant en tramway jusqu'à la citadelle, pour gagner ensuite, à pied, les tombeaux des Mamelouks, je rencontre un enterrement musulman, suivi par beaucoup de monde; je me joins au cortège et entre avec lui au cimetière. Selon la coutume, un aveugle se trouvait au premier rang du cortège.

Les aveugles sont très nombreux en Égypte et ce n'est pas étonnant, car une quantité d'enfants ont les yeux malades et leurs paupières sont bordées d'un essaim de mouches qui pourraient être chassées d'un mouvement de main, mais, il paraît que le Koran défend de déranger les mouches dans leur œuvre malfaisante.

Le brancard est porté à bras, et les porteurs se relaient très souvent; une fois dans le cimetière, c'est une véritable bousculade. Il est évident que chacun des assistants tient à porter le mort, ne fût-ce qu'un instant. Arrivé devant le tombeau, la dépouille est déposée à terre, l'assistance forme alors un cercle et commence à chanter en s'accompagnant de dandinements de corps à droite et à gauche. La mesure du chant et les mouvements de corps deviennent de plus en plus rapides et cessent enfin.

Je me suis tenu à l'écart, mais, à ce moment, quelques assistants viennent me chercher et me placent au premier rang. On enlève le cadavre, enveloppé de linges et d'un châle, de la caisse qui n'avait pas de couvercle et on le descend dans la fosse d'où un homme le place dans une galerie latérale. Pendant ce temps, les femmes font entendre des plaintes et des hurlements.

Pour terminer la matinée si gaiement employée! je vais aux tombeaux des Mamelouks. Ce n'est qu'un rassemblement de mosquées délabrées, mais lesquelles, avec la citadelle comme fond, forment des tableaux très pittoresques.

4 mars. — Le Khédive est actuellement au Caire, et à en juger par la quantité de voitures et d'automobiles, qui se suivent devant l'entrée du Palais, les audiences doivent être nombreuses.

Aux accords d'une musique militaire je vois sortir d'une caserne, qui se trouve juste en face du Palais, une compagnie d'infanterie, qui va remplacer la garde du Palais d'Abdin.

Sur la place même, des recrues s'exercent et elles ont

TOMBEAUX DES MAMELOUKS.

l'air de prendre leur futur métier au sérieux. On ne dirait pas que ces hommes ont été enlevés de leurs villages, souvent au désespoir de leurs familles et conduits au Caire, sous une escorte de gendarmes. On les garde généralement cinq ans; aux plus capables on donne des grades et on les garde plus longtemps. Il n'existe pas de loi de recrutement en Égypte et, malgré cette façon moyenâgeuse de recruter l'armée, les soldats paraissent être fiers de porter l'uniforme, ils ont l'air très propre et soigné. Ils apprennent au régiment à se débarbouiller, chose qu'ils ignoraient complètement en y arrivant.

Nous allons voir l'*Hôtel Sémiramis*, situé au bord du Nil, qui est ouvert depuis une quinzaine de jours; il paraît que le soir de l'ouverture, il ne restait plus une chambre vacante. A proximité, on construit en ce moment un grand hôtel Ritz, le terrain a été payé, me dit-on, un prix fabuleux.

Le nombre des étrangers actuellement au Caire est considérable; on les voit parcourir la ville par bandes, mais toujours sous la conduite d'un guide.

5 mars. — Aux quelques mosquées, déjà visitées, j'ajoute ce matin celle de Sultan Hassan, une énorme construction actuellement en réparation. Elle en a bien besoin. Au centre se trouve le sarcophage très simple du Sultan, qui a donné son nom à la mosquée.

On y montre, enfermée, une merveilleuse porte en fer, incrustée d'or et d'argent, un véritable bijou de l'art arabe. La porte a été déplacée par suite de travaux. Il est étonnant qu'elle n'ait pas pris à cette occasion le chemin du *South Kensington Museum* de Londres, comme les incrustations de la chaire de la Gami ibn Touloun qui, paraît-il, sont également des chefs-d'œuvre; j'irai les voir un de ces jours, à Londres.

Cette Gami ibn Touloun est une des plus anciennes mosquées du Caire; elle est abandonnée et ne sert plus qu'à attirer les étrangers. Il n'existe pas de mosquée proprement dite, mais des corridors très pittoresques, entourant une cour de 8 000 mètres carrés, au centre de laquelle se trouve une fontaine.

La curiosité de la mosquée est son minaret qui, unique

dans son espèce, possède un escalier extérieur très commode de 170 marches. De la plate-forme la vue s'étend sur toute la ville, la citadelle, le Nil et les Pyramides; elle est beaucoup

MINARET ET COUR DE LA MOSQUÉE IBN TOULOUN.

plus intéressante que la vue, si célèbre, de la citadelle même.

En descendant l'escalier, nous entendons des rires et voyons sur les toits plats des maisons contiguës au minaret de jeunes et très jolies femmes sans voiles, et des enfants qui tendent leurs tabliers et nous invitent par des cris et des signes à y jeter des pièces de monnaie. La scène était très amusante et nous a bien fait rire.

Nous passons ensuite devant une belle fontaine, qui ne ressemble en aucune façon aux nôtres et qui a été construite par la mère du Khédive. Je m'apprête à la photographier, mais immédiatement il se forme un tel attroupement qu'un agent de police accourt et me fait signe de m'éloigner; je n'ai pas insisté, me réservant d'y revenir.

Une rue extrêmement longue, dont une partie forme le bazar des cordonniers, nous conduit à la porte Bab es Zouélé, devant laquelle, au coin d'une maison, se trouve une colonne où les criminels étaient pendus jadis. Il y avait peu de place à l'entour pour les amateurs de ce spectacle.

6 mars. — La matinée se passe au Musée égyptien; il est curieux de constater comme l'intérêt pour les objets exposés augmente lorsqu'on connaît les endroits où ils ont été trouvés.

Dans la partie du musée que je visite aujourd'hui, un grand hall est rempli de cercueils richement décorés de peintures, et qui ont certainement coûté très cher à fabriquer. Aussi, dans l'antiquité, ont-ils tenté les voleurs qui les ont déterrés et vidés de leur contenu. Le nom du locataire primitif a été gratté, et le cercueil a été revendu comme neuf. Un exemplaire en est exposé au musée, où le voleur a oublié de gratter le premier nom, ce qui fait que deux noms y figurent maintenant.

Dans le journal je lis qu'un Américain, du nom de Cook Talboot, s'est suicidé avant-hier dans notre hôtel. Personne n'en avait eu connaissance.

Je me promène ce soir, vers six heures, dans la rue Wagh el Birket qui se trouve tout près du jardin de l'Ezbekieh.

Dans cette rue, longue et assez large, on ne voit que des cafés, brasseries, marchands de vins et liqueurs et cafés-concerts. Par les fenêtres de la plus grande partie de ses maisons, des femmes envoient des sourires engageants

LE CAIRE VU DE LA MOSQUÉE IBN TOULOUN.

aux promeneurs qui lèvent leur tête vers elles. Une foule bigarrée et oisive ne cesse de parcourir cette rue jusqu'à une heure fort avancée de la nuit.

Les meilleurs clients de ces établissements sont les soldats anglais, et des troupiers ivres s'y rencontrent continuellement; mais ils sont presque toujours emmenés par ceux de leurs camarades qui ne sont pas encore dans le même état. Le peuple s'amuse beaucoup lorsque ces soldats font du scandale. Voici justement un attroupement qui se forme autour de deux soldats ivres, qu'un troisième un peu moins pris cherche à entraîner. Un des soldats ivres se détache et donne un coup de poing à un spectateur à côté de moi, mais il en reçoit aussitôt un autre en échange, car mon voisin a la main leste; le soldat s'étale à terre, d'où il se relève la figure tout en sang.

Un agent égyptien accourt et siffle pour appeler du renfort. Deux des soldats s'éclipsent et entrent chez un marchand de vin tandis que le blessé est conduit, par un autre soldat de bonne volonté, également chez un marchand de vin, devant lequel se forme aussitôt un grand rassemblement.

Six énormes agents de police stationnent devant la boutique, lorsqu'un jeune officier de police égyptien survient. Il cherche en vain à faire emmener le soldat blessé par d'autres soldats anglais et fait finalement avancer une voiture, mais n'arrive pas à y faire monter l'ivrogne.

Pendant ce temps un tout petit soldat écossais, complètement ivre, chante et danse devant le café et fait des moulinets avec une badine sous le nez de ces six énormes agents égyptiens. Ceux-ci foncent à chaque instant sur la foule qui devient de plus en plus dense; mais ils n'ont pas le droit de toucher au soldat, cause du scandale. Enfin l'officier de police, un homme aussi énergique que convenable, arrive à emmener le blessé, à pied, j'ignore où, et revient bientôt accompagné de trois soldats anglais, sortes de géants, qui portent un brassard avec un P, ce qui veut dire *police*. Ils empoignent le petit soldat écossais, qui se démène et crie comme un fou furieux, le ficellent et le jettent, tel un paquet, sur une voiture qui s'éloigne, suivie par la foule qui crie et siffle.

Ce scandale a duré plus d'une heure et se renouvelle fréquemment, les agents égyptiens n'ayant pas le droit d'arrêter les soldats anglais, pourquoi n'y a-t-il pas des agents anglais en permanence? En tout cas ces scènes doivent donner aux Égyptiens une fière idée de leurs vainqueurs.

On pourrait aussi punir les tenanciers des maisons où l'on boit, quand ils servent des clients qui sont déjà ivres; mais tous ces tenanciers sont sujets grecs et les tribunaux égyptiens n'ont aucune action sur eux. Aucun agent égyptien ne peut arrêter un étranger, il doit se contenter, en cas de délit, de lui demander son adresse ou sa carte; aussi beaucoup de jeunes gens, qui peuvent craindre de se trouver en mauvais cas, portent sur eux des cartes de visite au nom de Charles Smith, ou William Brown ou John Bull!

La loi des capitulations, suivant laquelle chacun doit être jugé par les autorités de son pays, cause ce lamentable état de choses et a forcé dernièrement le Gouvernement égyptien à remettre au consul russe d'Alexandrie trois réfugiés de son pays, qu'il avait réclamés; cela a été la cause d'une grave révolte des habitants outrés d'Alexandrie.

Lord Cromer a fait tous ses efforts pour obtenir l'abolition de cette loi surannée sans pouvoir y réussir.

7 mars. — Au Musée égyptien les collections se divisent en plusieurs catégories.

D'abord les stèles ou tablettes en pierre, qui étaient

pour les anciens Égyptiens, avant qu'ils se fussent servis de papyrus et de parchemin, ce que sont pour nous les affiches, les lettres et les livres. Ces stèles sont précieuses pour les savants; par elles ils ont appris et ont fait connaître en partie ce que nous savons de l'histoire des anciens Égyptiens et autres peuples contemporains.

La plus renommée est la fameuse stèle des Unas, de valeur égale à la célèbre stèle de Rosette, qui se trouve au British Museum de Londres.

Sur cette stèle est gravée l'histoire de Ptolémée et Cléopâtre en trois écritures : en grec, en copte et en hiéroglyphes, les deux premières langues étant connues, elles ont permis de lire les hiéroglyphes, qui jusqu'alors étaient restés indéchiffrables. Cette belle découverte est due à un Français, le célèbre égyptologue Champollion. Le point de départ de la découverte a été celle des lettres qui se trouvent au commencement des noms de Ptolémée et à la fin de celui de Cléopâtre.

Les sculptures forment une autre section du musée. Elles sont volumineuses et beaucoup de ces sculptures manquent d'expression et paraissent lourdes.

Les objets d'un usage journalier témoignent d'une grande ingéniosité. Ceux destinés au culte des morts et trouvés dans les cercueils sont nombreux. Parmi les figurines en bronze ou terre cuite, souvent répétées, se trouvent de véritables objets d'art.

Dans la collection des bijoux du musée, il en est d'un goût et d'une finesse extraordinaires qui, de nos jours, n'ont pas été dépassés; tout ce que l'on a pu faire, c'est de les copier aussi bien que possible. Depuis quelques années ce genre de bijoux est fort à la mode.

Les visiteurs sont attirés par l'exposition des momies,

surtout celles des rois connus, Rhamsès, Amenhotep, etc. En effet, ce sont des sujets de haute curiosité. Cependant leur

FONTAINE DE LA MÈRE DU KHÉDIVE.

place n'est pas dans un musée et on manque, en les y laissant, au respect que nous devons aux morts, le seul de notre temps qui n'ait pas encore sombré. Que dirait-on en France, si les Anglais, au lieu de nous rendre les restes de l'empereur Napoléon Ier, les avaient accommodés avec art et exposés au musée Tussaud avec les autres souvenirs de son époque? Les lieux de sépulture de ces rois sont maintenant connus et déblayés, le plus simple serait de les replacer dans des sarcophages, comme la momie du roi Amenhotep II, et de les exposer là à la curiosité du public.

Cela ne serait pas encore suffisamment convenable, mais vaudrait certainement mieux, il me semble, que de les montrer sous verre dans un musée.

8 mars. — Dans le but de photographier la fontaine de la mère du Khédive, je me dirige vers la citadelle.

En route, je prends l'instantané d'un barbier en plein air, comme on en rencontre beaucoup dans les rues du Caire : aussitôt son client et lui me demandent l'inévitable bakhchiche. Je donne à chacun une piastre, mais je regrette de suite ma générosité en entendant l'intonation moqueuse avec laquelle ils disent : *thank you!* Tous les touristes connaissent cette intonation et plusieurs m'ont déjà avoué qu'ils étaient tentés d'y répondre par une gifle. Malheureusement le prix d'une gifle en ce pays est fixé par les juges à 5 livres sterling ou 125 francs. C'est cher; nos tribunaux ne l'évaluent qu'à 5 francs, plus les frais !

Un Égyptien bien habillé s'attache à mes pas; il parle français, comme beaucoup d'autres que j'ai rencontrés dans ce pays, et qui tous paraissaient éprouver un certain plaisir à parler notre langue.

Il me fait visiter l'intérieur de la fontaine et aussi une école musulmane très proprement tenue. Je remarque entre autres choses des robinets au-dessus d'un long réservoir, pour bains de pieds, et une seconde installation, où les élèves peuvent se rincer la bouche.

La grande politesse de mon guide improvisé m'est inexplicable, il ne s'attend certainement pas à un bakhchiche, mais je suis bientôt fixé : il veut être photographié avec le personnel de l'école. Il me donne son adresse : Mohamed Ibrahim Youssef, à la Cour d'appel près de Bab El Kaabk.

Continuant ma promenade, j'arrive à la mosquée el Muayad, devant laquelle s'étend un grand déploiement de police. J'apprends que le Khédive doit venir prier dans cette mosquée, à midi; il est onze heures et demie : j'attends en face de l'entrée, avec quelques autres Européens. Nous sommes privilégiés, car les indigènes sont tenus à grande distance.

UN BARBIER.

Des officiers arrivent, puis des fonctionnaires en civil et beaucoup de Cheiks ou prêtres. On me désigne le directeur ou grand Cheik de l'Université, Gami el Azhar et le Gouverneur du Caire.

A midi, le Khédive arrive en landau à deux chevaux, précédé et suivi de six cavaliers de sa garde. Il est en redingote et pantalon gris foncé, et entre dans la mosquée, suivi de ceux qui l'attendaient.

Ici le Khédive est chez lui, il n'y a aucun Anglais, rien que des musulmans et, encore, les privilégiés seuls ont le droit d'entrer dans la mosquée, pendant la prière du Khédive.

LES CAFÉS-CONCERTS

En société d'un Africain du sud, M. Wertheim, et d'un Anglais, M. Bacon, qui connaît le Caire à fond et aussi dans les bas-fonds, et qui veut bien être notre cicerone, je vais le soir à l'Eldorado, un café-concert local.

Les billets d'entrée sont à différents prix, suivant la tenue du client; le caissier nous adjuge des billets à cinq piastres par personne, mais se contente de placer un seul billet pour nous trois.

Dans une grande salle le public est presque uniquement composé d'indigènes, qui n'ont pas l'air d'avoir payé une entrée supérieure à une demi-piastre; peut-être même sont-ils entrés gratuitement.

Ils ne prennent aucune consommation; mais l'établissement doit néanmoins faire ses frais, grâce à quelques femmes, qui vont d'une table à l'autre et se font payer à boire. Une Soudanaise, peu jolie, mais d'une figure aimable, s'asseoit à notre table. Elle a jugé M. Wertheim comme le plus généreux de nous et se fait offrir par lui deux demi-bouteilles de bière à 10 piastres, nous avons ainsi complété notre prix d'entrée. Cette femme est couverte de pièces fausses,

DANS L'ATTENTE DU KHÉDIVE.

imitant la monnaie autrichienne, comme j'en ai acheté à Ouadi-Halfa.

Au bout de la salle se trouve une grande scène, occupée par six hommes et autant de femmes, assis en demi-cercle et faisant face au public. Ils chantent une mélodie triste, accompagnée d'une guitare et d'un tambourin et, par intervalles, de battements de mains. Une femme qui ressemble à la Goulue se lève, elle est très jeune, mais d'une forte corpulence. Elle est habillée de rose, couverte de pacotilles clinquantes, son ventre est à nu ; elle lui imprime des mouvements variés et des secousses, cela s'appelle, comme tout le monde sait, la danse du ventre. Elle s'accompagne de deux paires de petites cimbales attachées aux doigts comme des castagnettes, et cette contorsion dure longtemps ; elle fait cependant une pause pour vider un bock qu'un spectateur enthousiaste lui a envoyé.

Lorsqu'elle a fini, elle vient dans la salle faire la quête avec une petite soucoupe qu'elle place successivement sur chaque table et qu'elle y laisse quelques instants, pendant lesquels elle se tient pudiquement à l'écart. La plupart des indigènes donnent une petite pièce de monnaie. Pendant cette opération, elle est suivie et surveillée par un bel Égyptien à grandes moustaches noires et à l'air farouche, qui ne la perd pas un instant de vue, ni la monnaie qu'elle encaisse ; il est probablement son impresario.

Trois tables sont maintenant occupées par des Européens ; à la table voisine de la nôtre il y a un Anglais, accompagné d'un ânier et d'un guide de l'*Hôtel Shepheard*, auxquels je l'entends dire : « Vous m'avez déjà fait dépenser trois livres sterling, ce soir, et il n'est que onze heures. »

Le même spectacle se reproduit toutes les demi-heures. Il est suivi d'un cinématographe et, à partir de une heure du matin, le public danse. Nous n'attendons pas la suite.

M. Bacon nous conduit au *Fishmarket*. C'est un très grand quartier composé de rues étroites ; chaque maison a une fenêtre grillée de plain-pied avec la rue d'où on peut regarder l'intérieur : une sale petite pièce laissant apercevoir une alcôve. Partout des femmes sont accroupies, très souvent sur une table près de la fenêtre ; elles sont enveloppées d'étoffes et de couvertures. Toutes ces femmes sont des indigènes; la laideur et la saleté règnent en maîtres dans ces maisons. Ces femmes n'ont pas le droit de sortir dans la rue le soir, ni même celui de passer la main à travers les barreaux des fenêtres; mais pendant le jour, elles circulent dans les rues du quartier.

Cette suite de fenêtres est interrompue parfois par une ouverture éclairée d'une veilleuse qui laisse voir des tombes de personnes enterrées dans leurs maisons : même aujourd'hui ce singulier usage est encore permis.

Toutes ces rues sont très animées, et dans les plus larges passent des voitures avec des étrangers, hommes et femmes, qui ne craignent pas de visiter ce quartier. Les âniers sont les gens tout indiqués pour servir de guides aux étrangers, ils s'improvisent alors impresario, arrangent des danses du ventre et, sur demande, se font eux-mêmes acteurs.

Malgré que nous ayons passé dans ces rues plus d'une heure, M. Bacon nous dit que nous sommes loin d'avoir parcouru tout le quartier.

Mais nous n'avons pas fini notre soirée, car nous allons dans d'autres rues, où les habitantes sont Européennes et, comme telles, se tiennent assises devant leurs maisons. La police locale n'a aucun pouvoir sur ces dames. Ici il y a surtout des Italiennes et beaucoup de Juives russes, roumaines et galiciennes : le spectacle est encore moins attrayant.

Voulant aussi visiter une salle de jeu, nous entrons dans une belle maison et montons un étage; mais là nous sommes reçus par quelques agents et un officier de police très poli, qui nous annonce que le club a été fermé la veille. Nous sommes arrivés trop tard !

Comme cette soirée est consacrée à l'étude des mœurs nocturnes du Caire, nous la finissons au *Bar du Sphinx*, qui est fréquenté par la crème des femmes galantes, en majorité Allemandes. Beaucoup de ces dames feraient bien d'adopter le costume égyptien et de ne laisser voir que leurs yeux.

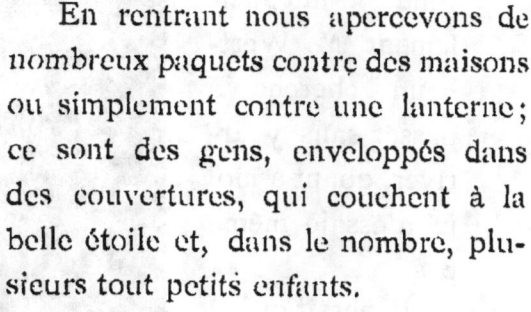

En rentrant nous apercevons de nombreux paquets contre des maisons ou simplement contre une lanterne; ce sont des gens, enveloppés dans des couvertures, qui couchent à la belle étoile et, dans le nombre, plusieurs tout petits enfants.

9 mars. — Aujourd'hui, c'est mon tour de faire le guide, je veux montrer le vieux Caire à la famille Wertheim. Je suis prêt à neuf heures et demie; mais comme il y a deux dames, il est onze heures, lorsque nous prenons le tramway. Arrivés à destination un jeune guide s'offre, nous en avons besoin, car quoique je sois déjà venu, il me serait impossible de retrouver l'église copte, que nous visitons d'abord.

Au beau milieu d'une synagogue très ancienne, que nous voyons ensuite, se trouve une tombe, ce qui paraît tout à fait inusité.

Pour entrer dans ce quartier et pour en sortir, on passe par une petite porte; le gardien en montre la clef qui est en bois et dont le volume est énorme.

Nous allons maintenant à la Gami Amr, une des plus anciennes mosquées du Caire et dont seulement un côté est encore debout. Là il y a deux colonnes, distantes l'une de l'autre d'environ 15 centimètres ; pour aller en paradis, il faut pouvoir passer entre les deux ; notre guide le fait facilement, M. Wertheim cherche à passer sans y arriver, quant à moi je n'essaie même pas.

Il paraît qu'en 1808, chrétiens, juifs et musulmans se sont réunis ici et ont prié simultanément leur dieu respectif, qui est peut-être le même pour tous, d'activer la crue du Nil, qui se faisait trop attendre. L'histoire ne dit pas si la prière collective fut exaucée ; en tout cas elle le méritait bien.

LES DEUX COLONNES DE LA MOSQUÉE AMR.

12 mars. — Il y a longtemps que je n'ai vu de mosquée ; aussi j'entre dans la mosquée el Muayad, où le Khédive a prié vendredi dernier. L'intérieur est un hall spacieux, ouvert sur une belle cour, au centre de laquelle se trouve la fontaine obligatoire, où justement quelques musulmans font des ablutions très soignées. La mosquée sert en même temps d'école, et des élèves sont groupés devant deux tableaux noirs.

13 mars. — En flânant dans un quartier extrême, j'arrive devant une belle mosquée. Je vois entrer et sortir beaucoup de femmes et, à la porte, un nombre inusité de mendiants. Par des signes, je comprends qu'il n'y a pas de babouches pour les étrangers, dont peu doivent venir jusqu'ici, et comme je ne veux pas ôter mes bottines, je dois renoncer à voir l'intérieur. J'ai vu dans mon guide que la mosquée s'appelle Gami Sitte Zenab, et qu'une petite-fille du Prophète y est enterrée.

Un tramway traverse le Caire d'un bout à l'autre, je le prends et j'arrive à un quartier d'une création toute récente, nommé Chamra. D'où pourront venir les locataires pour les maisons immenses qu'on y construit! Un « krach » est inévitable, et j'ai entendu dire que des spéculateurs l'attendent pour acheter des maisons et des terrains à vil prix.

Au centre du quartier, sur une place ronde, se trouve un palais d'un goût discutable, qu'on prendrait pour un théâtre, un musée ou un hôtel de ville et qui a été construit, il y a dix ans, par Sakakini Pacha, d'origine syrienne et ancien ministre égyptien. Un palais de style arabe aurait été préférable.

Ce soir j'assiste au théâtre Abbas à un concert, donné sous le haut patronage de M. Klobukowsky, agent diplomatique de la République Française. La recette est destinée à la création, à l'hôpital français, d'un lit pour les artistes français de passage au Caire.

La salle est complètement remplie d'un public élégant.

Après l'exécution du premier numéro du programme, l'orchestre joue la Marseillaise, que tous les assistants écoutent debout, puis l'hymne Khédivial, pendant lequel

PALAIS DE SAKAKINI PACHA.

mon voisin, un officier anglais en uniforme, s'assied avec fracas. Le ténor Léon Escalaïs, qui prête son concours au concert, est fortement applaudi.

15 mars. — Les frères Heslin, avec lesquels j'ai passé presque tout mon temps depuis que je suis en Égypte, sont partis aujourd'hui pour Jérusalem, et la famille Wertheim pour Nice.

Il reste encore M. Bacon, qui m'emmène ce soir à l'*Hôtel Shepheard*, où une fête de nuit doit avoir lieu avec feu d'artifice et bal pour les personnes qui habitent l'hôtel et leurs invités.

Nous y allons à dix heures du soir. L'entrée, le grand hall rond et tous les salons sont remplis d'une foule distinguée, à travers laquelle nous nous frayons un passage jusqu'au jardin, qui est brillamment illuminé par des lanternes multicolores; le centre est décoré d'un ballon captif lumineux et un orchestre militaire anglais se fait entendre.

Les confetti font rage et la bataille doit durer déjà depuis longtemps, car le sol est jonché de munitions. Ici l'élément jeune prédomine et les officiers anglais, dans leurs figaros rouges, appelés *diner jaquettes*, sont, avec d'autres messieurs, en costume de soirée et coiffés du tarbouch, les combattants les plus acharnés.

Les officiers ont des plaisanteries à eux. A un de leurs camarades ils ont attaché, dans le dos, une lanterne allumée et l'exposent ainsi aux rires des assistants ; un autre poursuit une jeune fille et, malgré ses jambes qui n'en finissent pas, fait plusieurs fois en courant derrière elle le tour du jardin.

Mais la farce la plus commune consiste à faire sauter avec le pied les sacs remplis de confetti, aussi bien ceux des dames que ceux des messieurs; on voit que ces Anglais conservent toujours l'habitude de jouer au *foot-ball*.

Tout le monde ne paraît pas apprécier cette plaisanterie, qui revient cher, car un sac de confetti coûte 10 piastres, et l'administration recouvre ainsi une partie ou même la totalité de ses frais, malgré la bowle au champagne qu'elle offre gratuitement.

Peu à peu le jardin se vide, le bar se remplit et tout en prenant un « whisky and soda », les messieurs se débar-

MAISON MODERNE DE STYLE ARABE.

rassent des confetti, les dames en font sans doute autant, sans whisky naturellement, dans un autre salon. Bientôt une valse se fait entendre et la rotonde se remplit de danseurs. Ce hall est de style arabe; tout autour sont des divans bas, où l'on peut se reposer à l'orientale; il n'y a que les danseuses qui n'aient pas adopté le costume des odalisques, et c'est regrettable.

Le bal durera encore longtemps et sera suivi d'un souper. Dans la rue, nous rencontrons des officiers en voiture, exprimant leur gaieté d'une façon fort bruyante.

16 mars. — M. Bacon, qui était encore entré au *Sphinx*

RETOUR DU PÈLERIN.

Bar hier soir, me raconte que la suite de la fête a eu lieu dans cet établissement et a eu pour conséquence la destruction d'une partie du mobilier.

Je m'étais proposé ce matin d'aller voir la mosquée el Burdeni, que mon guide honore d'une étoile; mais en route je rencontre un cortège bizarre. Des chameaux portant un timbalier, et deux tambours précédés par des hommes costumés en guerriers sauvages, et suivis par un orchestre complet et une vingtaine de porteurs de drapeaux roulés,

INTÉRIEUR DE LA MOSQUÉE EL BURDENI.

ainsi que par deux autres chameaux marchant l'un devant l'autre, et portant un magnifique palanquin en moucharabie.

Dans une voiture qui suit, un homme richement habillé est assis; à ses côtés, un autre tient un petit garçon sur les genoux. Cette voiture est escortée d'une dizaine d'indigènes montés sur des ânes et suivie par d'autres voitures, dans lesquelles se trouvent des Égyptiens et encore trois enfants.

Continuellement des spectateurs et des passants embrassent les mains et surtout la bouche de l'homme bien habillé; à chaque instant celui-ci descend de voiture pour se faire embrasser plus longtemps et plus commodément. Des jeunes gens, qui sortent d'une école, m'apprennent que cet homme revient de la Mecque et qu'il est ainsi reçu triomphalement par ses amis. A partir d'aujourd'hui il va être vénéré comme un saint. Quant aux enfants qui se trouvent dans le cortège, ils seront circoncis prochainement, et, pour cette raison, on les laisse assister à la fête de rentrée du pèlerin.

Le cortège passe près de l'endroit où doit être la Gami el Burdeni, et après beaucoup de questions et précédé de deux guides, à une demi-piastre de bakhchiche chacun, je la trouve.

C'est, en effet, une ravissante mosquée, finement décorée à l'intérieur, mais on est en train de la restaurer, et elle est remplie de plâtras. Et maintenant j'espère en avoir fini avec les mosquées!

M. Bacon, un Anglais des plus aimables, que j'ai fréquenté depuis que je suis au Caire, retourne aujourd'hui à Londres. Je l'accompagne à la gare où il prend congé de moi, en me donnant une bonne poignée de main. Le dos de sa main est tourné en bas, ce qui dénote, paraît-il, la sincérité. Au contraire, une main tendue le dos en l'air indique la fausseté, et celle dont l'index est en haut et le petit doigt en bas témoigne de l'indifférence.

En revenant, je rencontre un des employés du bureau des lettres adressées à la poste restante, qui me remet habituellement mon courrier ; il me prévient que des lettres viennent d'arriver pour moi. C'est gentil de sa part. Je

LE SPHINX.

prends mon courrier et j'achète des timbres-poste. J'avais fait mon compte d'avance, 11 piastres et demie. Je remets à l'employé 20 piastres et il me rend 3 piastres et demie au lieu de 8 et demie, les autres 5 ne suivent qu'après ma réclamation. Tout le monde peut se tromper.

21 mars. — Je vais chez MM. Fix et David, agents de

la Compagnie de navigation Est-Africaine, prendre un billet de cabine extérieure, à un seul lit, pour Durban, par le steamer *Prinzessin* qui doit partir demain soir de Suez et arriver à Durban le 19 avril.

Le billet coûte 41 livres 14 shillings, soit 1050 francs; je devrai l'échanger à Suez contre le billet définitif.

Depuis deux jours, à l'hôtel, j'ai pour voisin de table un Italien très aimable. En faisant ce soir ma dernière sortie au Caire, je le rencontre et lui montre un coin de la partie européenne du *Fishmarket*, qu'il ne connaissait pas encore.

Mon séjour au Caire est terminé, le temps ne m'a pas paru long, car non seulement la vie orientale se manifeste dans la rue d'une façon très amusante et très variée, mais aussi il se passe continuellement quelque scène caractéristique, sans compter les curiosités, les musées, les mosquées et les bazars.

L'Égypte est un pays merveilleux, habité par une population pittoresque, toujours de bonne humeur, et malgré la ténacité des guides et des marchands de toutes sortes, il est impossible de se fâcher avec ce monde sympathique et bon enfant, toujours prêt à rire.

Il ne peut y avoir aucun doute, les Anglais ont puissamment contribué à la prospérité du pays; jamais les Égyptiens, ni leurs souverains n'auraient construit le barrage d'Assouan, et si aujourd'hui les terrains du Caire valent des prix fabuleux, c'est encore grâce aux Anglais et aux nombreux touristes qu'ils attirent.

Mais, à l'heure actuelle, les Égyptiens, surtout avec le Khédive régnant, si intelligent, pourraient très bien se gouverner eux-mêmes et n'auraient plus besoin de la tutelle anglaise, humiliante pour leur amour-propre.

Toutes les personnes qui ont l'habitude de passer l'hiver

dans le Midi, ne peuvent mieux faire que de traverser la Méditerranée et de rester quelques mois en Égypte, dont une partie au Caire, de préférence dans un hôtel en dehors de la ville, tel que l'*Hôtel Sémiramis*, *Gezireh Palace* ou *Mena House*, l'autre partie de leur séjour peut être consacrée à Louqsor et surtout à Assouan.

SPHINX RESTAURÉ.

CHAPITRE III

DU CAIRE A DURBAN

ZANZIBAR. — LE PALAIS DU SULTAN.

CHAPITRE III

Du Caire a Suez. — De Suez a Aden. — Aden. — D'Aden a Tanga. — De Tanga a Zanzibar. — De Zanzibar a Dar-es-Salam. — Dar-es-Salam. — De Dar-es-Salam a Beira. — Séjour a Lourenço-Marquès. — De Lourenço-Marquès a Durban. — Séjour a Durban.

DU CAIRE A SUEZ

22 mars. — A onze heures du matin, le train quitte le Caire, j'aperçois la citadelle pendant quelques instants et, longtemps encore, les Pyramides.

L'Italien d'hier soir voyage dans le même compartiment que moi; je fais plus ample connaissance avec lui et j'apprends qu'il est prêtre et professeur d'hébreu à l'Université de Florence. Il va à Jérusalem et écrira à son retour une relation de son voyage au point de vue religieux.

Il y a aussi dans le train un Écossais, qui prépare la publication du récit de son voyage et écrit continuellement. Il n'a pas le temps de regarder le paysage. Cependant, à la station de Zagazig, il aurait pu voir, comme nous, une foule d'indigènes endimanchés qui entouraient le champ où des chevaux courront cet après-midi, le Khédive doit assister aux courses. Les indigènes ne sont pas en retard et verront certainement la première course !

Vers deux heures, à la station d'Ismailieh je change de train et, deux heures plus tard, Suez est annoncé. Là, il y a trois stations ; je dois m'arrêter à la dernière, appelée *Suez Docks*, quoique l'endroit soit nommé *Port Tewfik*. Je vais chez les agents de la Compagnie ; j'apprends qu'ils n'ont pas encore l'avis de Port-Saïd que le *Prinzessin* soit entré dans le canal et, par conséquent, il ne sera ici que demain matin.

Contre mon billet, émis au Caire, je reçois mon billet définitif, je remarque que la désignation : « Cabine extérieure à un seul lit » n'y est pas mentionnée. J'en fais l'observation : il m'est répondu que l'indication n'est pas nécessaire, car le *chief steward* possède la liste des nouveaux passagers, avec les détails ; j'insiste néanmoins et les indications sont ajoutées.

Mes bagages sont portés à l'*Hôtel Continental*, qui est de second ordre, il n'y a pas de place à l'*Hôtel Bachet*, le meilleur de Suez.

Je me souviens que je suis descendu à cet hôtel il y a dix-huit ans, et qu'au moment du dîner le garçon glissa et renversa sur moi le contenu presque bouillant d'une énorme soupière. Mais l'accident s'était bien terminé pour moi, car, pendant que je dormais, on avait fait sécher et surtout nettoyer mon costume de voyage, et le lendemain matin il était remis à neuf. Cette fois le costume que je porte n'a pas besoin de pareil nettoyage.

A Suez, on montre l'endroit où, d'après la légende, les

MAISONS DE SUEZ.

Israélites en fuyant de l'Égypte ont traversé la mer Rouge. La montée de la marée est rapide, ce que Moïse savait probablement; il fit traverser son peuple à marée basse, et le Pharaon avec son armée furent surpris par le flot montant. On raconte que le général Bonaparte fut, lui aussi, surpris par la marée à ce même point, et qu'il faillit subir le sort de ce Pharaon.

SÉJOUR A SUEZ

23 mars. — Ma première visite est pour l'agent de la Compagnie : il m'apprend que le *Prinzessin* sera ici entre quatre et six heures du soir, j'ai du temps devant moi. Je prends le train pour Suez auquel Port Tewfik est relié par une digue; pour y arriver il faut sept à huit minutes.

Suez est une ville triste avec des maisons délabrées, qu'on est étonné de voir rester debout. Une seule rue y est un peu animée; j'y remarque, entre des boutiques d'indigènes, celle d'un Japonais marchand de fruits. Il doit être établi depuis longtemps, car je l'entends se chamailler en arabe; c'est peut-être lui qui renseigne son Gouvernement sur le passage des vaisseaux de guerre par le canal de Suez. Pour l'instant, je ne vois en fait de cuirassés que celui qu'un marchand de glaces pousse devant lui dans la rue.

Le port de Suez est loin d'avoir l'importance de celui de Port-Saïd; il n'y passe, et encore sans s'arrêter longtemps, que les bateaux qui utilisent le canal, tandis qu'à Port-Saïd beaucoup d'autres vapeurs font escale.

Tous ceux qui traversent le canal de Suez, soit comme marins, soit comme voyageurs, se plaignent de ce que la Compagnie distribue la presque totalité de ses énormes bénéfices en dividendes, au lieu d'en employer une somme plus importante à l'amélioration du canal, qui ne répond plus aux exigences du trafic, lequel, de 1 663 navires en 1877 est monté à 3975 en 1906. Les recettes se sont élevées

MARCHAND DE GLACES A SUEZ.

pendant ce temps de 30 à 103 millions et le nombre des voyageurs de 72822 à 353881.

Les navires qui traversent maintenant le canal sont aussi beaucoup plus gros que ceux de 1877; la capacité nette moyenne était alors de 1416 tonnes, elle est aujourd'hui de 3382 tonnes. L'Angleterre tient naturellement la tête du mouvement maritime, avec 2333 navires contre 1642 pour les autres nations réunies.

Les bateaux ne peuvent marcher qu'à une vitesse de cinq nœuds un tiers, soit huit kilomètres et demi à l'heure, afin que les vagues soulevées ne démolissent pas les berges du canal, qu'ils entament déjà à chaque passage, même à cette vitesse réduite; d'énormes dragues sont continuellement employées à enlever le sable qui coule ainsi dans la tranchée.

Très souvent les navires sont obligés de s'arrêter et d'en laisser passer d'autres qui viennent en sens inverse; les arrêts durent une demi-heure, quelquefois une heure. Lorsqu'un échouage ou quelque autre accident se produit, l'arrêt peut être d'une journée et même plus longtemps, j'en ai déjà fait l'expérience. [On devrait, si c'est possible, construire un canal en tôle dans le genre de celui de Kom-Ombo.]

Un officier anglais et un officier allemand sont arrivés en même temps que moi à l'hôtel. Ils partent également par le *Prinzessin*; l'officier anglais a appris qu'il ne serait ici qu'à huit heures du soir : je serai donc forcé de prendre encore un des exécrables repas de l'hôtel.

Port Tewfik a aussi son monument, celui du lieutenant Waghorn qui, le premier, a établi un service postal passant par l'Égypte, entre l'Afrique et l'Asie.

Vers huit heures, nous faisons mettre nos bagages sur une petite charrette, c'est un chargement complet! L'officier anglais compte, à lui seul, quatorze colis, l'officier allemand une demi-douzaine, et moi quatre. Nous suivons la charrette, et, arrivés au port, les bagages sont transportés sur un chaland à voile, alors que nous trois nous montons dans une chaloupe à vapeur, où se trouvent déjà une douzaine de voyageurs et deux dames, dont une tient un enfant dans les bras. La chaloupe est, en outre, encombrée de nombreux bagages et colis.

Après une attente d'une demi-heure, nous partons, et

PORTEUR D'EAU A SUEZ.

nous nous arrêtons cinq minutes plus tard à côté d'une autre petite chaloupe, sur laquelle se trouve un employé de l'agent de la Compagnie. Une conversation bruyante s'engage entre lui et nos bateliers et pendant que je m'efforce d'en saisir la cause, des hommes commencent à transborder tout ce qui se trouve sur notre bateau sur celui de l'agent. Lorsqu'ils ont fini, on nous prie de passer tous sur cette chaloupe.

Enfin, nous nous mettons de nouveau en route. Je puis questionner l'agent et je n'y manque pas. La machine de notre première chaloupe a eu subitement une avarie et ne fonctionnait plus : nous ne nous en étions pas aperçus ! Les deux dames, qui sont accompagnées par un capitaine, vont prendre le *City of Glasgow*, qui est déjà arrivé ; les nombreux bagages sont les leurs. Les autres voyageurs, en plus de nous trois, se divisent en trois de première et huit de deuxième et troisième classe, tous destinés au *Prinzessin*.

La peste régnant en Egypte, personne ne peut s'embarquer sans être examiné par le médecin du port et avant que ses bagages soient visités, afin de constater qu'il n'emporte pas de linge sale. Le bâtiment de quarantaine est loin et, comme il fait nuit, il est impossible de se rendre compte de sa situation. Enfin nous y arrivons, l'agent débarque et revient avec le médecin, auquel il désigne les deux dames ; il arrache presque au médecin un certificat que celui-ci tenait dans la main, puis il fait débarquer les huit voyageurs de deuxième et troisième classe, pour être examinés, après quoi nous partons de nouveau.

La promenade au clair de lune, sous un ciel étoilé et pur, est charmante ; la mer est calme, ce qui n'empêche que nous recevions de temps en temps une douche formidable.

Notre chaloupe s'arrête auprès du grand steamer le *City of Glasgow*, qui vient des Indes et va à Londres ; nous y laissons les deux dames et leurs considérables bagages qui, naturellement, ne sont pas hissés sur le bateau sans bruit et sans perte de temps.

Nous filons de nouveau vers une destination inconnue ; nous ne sommes plus que les six voyageurs du *Prinzessin*, le capitaine qui avait accompagné les dames et l'agent.

Celui-ci doit voir le capitaine d'un bateau qui se trouve à l'autre extrémité de la baie, nouvel arrêt d'un quart d'heure, l'agent revient et nous nous remettons en marche, le *Prinzessin* n'est pas encore visible. Nous retournons au *City of Glasgow*, l'agent y monte, puis il revient nous dire de monter aussi. Dans le salon nous trouvons une dizaine de messieurs en smoking, ils paraissent très surpris de notre invasion; bientôt on place devant chacun de nous un verre de whisky and soda, et on apporte un grand plat de sandwichs, qui n'a pas plus tôt paru qu'il est déjà vide.

Le capitaine qui est avec nous nous explique que l'agent est obligé de nous promener jusqu'à l'arrivée de notre steamer, car s'il revenait à terre, il faudrait payer de nouveau la chaloupe qui lui coûte une livre sterling par embarquement. Je comprends maintenant la raison de notre odyssée : les deux dames devaient s'embarquer à huit heures et nous autres à onze heures; pour éviter de faire deux voyages à 25 francs chaque, l'agent nous a réunis dans la même chaloupe et a gagné ainsi 25 francs.

Il y a quelques jours une dame, voyageant sur le *City of Glasgow* avec son mari et un enfant de six semaines, s'est jetée à la mer et n'a pas été retrouvée.

Le temps a marché pendant nos pérégrinations, il n'est pas loin de onze heures : pourvu que la Princesse lointaine ne se soit pas échouée dans le canal? Nos craintes sont bientôt dissipées; nous sommes prévenus que le *Prinzessin* est visible, nous vidons nos verres, montons sur le pont : le navire a apparu brusquement, tel le vaisseau fantôme; il est brillamment éclairé et le spectacle est féerique.

Nous redescendons dans notre chaloupe et en route vers la quarantaine, où se passe la même scène que tout à l'heure, le médecin remet un certificat à l'agent, que celui-ci me fait voir et où sont inscrits nos noms et l'attestation du médecin, qu'il nous a examinés et que nos bagages ont été visités. Les huit voyageurs que nous avions laissés là et qui ont dû s'ennuyer pendant ce temps, s'embarquent de nouveau.

Cette fois, c'est pour tout de bon; nous mettons le cap vers le *Prinzessin* et, suivi par le chaland qui porte nos bagages et que nous avions complètement perdu de vue, nous l'atteignons bientôt.

L'officier allemand, le sous-lieutenant de Neufville, des grenadiers à cheval, doit y retrouver ses parents, et, pour se rendre méconnaissable, il s'est coiffé d'un tarbouch; mais de loin j'entends une voix qui crie :

« Du bist erkannt », « tu es reconnu. »

Il est onze heures et demie. Je me suis embarqué quelques fois, mais jamais l'embarquement n'avait duré trois heures et demie comme celui-ci; nous sommes cependant tous d'accord qu'il a été très amusant.

L'impression, en arrivant sur le *Prinzessin*, est tout de suite excellente. Quelle profusion de lumières, quelle propreté, quelle élégance! Le capitaine et tous les officiers sont rangés en haut de l'escalier; il ne s'y trouve plus que quelques passagers, car il est tard. Je remets mon billet au *chief steward*. Il esquisse un mouvement de surprise et de regret, il n'y a plus de cabine extérieure; mais je reste calme, selon mon habitude et je fais tout simplement valoir l'indication que, heureusement, j'avais fait ajouter à mon billet. Il va, me dit-il, consulter le capitaine, et il disparaît.

La différence entre les cabines extérieures et intérieures d'un bateau est très grande. Les premières reçoivent l'air et la lumière directement du dehors, tandis que les autres sont toujours plongées dans l'obscurité, et l'air, avant d'arriver à elles, passe par des corridors remplis d'émanations venant des autres cabines, machines, cuisines et autres.

Ma malle et ma valise sont embarquées. Pour la dernière fois, le mot *bakhchiche* résonne à mes oreilles. J'attends très longtemps, enfin le *chief steward* revient et me dit que j'aurai la cabine n° 3, j'y vais; l'on est en train de la déménager, elle avait été donnée, par faveur, à un autre voyageur dans l'espoir que je n'insisterais pas.

En tout cas j'ai une des meilleures cabines sur le pont supérieur, appelé pont de promenade; elle est un peu petite, mais l'air et la lumière y entrent à profusion.

Il est une heure du matin, lorsque Morphée me reçoit dans ses bras.

DE SUEZ A ADEN

24 mars. — La mer est très calme. Mon steward me prévient, à sept heures du matin, que mon bain est prêt, comme je le lui avais demandé. Pendant que je le prends, j'entends les accords d'un choral, car c'est dimanche aujourd'hui. Le service religieux est célébré dans la salle à manger et, sans y assister, nous pouvons entendre du salon de lecture le sermon du prédicateur.

La matinée se passe tranquillement; vers midi, nous quittons le golfe de Suez et entrons dans la mer Rouge; toute la différence consiste en ce que nous ne voyons plus la terre que du côté africain, au lieu de la voir aussi du côté de l'Asie.

Quelques-uns de nos stewards sont musiciens. Ce soir, à neuf heures, ils ont donné un concert très applaudi; un de leurs numéros, la *Meyer Polka*, qui comporte une partie vocale, a eu un succès particulier.

La température est beaucoup plus douce ce soir, sans qu'on puisse encore l'appeler chaude.

25 mars. — Notre navire a un jumeau : *Bürgermeister*, que nous croisons ce matin; il passe tout près de nous, à peine à 100 mètres, nous échangeons des hourrahs avec ses nombreux passagers. La terre n'est plus visible.

26 mars. — La mer est comme un miroir. Le *Prinzessin* est de construction toute récente; il n'est en service que depuis un an, tous les progrès possibles y sont réalisés et son aménagement diffère complètement de celui des steamers sur lesquels j'ai voyagé jusqu'à présent.

Tout en haut est le pont de promenade, sur lequel se trouve le salon de lecture qui forme galerie autour de la salle à manger, située au-dessous; puis le fumoir, deux cabines de luxe avec salles de bain et six cabines à un lit, j'occupe l'une d'elles. Le pont principal contient la salle à manger, la cuisine et quelques cabines d'officiers. Au-dessous, dans le corps même du navire, sont situées les cabines, les salles de bain, etc. Il y a place pour quatre-vingts passagers de première classe, nous ne sommes que cinquante-six.

Autre innovation heureuse : on peut faire blanchir son linge à bord, ce qui est très utile, car, par ces chaleurs tropicales, on en fait une très grande consommation.

Le *Prinzessin* jauge 6300 « registered tonnes », c'est-à-dire d'espace utilisable, sur lesquelles sont calculés les droits de passage du canal de Suez, qui sont d'environ 50 000 francs pour notre navire.

La décoration du bateau est « art nouveau », mais discret et très agréable à l'œil. La salle à manger est tout en marbre blanc. Le salon de lecture et la salle à manger, ainsi que le fumoir, sont très spacieux.

27 mars. — La mer est moins calme. Cette nuit il a fait très chaud ; plusieurs passagers ont couché sur le pont. Les hublots des cabines ont été fermés ce matin par ordre du capitaine, qui prévoit une mer plus mouvementée.

Les musiciens donnent tous les jours deux concerts, de dix à onze heures du matin et de neuf à dix heures du soir; ils sont placés entre les première et deuxième classes, de façon que les passagers de cette classe puissent aussi en profiter. Seuls, les malheureux passagers de troisième classe en sont privés.

Je ne puis qu'indiquer, sans l'approfondir, la sensation étrange qu'on éprouve, lorsque commodément installé dans un fauteuil, fumant un cigare, et ayant une boisson rafraîchissante devant soi, l'on écoute ce concert en songeant à l'endroit où l'on se trouve.....

Je m'étais proposé d'employer le temps que je passerai sur le bateau à copier mes notes de voyage et, afin de pouvoir le faire sans être dérangé, de n'adresser jamais la parole le premier à aucun des autres voyageurs. Cela ne m'a pas empêché de faire la connaissance d'une bonne partie des passagers qui, eux, n'avaient pas pris cette décision. Même le capitaine, contrairement à l'usage, m'adresse la parole et me demande si je suis content du voyage.

Nous sommes cinquante-six passagers, dix-huit dames et trente-huit messieurs, dont quinze Anglais et douze Anglaises, quinze Allemands et six Allemandes, deux Américains, deux Français, un Boer, un Portugais, un Autrichien et un Suisse, et trois enfants qu'on ne voit et n'entend à peine.

La confiance qui règne sur notre bateau est étonnante : partout traînent des livres, des appareils photographiques, des petits sacs de voyage et même des porte-monnaie, personne n'y touche. Il n'y a d'exception que pour les cartes à jouer, qu'il ne faut jamais laisser traîner, car elles disparaissent comme par enchantement. Il est convenu, et presque admis, que les matelots raflent toutes les cartes à jouer qu'ils peuvent trouver.

Le capitaine avait raison : à partir de onze heures la mer devient houleuse et des paquets d'eau passent par-dessus l'avant du *Prinzessin*; les passagers de troisième classe se cachent. Le steward avait oublié de fermer les fenêtres des W. C. et deux personnes ont reçu des douches. Il y a quelques vides au déjeuner.

Le capitaine prévient que l'après-midi la mer sera de nouveau très calme; elle est, en effet, moins forte, ce qui n'empêche qu'au dîner les vides ont augmenté.

ADEN

28 mars. — Depuis deux jours nous n'avons vu que le ciel et l'eau; ce matin, nous avons la terre à notre gauche, mais ce ne sont que des îles. Vers dix heures, nous pouvons, avec des lorgnettes, apercevoir une tour qui est à Aden. Nous sommes encore loin, car il est midi lorsque nous distinguons les maisons. Nous sommes reçus par des coups de canon; non seulement nous les entendons, mais aussi nous voyons, tout près de nous, des gerbes d'eau marquer pour un instant la place où les boulets sont tombés.

Quelques vaisseaux de guerre sont ancrés ici, deux français, deux italiens et un anglais.

Aussitôt l'ancre jetée, nous sommes entourés par quantité de barques d'où émergent des têtes, nouvelles pour nous. La population d'Aden consiste principalement en Somalis tout

RADE D'ADEN.

noirs, à la figure riante, avec des cheveux crépus que beaucoup d'entre eux teignent couleur bronze. Ils ont tous quelque chose à vendre et l'offrent avec beaucoup de bruit. Deux chalands remplis de charbon nous attendent également; on pourrait faire des études ethnographiques et phrénologiques avec ces têtes bizarres. Tous ces hommes ne portent qu'un morceau d'étoffe autour des reins, la plupart sont nu-têtes, ils ne craignent pas les coups de soleil; les autres sont coiffés de turbans ou de tarbouchs.

L'ordre règne dans les possessions britanniques. Les quatre rameurs du canot dans lequel nous montons ont chacun le numéro 25 en grand sur la poitrine et, le tarif de six pence étant connu d'avance, il ne peut y avoir de discussion. Nous voyons devant nous une rangée de maisons, bâties en hémicycle; le centre est orné d'une statue de la

ROUTE DES RÉSERVOIRS D'ADEN.

reine Victoria. Ces maisons représentent la station maritime d'Aden; un peu plus loin sont d'autres habitations et des entrepôts, entourant le port qui est rempli de voiliers et est très animé. Une voiture nous conduit sur une belle route; nous passons devant un cimetière chrétien ainsi que devant un autre, très grand, juif; j'ignorais qu'il y eût tant d'Israélites à Aden. La place doit être bonne!

Le chemin passe entre des rochers qui se resserrent et bientôt la vue s'ouvre sur la ville d'Aden même, que nous contournons pour arriver à l'unique curiosité de la ville, les

MARCHÉ D'ADEN.

réservoirs d'eau creusés artificiellement dans les rochers avec utilisation des réservoirs naturels qui s'y trouvaient. Il n'y a pas d'eau à l'île d'Aden : ces réservoirs immenses servent à conserver l'eau de pluie; il n'en tombe pas souvent, mais lorsqu'il pleut, cela en vaut la peine. En ce moment tous les réservoirs, sauf un, sont vides. Il est temps qu'il pleuve!

Il existe une usine pour distiller l'eau de mer; l'eau devient buvable, mais n'est pas bonne. Au-dessus des réservoirs il fait une telle chaleur qu'on se croirait au hammam. De retour à la ville, nous voyons d'abord le marché aux chameaux, où l'on vend en ce moment des moutons. Ensuite nous traversons la principale rue d'Aden qui est remplie de monde : des Indiens et surtout des Somalis avec des têtes et des coiffures bizarres; quelques-uns ont la ceinture garnie d'armes. Devant plusieurs cafés, la foule des consommateurs, presque nus, jouent aux dominos et aux cartes.

Les porteurs de dépêches circulent ici à dos de chameau; c'est très pratique, car si le destinataire reste au premier, ils peuvent lui passer le télégramme par la fenêtre. Comme il ne nous reste plus rien à voir, nous retournons au *Prinzessin*; les marchands, dans leurs canots, sont toujours là, ce sont des jeunes gens à la mine éveillée. Ils vendent des cigares et des cigarettes très bon marché, des paniers, des cornes de gazelles, des scies de poissons, des conserves, des huîtres, etc. Lorsqu'on achète quelque chose, le marchand lance avec beaucoup d'adresse une corde, à laquelle est attaché l'objet même ou un panier qui le contient et qu'on n'a qu'à tirer à soi.

Quelques officiers de la marine italienne viennent voir notre bateau. A sept heures du soir nous partons.

D'ADEN A TANGA

29 mars. — La mouche qui donne la maladie du sommeil a dû me piquer hier à Aden, car je ne me suis pas réveillé de toute la nuit.

Par ma porte, qui reste toujours grande ouverte, je vois l'état de la mer; mais si je veux m'en rendre compte d'une façon absolument exacte, je n'ai qu'à ouvrir la porte de mon armoire qui indique alors automatiquement les mouvements du bateau. Si la porte ne bouge pas, la mer est au calme plat, et si la mer est mouvementée, la porte s'ouvre et se referme avec plus ou moins de force et de rapidité. Ce matin elle se balance doucement. Le thermomètre marque 57° centigrades à l'ombre à huit heures du matin.

Presque tous les Allemands de notre bateau sont des fonctionnaires, ils savent tous la langue *kiswahili* et se perfectionnent en étudiant des livres écrits dans cette langue. Elle est parlée sur toute la côte orientale de l'Afrique, jusqu'aux possessions portugaises; à Aden et à Zanzibar tout le monde la comprend aussi; kiswahili veut dire « gens de la côte ». Un tiers des mots kiswahili est d'origine arabe; cette langue possède une littérature et une poésie; un journal mensuel se publie dans cet idiome.

Parmi les dames allemandes se trouve une jeune fille, accompagnée de sa mère, qui fait ce très long voyage pour aller voir son fiancé qui est à Salisbury. Voilà de l'amour!

30 mars. — Nous avons marché hier toute la journée vers l'est, nous devons contourner le cap Guardafui que je traduis : Garde-à-vous; il s'avance très loin dans la mer. Ce matin, le cap est déjà loin; nous n'en distinguons plus que les contours. Nous ne sommes plus dans le golfe d'Aden, nous nageons maintenant en plein océan Indien. J'ouvre la porte de mon armoire, elle ne fait pas le moindre mouvement.

En marchant vers l'est nous perdons chaque jour

quinze minutes; toujours, à quatre heures du matin, l'horloge de la salle à manger est avancée d'un quart d'heure. Auguste, le célèbre roi de Pologne, avait déjà trouvé ce même moyen, il faisait chaque jour avancer l'heure, afin de dîner une demi-heure plus tôt. Un jour, son cuisinier lui dit : « Majesté, si vous continuez ainsi, vous finirez par dîner la veille. »

A ma table il y a trois jeunes gens, des employés de la *Eastern Telegraf C°*, qui fait voyager ses télégraphistes en première classe. Il y a aussi un couple anglais, M' et M'" Skinner; à eux deux ils peuvent bien avoir cent-vingt-cinq ans, ils se sont embarqués à Douvres et débarqueront à Douvres; ils font tout simplement une promenade autour de l'Afrique sans s'arrêter nulle part. Le voyageur autrichien est attaché à un ingénieur qui va à Dar-es-Salam étudier le prolongement de la ligne de chemin de fer existante.

Un autre voyageur va voir son fils qui est allé à Tanga et ne veut plus revenir; il s'y trouve bien. Je crois que le fils essaye d'échapper à la tutelle de son père qui est un homme très aimable, mais me paraît très sévère. J'ai appris, depuis, que le jeune homme est mort des fièvres, deux mois après la visite de son père.

Un des passagers est le capitaine de Reitzenstein, de Munich, qui était en congé et retourne à son poste. Un autre passager est l'ancien général des Boërs, Blignaut, qui a été blessé pendant la guerre et souffre encore de sa blessure.

L'entrepont est maintenant encombré par des passagers que nous avons embarqués à Aden. Après le départ d'Aden on a découvert quinze Somalis qui s'étaient faufilés sur le bateau et s'étaient cachés, afin de faire sans payer le voyage jusqu'à Mombassa. Il paraît que, malgré toutes les précautions, il se trouve toujours quelques passagers qui se glissent à bord, en se mêlant aux charbonniers; mais jamais leur nombre n'a été aussi grand. Pour commencer, tous ont été enfermés; le capitaine les menace de les emmener au delà de Mombassa, afin de les punir; mais je crois néanmoins qu'il sera content d'en être débarrassé. Ce matin, ils sont déjà en liberté sur l'entrepont et jouent aux cartes; ils n'ont pas d'argent pour payer leur passage, mais ils en ont à perdre au jeu.

A l'entrepont, il y a aussi une nombreuse famille malaise qui demeure à Cape-Town et revient d'un pèlerinage à la Mecque; parmi elle sont plusieurs jeunes filles très intelligentes, qui parlent très bien anglais et avec lesquelles j'ai eu plaisir à causer. Aussi un couple israélite polonais qui fait consciencieusement ses prières sans s'occuper des Somalis qui l'entourent. Ils viennent de Minsk et vont à Mombassa, où leurs fils sont établis. Ils ont été une semaine à Aden et racontent qu'il y a beaucoup de Juifs qui sont habillés et vivent absolument comme les Somalis, desquels on a peine à les distinguer.

Ce soir, réunion au fumoir, afin d'élire un comité qui doit organiser des jeux divers auxquels les passagers de deuxième participeront également. En ma qualité de reporter, j'assiste à la réunion et suis élu caissier du comité, présidé par le général Blignaut.

31 mars. — Ce matin, nous voyons des centaines de poissons volants dérangés par le passage de notre bateau, et aussi un grand nombre de dauphins qui font de la haute voltige et bondissent souvent complètement de l'eau pour y retomber aussitôt.

1ᵉʳ avril. — Le meilleur moment de la journée est de six à huit heures du matin; le pont appartient alors aux hommes qui s'y promènent en pijama ou même en caleçon de bain, toujours les pieds nus. Il est regrettable que l'éti-

COSTUME DU MATIN.

quette ne permette pas de conserver ce costume léger toute la journée; le *Prinzessin*, qui a tant innové, devrait autoriser cet usage qui aurait beaucoup de succès.

Plusieurs farces ont été jouées ce matin aux passagers, à cause du 1ᵉʳ avril. Un avis prévenait les intéressés que les paris d'hier sur le nombre de nœuds parcourus étaient annulés et que les gagnants devraient rendre l'argent. La nouvelle s'était aussi répandue que nous devions rencontrer une formidable escadre anglaise : aussi tous les appareils photographiques étaient-ils préparés!

Le pont d'arrière a été décoré de drapeaux et, aux sons de l'orchestre, le programme des jeux s'est déroulé de dix heures du matin jusqu'au soir.

Voici le programme :

1. Combat d'oreillers.
2. Saut en longueur.
3. Saut en hauteur.
4. Dessiner l'œil d'un cochon.
5. Trapèze pour messieurs et dames.
6. Singe volant pour messieurs.
7. Course en sacs.
8. Course aux pommes de terre pour dames.
9. Course de vitesse pour petites filles.
10. Combat de coqs pour garçons.
11. Combat de coqs pour messieurs.
12. Course de cigarettes et cravates pour couples.
13. Course de brouettes pour messieurs.
14. Course d'aiguilles pour couples.
15. Course aux cuillères et œufs pour dames.
16. Lutte à la corde.

Ces jeux sont à peu près les mêmes sur tous les bateaux.

Le plus amusant, pour les spectateurs, est le combat de coqs : il est aussi le plus pénible pour les combattants qui ont les mains et les pieds attachés et doivent, assis dans une position très peu confortable, pousser l'adversaire en dehors d'un cercle tracé sur le sol.

Le jeu de singe volant est aussi réussi. Les pieds des concurrents sont attachés en l'air à des cordes et ils doivent, en marchant sur les mains, faire le plus long chemin possible, marquer la place à la craie et revenir au point de départ. Celui dont la marque est la plus éloignée gagne la partie.

Plusieurs des participants ont montré une grande adresse, beaucoup d'entraînement et de force ; un jeune Américain a eu quatre premiers prix et cinq deuxièmes.

Pour terminer la journée, il y a eu un bal très animé, auquel les passagers de deuxième classe ont pris part.

Vers dix heures et demie du soir nous avons traversé l'équateur ; on a montré aux novices une ligne noire tracée dans la mer et on leur a fait observer que le bateau marcherait plus vite désormais, le chemin allant maintenant en descendant.

Quelques-uns des voyageurs, qui, pour la première fois traversaient l'équateur, offraient des tournées à leurs amis, mais le capitaine n'a pas voulu consentir à une cérémonie générale : il craignait sans doute les excès de gaieté.

Lorsque la navigation était encore exclusivement à la voile, la région de l'équateur était fort redoutée, car du 7ᵉ degré au nord au 7ᵉ degré au sud, les brises sont très rares et les voiliers mettaient parfois de deux à trois mois pour traverser ces régions de calme plat. Encore aujourd'hui, beaucoup de voiliers passent par l'équateur; les marins savent qu'en se laissant entraîner par les courants connus ils font de grands détours; mais ils avancent malgré l'absence de vent. Du reste, presque tous les voiliers sont à présent munis de moteurs auxiliaires utilisés en temps d'accalmie.

Après le bal il règne encore une grande animation au fumoir; je fais une partie de bridge avec un Écossais, un Américain et le général Blignaut : il est deux heures du matin lorsqu'ils me libèrent.

2 avril. — Le dernier numéro du programme n'a pu être exécuté hier, faute de temps, aussi l'est-il aujourd'hui : la lutte à la corde de la première classe contre la deuxième. Huit passagers de cette dernière se présentent; parmi eux se trouvent deux soldats et un prêtre; nous recrutons les huit hommes les plus forts des premières, un Allemand, très gros, est mis à contribution; il est placé dernier et attaché à la corde. Les paris s'engagent et l'excitation est à son comble. Le doute ne dure pas longtemps, car aussitôt le signal donné, notre équipe montre une supériorité écrasante, en attirant les adversaires avec la plus grande facilité. Même résultat à la deuxième épreuve.

Un numéro est ajouté au programme, la « Promenade à Jérusalem ».

On place sept chaises en rang, huit personnes, messieurs

COMBAT DE COQS.

et dames en font lentement le tour, aux sons d'une marche jouée sur le piano, qui s'arrête subitement. Les huit promeneurs cherchent à s'asseoir sur le siège devant eux, mais comme il n'y a que sept chaises, une personne reste debout ou, le plus souvent, s'assied à terre. Après chaque tour une chaise est enlevée et, à la fin, il ne reste plus qu'une chaise et deux personnes : la dernière assise sera le gagnant.

A neuf heures du soir, il y a distribution des prix, speech du général Blignaut, « hourrahs » et « hoch », rien n'y manque !

Les gagnants et leurs amis se répandent au fumoir, la séance, commencée par des bocks, se continue à ma table, par des « whisky and soda » et finit avec du champagne. Les plaisanteries inévitables ont amené une petite scène. Un Écossais est bombardé de sandwichs : il vide, en échange, son « whisky and soda » dans la figure d'un compatriote; mais l'incident a été aussitôt clos par des excuses mutuelles.

La réunion ne se termine qu'à une heure du matin.

3 avril. — Ce matin nous apercevons la terre et bientôt une ligne de verdure vraiment très agréable à l'œil, c'est une couleur que nous n'avions pas vue depuis longtemps.

Au loin s'élève Mombassa, la capitale des possessions est-africaines anglaises. Nous continuons notre route jusqu'à une baie, Kilindini, et qui est le port de Mombassa.

En arrivant, la musique joue ; un coup de canon est tiré : cela fait toujours de l'effet. L'animation n'est pas très grande, une quinzaine de passagers, presque tous Anglais, quittent le bateau, d'autres s'embarquent.

La population consiste ici en Kiswahilis ; les spécimens que nous voyons paraissent à un degré plus près des singes que les Somalis ; ils sont plus trapus et plus laids.

De Mombassa, un chemin de fer va jusqu'au lac Victoria-Nyanza, distant d'environ 1 000 kilomètres. Le chemin de fer les parcourt en quarante-cinq heures.

Mombassa était une place très importante lorsque la traite des esclaves existait encore. L'arrêt à Kilindini est court et nous n'avons pas le temps de descendre à terre. Nous nous contenterons de regarder les rives de la baie, plantées de cocotiers, de pains de singe et de manguiers. Des taches blanches sont des habitations, et de petits obélisques, placés dans la baie, indiquent aux navires la route à suivre pour entrer dans le port.

On fait une salade excellente avec la pointe des palmes

d'un cocotier; mais lorsqu'on enlève cette pointe, l'arbre meurt; seuls les gens très riches peuvent s'offrir cette salade.

Quelques Kiswahilis, drapés dans des étoffes aux couleurs criardes, se sont installés à l'entrepont. Parmi eux se trouve une femme très forte, avec un petit enfant qu'elle porte attaché à son dos. L'enfant a la peau claire et les cheveux presque blonds, mais il ne restera pas longtemps aussi blanc. Une jeune fille a ses cheveux tressés en douze petites nattes qui laissent entre elles de larges raies.

D'autres femmes portent des dentelles au bas de leurs pantalons. Il paraît qu'elles ne peuvent les garder que jusqu'à vingt ans; cet âge passé, plus de dentelles! Cette mode est très ingénieuse, mais ne plairait pas à beaucoup de nos jeunes femmes si elle était introduite chez nous. Le grand luxe ici est de posséder un parapluie, aussi, celui qui en possède un ne le lâche jamais.

Parmi les nouveaux passagers se trouve un maître d'école kiswahili; il porte des lunettes énormes et s'exprime en très bon allemand. Il est l'interprète tout indiqué.

Partis à onze heures, nous marchons à toute vapeur, car nous devons arriver à Tanga, notre prochain arrêt, avant la nuit, afin de pouvoir débarquer, sinon, nous devrons croiser toute la nuit en dehors de la baie. L'approche est très difficile, nous nous en rendons compte par les larges circuits variés que notre bateau décrit.

Lorsque l'obscurité ou le brouillard empêchent un navire d'entrer dans un port, et que l'eau est trop profonde pour jeter l'ancre, il est obligé de louvoyer. D'habitude il fait une course droite de six heures et revient ensuite par la même ligne. S'il restait en place, les vagues le feraient dévier de sa route.

Notre navire a juste le temps de suivre le chenal tortueux

qui mène à Tanga et il fait nuit noire lorsque nous jetons l'ancre. Dans le lointain nous apercevons quelques lumières, c'est tout ce que nous voyons de la ville.

Ici nous sommes dans les possessions est-africaines allemandes; un grand nombre d'habitants en blanc, qui attendent des amis parmi nos passagers, montent à bord et restent à dîner.

Après le dîner, presque tous les passagers se font conduire à terre. Le ponton d'arrivée n'est pas très bien éclairé, la longue rue que nous suivons non plus. Les boutiques sont fermées, excepté quelques-unes tenues par des Indiens. Il a plu ici aujourd'hui, le sol est encore mou. Le plus grand calme règne, mais bientôt nous entendons de la musique et nous nous dirigeons de ce côté, nous arrivons ainsi sur une grande place, ornée d'un buste de Bismarck et couverte de longues tables, autour desquelles des consommateurs sont assis en rangs serrés. Un grand kiosque est occupé par un orchestre.

Mais il n'y a rien sur les tables, sauf par-ci par-là, un verre de « whisky and soda ». Je vois la chose la plus étonnante : une société d'Allemands sans bière !

Je découvre, à l'écart, un malheureux petit tonneau, entouré d'une demi-douzaine de personnes qui s'efforcent vainement d'en faire couler le contenu. Elles n'ont pas de vrille pour percer le trou d'air et le robinet ne fonctionne pas. Un mince filet de bière en découle, et les quelques verres qui se remplissent avec peine sont vidés à l'instant même. Quel dommage pour la belle soif qui est perdue !

C'est seulement beaucoup plus tard qu'un autre tonneau, apporté et offert par un de nos passagers, est mis en perce. Celui-là coule trop vite, il faut chercher des saladiers et les remplir pour ne pas perdre la bière.

Tout cela est extraordinaire pour une réunion d'Allemands qui savaient que le bateau allait arriver et qui s'y étaient évidemment préparés. Nous sommes dédommagés du manque de liquides par les morceaux de l'orchestre qui sont de premier ordre. L'orchestre est composé d'une quarantaine de Kiswahilis qui paraissent vieillis avant l'âge : ils ont de douze à seize ans et sont élèves d'une école où ils apprennent toutes sortes de métiers.

Ils forment un orchestre d'instruments à vent et exécutent les morceaux avec une précision, une force et une justesse absolument étonnantes. Il y a notamment une marche de trompettes qui ne pourrait pas être mieux exécutée par un orchestre militaire. On se rend compte de ce qu'on peut tirer de ces nègres incultes et quels trésors d'intelligence et de talents ils possèdent.

Les habitants européens de Tanga occupent trois grandes tables; je ne serais pas étonné qu'elles représentent trois castes, car il paraît que l'esprit de caste règne ici autant que dans la mère-patrie. D'autres tables sont occupées par les passagers du bateau qui sont tous venus.

Un côté de la place est rempli par les indigènes, des hommes seulement; les femmes sont reléguées derrière le kiosque de musique, dans l'obscurité, et reçoivent de nombreuses visites.

A onze heures, le concert est terminé, la foule disparaît peu à peu. Il n'y a que notre groupe qui reste, agrandi de quelques passagers qui sont ici chez eux; il passe successivement en revue tous les endroits où l'on donne à boire, et comme je ne veux pas retourner seul à bord, je suis obligé de le suivre. Il est deux heures lorsque mes compagnons se décident à rentrer.

DE TANGA A ZANZIBAR

4 avril. — Ce matin une averse tombe, mais ensuite il fait beau et très lourd. Tout ce que nous pouvons apercevoir de Tanga le jour est une verdure fraîche avec quelques taches blanches marquant les habitations, à l'exception d'une belle construction, sans doute la plus grande maison de Tanga et aussi la plus fréquentée, car c'est l'hôpital.

Le climat n'est pas sain et les fièvres ont déjà emporté beaucoup de ceux qui sont venus s'établir ici, mais elles n'empêcheront pas d'autres jeunes gens entreprenants de venir pour se faire planteurs. Les produits sont actuellement le café, le caoutchouc et aussi le coton.

Pendant toute la nuit on a déchargé des colis; ce matin, tout est terminé et à dix heures nous partons, en faisant les mêmes circuits qu'en arrivant.

La mer est d'un calme plat. A peine la terre disparaît-elle à notre droite qu'elle se montre à notre gauche et à quatre heures nous nous arrêtons de nouveau. Par l'animation qui règne sur la rade il est facile de reconnaître que nous abordons en colonie anglaise.

Devant nous se montre une rangée de maisons basses, dominées par une grande et haute maison entourée de vérandas qu'on prendrait pour le grand hôtel de l'endroit, mais qui est le palais du sultan de Zanzibar.

Un canot occupé par un Père blanc et deux autres prêtres se trouve en bas de l'escalier de notre bateau *Prinzessin*, lorsque nous descendons pour nous faire conduire à terre; nous y montons; une fois installés, le Père blanc nous annonce que nous sommes dans son canot privé, mais qu'il

HOPITAL DE TANGA.

sera charmé de nous emmener. Nous passons devant deux mâts sortant de l'eau ; ce sont, paraît-il, les seuls restes visibles de la flotte du Sultan, coulée par les Anglais. Les deux mâts pourraient être enlevés facilement, mais les Anglais les laissent en face du palais du Sultan en guise d'avertissement, de « Mane, Thécel, Pharès ».

Reçus à terre par une nuée de guides, nous en choisissons un, afin d'être débarrassés des autres et nous nous rendons d'abord devant le palais gardé par une section de soldats.

Nous y trouvons l'équipage du Sultan, une vieille calèche, qui n'a de remarquable que les coussins et tapis qui garnissent l'intérieur et le siège du cocher : le tout orné de broderies très fines. Le Sultan ne se fait pas longtemps attendre : c'est un jeune homme insignifiant à la moustache naissante. Sa voiture est escortée par deux lanciers, habillés comme les Indiens ; ils ont, ainsi que le cocher et les domestiques, un aspect très pittoresque, mais ont une tenue très négligée.

La ville est composée de rues très étroites et de hautes maisons; une des rues est garnie de boutiques, toutes tenues par des Indiens. Nous voyons aussi quelques hôtels qui ne font pas une impression favorable. La population se compose des spécimens de tous les peuples de l'Afrique et de l'Asie et elle n'a pas l'air riche. La ville est éclairée à l'électricité.

Par une belle route, nous sortons de Zanzibar et sommes bientôt en pleine campagne, où des huttes nombreuses forment les habitations des indigènes. La végétation est luxuriante; les noix de coco et surtout les clous de girofle sont les principaux produits de l'île. Les quatre cinquièmes de tous les clous de girofle consommés dans le monde viennent de là.

L'île de Zanzibar a 300 000 habitants; elle a été quelque temps sous le protectorat allemand. L'Allemagne l'a cédée à l'Angleterre en échange de l'île d'Héligoland, plus une langue de terre qui relie le territoire Sud-Ouest-Africain allemand à la rivière Zambèze et qui est appelée, en Allemagne, *Caprivi Zipfel* ou le nez de Caprivi, et enfin contre la reconnaissance, par l'Angleterre, des possessions allemandes en Afrique. D'autres considérations ont dû peser sur la décision du Gouvernement allemand, sinon, il aurait fait une très mauvaise affaire.

Tous les passagers sont descendus à terre, nous les rencontrons successivement, beaucoup restent à dîner et le regretteront; je préfère rester fidèle au *Prinzessin*. Le nombre de passagers diminue continuellement et l'intimité entre ceux qui restent devient plus grande.

Notre bateau est envahi par des marchands indiens qui font de bonnes affaires.

DE ZANZIBAR A DAR-ES-SALAM

5 avril. — On a embarqué, à Zanzibar, un jeune lion, âgé de six mois, destiné à Hambourg; il est à l'entrepont dans une grande caisse à claire-voie où tous les passagers vont le voir; il est très peureux.

Partis à cinq heures du matin, nous revoyons bientôt la terre d'Afrique. A neuf heures nous distinguons les tours d'une église et par un canal étroit nous entrons dans une baie qui forme un grand et beau port naturel.

La ville de Dar-es-Salam, la capitale des possessions est-africaines allemandes, s'étend devant nous en demi-cercle.

A part un vapeur qui est celui du Gouvernement et quelques voiliers, je ne vois aucun navire à l'ancre; il y en aurait certainement davantage si la place était anglaise. Beaucoup de barques viennent à notre rencontre chercher des passagers amis et les fonctionnaires allemands qui tous descendent ici. Le capitaine baron de Reitzenstein, qui nous quitte également, est reçu par plusieurs camarades.

Une très forte averse tombe, mais ne dure que quelques instants.

Après le déjeuner, nous allons visiter Dar-es-Salam. La grande rue est composée de belles maisons modernes, elle conduit au palais du Gouverneur, gardé par des soldats noirs et situé dans un grand et magnifique jardin. C'est en même temps un jardin botanique ou d'essai; la végétation y est réellement merveilleuse; j'aurais bien souhaité que mon excellent compagnon de voyage en Palestine, M. Farquhar, fût encore avec moi pour m'indiquer le nom de toutes ces superbes plantes.

Pas loin d'ici est érigé le buste de Bismarck et, au milieu d'un square, celui de l'empereur Guillaume Ier.

Comme dans toute ville allemande, on y lit de nombreux avis : Il est défendu, etc., etc.

Derrière la ville moderne s'étend la ville indigène qui est très importante. Elle grouille de monde auquel il faudra inculquer le goût du bien-être, alors il sera forcé de travailler, afin de pouvoir satisfaire ce goût. Pour le moment ces bonnes gens se contentent, en premier lieu, d'un parapluie, et en deuxième, d'une montre. En Chine on avait commencé avec du pétrole et des lampes.

Il faut croire qu'il y a aussi des malfaiteurs, car je vois une vingtaine de nègres occupés à niveler la chaussée; ils ont chacun un cercle en fer autour du cou et sont reliés entre eux par une chaîne en fer. Sept femmes labourent un square, elles sont attachées entre elles de la même façon.

La population se compose principalement de Kiswahilis qui ne sont pas beaux; beaucoup de femmes sont toutes petites et très fortes, elles sont drapées dans des étoffes aux dessins capricieux, dont le fond est souvent blanc.

Ici on se promène en rikishas comme au Japon, les voitures sont rares.

Le premier hôtel de l'endroit est le *Kaiserhof*, nous aurions voulu y dîner, mais les passagers arrivés qui restent à l'hôtel suffisent et l'on refuse ceux qui ne viennent que pour le dîner.

Un peu d'histoire de la région d'après les notes du colonel Stuemer :

1862. Saïd Majid, sultan de Zanzibar, fait commencer un palais à Dar-es-Salam et veut y construire une ville.

1871. Le sultan meurt, les travaux sont arrêtés.

1876. Sir M'Kinnon commence une route vers le lac Nyassa, mais l'abandonne bientôt.

1887. L'explorateur Dr Carl Peters établit une factorerie pour le compte de la Société allemande est-africaine.

MARCHÉ DE DAR-ES-SALAM.

1888. Un traité est conclu entre cette Compagnie et Said Khalifa, sultan de Zanzibar.

1888. Rébellion des indigènes et attaque de Dar-es-Salam.

Janvier 1889. Assassinat de beaucoup de missionnaires.

Avril 1889. Cession au Gouvernement allemand par la Société est-africaine.

Mai 1889. Garnison allemande, répression de la révolte.

1891. Le siège du Gouvernement est établi à Dar-es-Salam.

6 avril. — A Dar-es-Salam, où nous sommes encore,

notre bateau décharge tout un matériel de chemin de fer, des rails, du ciment, de l'huile minérale, etc., on a travaillé toute la nuit et toute la matinée. Un bruit formidable a effrayé tout le monde hier; une charge de rails s'est détachée et est tombée sur le chaland, heureusement, sans blesser aucun des nègres.

En compagnie du médecin, je retourne à terre, nous faisons en rikisha à peu près le même chemin que nous avons fait à pied hier. Il fait moins chaud et la promenade, à cette heure matinale, est très agréable.

La garde du palais du Gouverneur est composée de sept hommes, qui prennent leur déjeuner consistant en un grand plat de riz sur lequel sont placés trois poissons frits. Chaque convive enlève, avec la main, un petit morceau de poisson et un paquet de riz et en fait une boule qu'il avale. Le grand plat ne tarde pas à être vidé.

Lorsque le Gouvernement allemand a pris possession de cette terre il y a dix-huit ans, Dar-es-Salam n'était qu'un insignifiant village de pêcheurs, aujourd'hui, c'est une ville importante. Le marché est rempli de monde, mais les marchandises mises en vente ne brillent pas par leur variété. On y trouve surtout des noix de coco, du raifort, de la canne à sucre et des poissons frits.

On ne peut distinguer les hommes des femmes que par le costume. Déjà suffisamment repoussantes, ces femmes trouvent encore le moyen de s'enlaidir davantage. Elles se font percer trois trous dans le lobe de leurs oreilles et les bourrent de bouts de papier; ces trous s'agrandissent : elles y mettent alors trois rondelles en bois, de la grandeur des jetons du jeu de dames, décorées de peintures et maintenues par la bordure du lobe des oreilles. Lorsque les rondelles sont enlevées, les oreilles ont un aspect horrible.

CANOT INDIGÈNE A DAR-ES-SALAM.

Nous rencontrons quelques-uns des passagers qui s'arrêtent ici, nous leur disons : « Adieu et au revoir. » Il s'en trouve dans le nombre auxquels nous l'avons souhaité au moins dix fois.

Des Boers sont venus pour s'établir dans ce pays; ils sont allé chasser, puis ils sont repartis.

La monnaie du pays est la roupie indienne qui vaut environ un franc soixante-cinq et se divise en seize annas. Les pièces sont d'une valeur de demi et de quart de roupie et portent l'effigie de l'empereur Guillaume. Il existe aussi des pièces en cuivre d'un heller, il en faut cent pour faire une roupie. Il paraît que le Gouvernement allemand a introduit la roupie afin de faciliter et attirer le commerce avec les Indes. Mais ce moyen semble insuffisant et il aurait été plus simple de conserver, pour la colonie, la monnaie allemande en marks qui ont la même valeur que les shillings anglais et sont partout acceptés comme tels.

Des controverses se poursuivent en Allemagne sur la valeur de la colonie. Je ne peux pas avoir acquis une opinion durant les deux jours que j'y ai passés, mais je puis reproduire celle de gens qui connaissent le pays et qui ne sont pas Allemands. D'après eux, la colonie a contre elle que la population indigène n'est pas assez dense et que le climat n'est pas très sain. Néanmoins on pourra en tirer des avantages. Pour cela, il faut créer des plantations de grande importance, les petites existantes ne suffisent pas pour alimenter la navigation et pour entretenir un commerce. Des canaux et des routes, et avant tout un chemin de fer qui reliera la colonie à la ligne « Le Caire-Cape-Town » serait nécessaire. En construisant cette ligne maintenant, le transport du matériel destiné à la ligne « Le Caire-Cape-Town » paierait déjà une bonne partie des frais de construction.

Le départ de notre bateau est fixé à midi, et, pendant que nous déjeunons, nous quittons Dar-es-Salam sans nous en apercevoir.

DE DAR-ES-SALAM A BEIRA

7 avril. — Ce matin nous passons devant le cap Delgado, qui forme la frontière entre les possessions allemandes et portugaises.

8 avril. — Tous les Allemands nous ont quittés, sauf deux dames, la mère et la fille, qui débarqueront à Beira, pour aller voir le fiancé de celle-ci.

Le Français, le Portugais et le Suisse forment un groupe dont je fais souvent partie. Une des figures les plus sympathiques de notre bateau est celle du général Blignaut, qui a été le commandant de l'armée de la République d'Orange pendant la guerre avec l'Angleterre. C'est un bel homme encore jeune; il n'a que trente-six ans, mais il marche difficilement, car il lui est resté, comme souvenir, une balle reçue au combat de Donkerhock, près de Balmoral et qu'on n'a pas encore pu lui extraire. Il assure que c'est tout ce que les Anglais lui ont laissé. Il paraît qu'il est le meilleur tireur à la carabine de toute l'Afrique du sud.

Tout le monde est d'accord pour déclarer que nous avons eu aujourd'hui la journée la plus chaude de tout le voyage. Personne ne veut se coucher ce soir, les cabines sont surchauffées.

9 avril. — A neuf heures et demie du matin, nous arrivons devant Chinde, qui se trouve à l'embouchure du Zambèze. Déjà, depuis deux heures, la couleur de l'eau a changé; elle est jaunâtre, nous pouvons maintenant distinguer le cours du Zambèze, grâce à la différence de sa teinte avec la couleur bleu foncé de la mer.

Notre bateau s'arrête très loin de Chinde, visible seulement avec des lorgnettes. La mer est peu profonde et la petite chaloupe à vapeur qui doit venir chercher le courrier et les cinq passagers qui descendent, ne peut même pas encore s'approcher parce que nous sommes à marée basse. Les vagues font fortement balancer notre bateau, mais non autant que la chaloupe qui fait son apparition vers une heure. On peut avoir le mal de mer rien qu'en la regardant danser sur l'eau. Elle amène quelques passagers et aussi un grand panier rond, au moyen duquel ceux-ci sont hissés sur le *Prinzessin*. Les passagers qui nous quittent sont descendus sur la chaloupe par le même panier; les mouvements des deux navires, bien que la mer soit aujourd'hui exceptionnellement calme, ne permettent pas de se servir de l'escalier. Le va-et-vient du panier est très amusant pour les spectateurs, il l'est moins pour les passagers qui en sortent tout étourdis.

Notre compagnon français, M. Aubert, nous quitte; il est directeur d'une fabrique de sucre à Marromeu, à 100 kilomètres de Chinde, au bord du Zambèze.

Chinde est un des endroits les plus malsains de la côte, la malaria y règne en maîtresse. Tout près, à Quélimane, le prince de Monaco possède d'énormes plantations de cocotiers dont il tire un profit important. Le Gouvernement portugais lui a cédé les terrains contre une redevance fixe, ce qui confère au prince de Monaco des droits quasi souverains sur le pays, notamment celui de lever un impôt sur les indigènes, soit en produits, soit en travail.

A deux heures notre bateau se met de nouveau en mouvement. Avec l'autorisation du capitaine, et sous la conduite du chef machiniste, je puis inspecter, cet après-midi, le hall aux machines, où, malgré les ventilateurs, l'atmosphère est très chaude.

Ce hall est d'une dimension peu ordinaire, il contient 34 machines à vapeur, indépendantes l'une de l'autre, sur 37 fonctionnant sur le navire, qui sont :

1 machine pour les manœuvres de l'ancre. . 2 cylindres.
2 machines principales . . . . 6 —
4 pompes . . . . 8 —

2 pompes . . . . 2 cylindres.
1 pompe pour l'eau potable . . . . 1 —
3 dynamos. . . . . 6 —
2 machines pour faire tourner les machines
    principales en cas de réparation. . . . . 2 —
2 machines pour faire machine arrière . . . 2 —
2 pompes centrifuges . . . . 2 —
1 machine pour souffler l'air dans le foyer . 2 —
2 machines à fabriquer la glace . . . . . . 2 —
1 machine pour actionner le gouvernail. . . 2 —
2 grues pour les amarres d'atterrissage. . . 4 —
8 grues pour la cargaison à. . . . . 2 —
1 chaloupe à vapeur à . . . . 2 —

    2 machines à distiller l'eau de mer à l'usage de la machine.

    1 machine à transformer l'eau de mer en eau potable, ce qui se fait en moins d'une minute.

    Total : 37 machines à vapeur.

    Les dynamos actionnent les cinq moteurs électriques suivants pour :

    La machine à nettoyer la vaisselle;

    La machine à pétrir le pain;

    Le ventilateur de la chambre réfrigérante;

    Le monte-charge;

    Les machines de l'atelier mécanique.

    Les machines développent une force de 4400 chevaux, la consommation de charbon est de soixante-douze tonnes et demie par jour, avec une vitesse de treize nœuds et demi à l'heure. Il faut 3500 kilos d'huile minérale pour un voyage de 60 jours. Les deux arbres de couche, que nous pouvons suivre d'un bout à l'autre, ont chacun une longueur de 39 mètres et demi.

Le navire emporte au départ 1 400 tonnes de charbon, qu'il renouvelle en cours de route. Il a une longueur de 126 mètres et une largeur de 15 mètres. La profondeur à partir du pont principal est de 9 mètres 45 centimètres; le pont du commandant est à 8 mètres au-dessus de ce pont, total 17 mètres 45 centimètres.

Il y a deux hélices. Le gouvernail est actionné par une machine et le timonier peut le faire fonctionner avec le petit doigt, tandis qu'avec l'ancien système il fallait toujours deux hommes et même souvent quatre. Un tableau placé devant le timonier indique automatiquement la position du gouvernail.

Toutes les conduites d'eau sont peintes de façon que l'on puisse voir si elles contiennent de l'eau chaude ou froide, de mer ou douce, et aussi dans quelle direction coule l'eau.

Deux innovations importantes sur les systèmes connus ont été faites. La première consiste en ce que les condensateurs sont placés tout en haut de la salle des machines, au lieu d'être en bas, l'avantage en est qu'ils restent plus propres et que toute la galerie des machines peut être surveillée plus facilement.

Le condensateur est un grand récipient, dans lequel revient la vapeur qui a déjà servi; elle y est condensée et redevient de l'eau encore bouillante, qui retourne au bouilleur et, par ce retour, économise le chauffage.

L'autre innovation est dans la machine qui souffle de l'air dans le foyer. Les foyers de l'ancien modèle sont à découvert et l'air de la chambre de chauffe y pénètre. Ici les foyers sont fermés; l'air y est introduit par des tuyaux, il peut être appelé suivant les besoins et refoule en dehors l'air chaud. Le charbon se consume davantage et la cha-

DÉBARQUEMENT A CHINDE.

leur dans la chambre de chauffe est moins forte. Elle l'est encore suffisamment, puisqu'elle est actuellement de 40° et dépasse souvent 50° centigrade.

Une horloge électrique, sur laquelle l'heure exacte est réglée tous les matins à quatre heures, et qui se trouve sur le pont du capitaine, transmet l'heure aux douze horloges du bateau.

Celui-ci a aussi une imprimerie, et un grand magasin contient les provisions qui rempliraient plusieurs boutiques de marchand de comestibles.

Le personnel du bateau se compose de 128 personnes.

Un capitaine : M. A. Stahl.	Trois aides.
Quatre officiers.	Un chef des stewards.
Un médecin : Dr Maeder.	Un imprimeur.
Deux commissaires.	Un coiffeur.
Deux charpentiers.	Huit musiciens, en même temps stewards.
Cinq timoniers.	
Treize matelots, dont un noble, von Bargen.	Vingt-quatre stewards.
	Deux stewardesses.
Un chef de cuisine.	Deux blanchisseuses.
Quatre cuisiniers.	Un ingénieur en chef : M. Muller.
Un confiseur.	Neuf machinistes.
Un boulanger.	Un chef chauffeur.
Un boucher.	Trente-neuf chauffeurs arabes.

Les chauffeurs restent pendant quatre heures dans la chambre de chauffe et ont ensuite huit heures de repos. Le chef chauffeur est payé par mois 45 roupies = 74 francs. Trois sous-chefs sont payés 20 roupies par mois = 33 fr. Trois graisseurs 20 roupies par mois = 33 francs. Trente-trois chauffeurs 18 roupies par mois = 30 francs. Les chauffeurs de nos automobiles sont mieux payés et respirent un air plus pur.

10 avril. — Depuis quelques jours on nous donne comme dessert des fruits des tropiques. Des bananes, des mangos, des guavas. Les mangos ont la forme et l'aspect d'un petit melon, avec un noyau énorme. Le goût de ce fruit se rapproche de celui de l'abricot arrosé légèrement de térébenthine. Les guavas ressemblent extérieurement à un citron très jaune et intérieurement à une figue non mûre et de peu de goût.

On nous sert aussi régulièrement de la compote d'abricots, à la couleur brune desquels je n'ai pas de peine à reconnaître les peu appétissantes galettes de Damas : aussi je n'y touche pas.

A onze heures du soir hier notre bateau a jeté l'ancre ; nous sommes devant Beira, mais si loin, que nous n'en voyons qu'une bande de terre. Nous devrons attendre la marée haute, avant de pouvoir nous approcher et nous ne continuerons notre chemin que demain matin.

Des bouées lumineuses sont commandées, on pourra à l'avenir entrer à Beira la nuit. En attendant, les rayons du phare de Macuti, dont la lumière s'aperçoit à une distance de 35 kilomètres, nous éclairent par intervalles réguliers.

Beira est la capitale du territoire portugais du Mozambique, qui a été cédé à la Compagnie à charte du même nom. Le territoire va du Zambèze, au nord, jusqu'au 22e degré de latitude au sud. Le pays produit du caoutchouc, du coton, du sucre, du coprah.

Il renferme les mines d'or de Manica, qui étaient déjà connues des anciens Egyptiens, sous le nom de mines d'Ophir. Ils venaient y chercher l'or en passant par Sofala à 25 kilomètres de Beira. Vasco de Gama, en revenant des Indes en 1505, s'est arrêté à Sofala et y a bâti un fort, dont les ruines existent encore.

Beira est situé près des rivières Pungue et Buzi, et est habité par 800 Européens. Les habitants du pays sont des Cafres, ceux du Zambèze parlent la langue chisena, ceux du sud le changani.

Ici commence le chemin de fer de la Beira et Mashonaland Ry Co qui va à Cape-Town en passant par Manica, Umtali, Salisbury, Bulawayo, Mafeking et Kimberley. La distance est de 3275 kilomètres. Il faut six jours pour la parcourir.

La Compagnie du Mozambique existe depuis quinze ans, elle a eu pour son dernier exercice un bénéfice net de 6 000 livres sterling sur lequel 10 pour 100 reviennent au Gouvernement portugais.

En ce moment on construit un grand pont en fer; les études pour un quai d'embarquement sont faites et l'on va entreprendre un chemin de fer jusqu'au Zambèze. Les bénéfices de la Compagnie y passeront : les dividendes se feront attendre, mais ils seront aussi beaucoup plus importants plus tard. Ces renseignements me sont donnés par notre compagnon de voyage portugais, M. Paiva Rapozo, secrétaire de la Compagnie du Mozambique.

Le médecin du bateau, avec lequel je fais une tournée d'inspection, me montre les cabines destinées aux malades, celles réservées aux maladies contagieuses, la cabine d'opération, la pharmacie et les instruments d'opération. Un seul malade est en traitement en ce moment. Le médecin m'avait prévenu qu'il n'avait qu'à se montrer, pour qu'aussitôt plusieurs passagers vinssent lui demander une consultation, ce qui est aussi le cas pendant notre tournée. Parmi ses attributions, le médecin a celle de goûter chaque jour la nourriture destinée à la troisième classe. Les voyageurs de l'entrepont font eux-mêmes leur cuisine.

Ce matin se font des manœuvres d'incendie et de débarquement, les canots de sauvetage peuvent être mis à la mer en quatre minutes.

Lors de son dernier voyage, un matelot du *Prinzessin* est tombé à la mer et a été repêché vivant après une heure et demie de recherches. Quoiqu'il eût les deux jambes brisées, il n'avait pas cessé de nager. Aussitôt que quelqu'un tombe à la mer, une bouée est jetée pour marquer la place. La nuit on a des bouées qui, une fois dans l'eau, projettent des étincelles.

La marée haute se fait attendre, il est trois heures

GRANDE RUE DE BEIRA.

de l'après-midi lorsque nous nous mettons en mouvement et quatre heures quand nous jetons l'ancre devant Beira.

La ville est absolument plate, sans aucun monument; des hangars et peu de verdure sont seuls visibles, on ne peut pas dire que le panorama en soit pittoresque. Une douzaine de barques avec des rameurs encore plus couleur d'ébène que ceux que nous avons déjà vus, viennent à notre rencontre. Il y a celles du médecin, de la poste, des *Queens* et *Savoy Hotel*, et enfin des personnes venant chercher des passagers.

Nous assistons à la scène émouvante de la rencontre de la jeune fille et de son fiancé, qui est venu de Salisbury jusqu'ici.

M. Rapozo est reçu par sa belle et plantureuse femme, accompagnée d'une nombreuse famille.

La mer est très mouvementée et les débarquements très laborieux; mais, ici tout le monde en a l'habitude.

11 avril. — Par suite des averses et de la mer houleuse, nous ne pouvons pas descendre à terre ce matin.

Quatre chalands sont accouplés à notre bateau. Toute la nuit la cargaison a été déchargée; on n'a aucune idée de ce qu'un navire comme le nôtre peut contenir!

A Beira, comme sur toute la côte, les indigènes travaillent nu-tête; ils ne craignent pas les coups de soleil; mais ils sont reluisants, transpirant fortement.

Le port de Beira est animé; un magnifique steamer portugais, le *Lusitana*, est arrivé ce matin. Un torpilleur portugais, un autre vapeur et deux remorqueurs de la Compagnie est-africaine allemande et de nombreux voiliers sont à l'ancre. Quelques-uns de ceux-ci ont des drapeaux rouges, avec des croissants blancs et des boules blanches, ils viennent de Zanzibar et vont jusqu'aux Indes.

L'après-midi, la chaloupe à vapeur du *Prinzessin* nous conduit, le docteur et moi, à terre.

Après avoir traversé des entrepôts, nous nous trouvons dans une rue assez longue, composée de maisons basses en fer ondulé. Les trottoirs sont en ciment, ce qui permet d'y marcher, alors que la chaussée est couverte d'une

LOCOMOTION A BEIRA.

épaisse couche de sable dans lequel on enfonce. La ville est bâtie sur un banc de sable et la traduction du mot « Beira » est *sable*.

La chaussée est munie de trois lignes de rails sur lesquels roulent des voiturettes poussées par deux Cafres. A Venise, tout le monde a sa gondole; tout Parisien qui se respecte a son automobile; à Beira, chaque habitant possède une ou deux voiturettes. On ne trouve pas à louer de ces voiturettes, le docteur entre à l'agence de la Compagnie, où on nous en procure une.

A part quelques constructions un peu plus importantes, comme la Poste et une banque, toutes les maisons sont en tôle ondulée et très laides, avec quelques boutiques, surtout de liquoristes. La plupart des maisons sont occupées par des agences de navigation.

Notre voiturette nous transporte jusqu'au bout des rails, au bord de la mer; nous rencontrons un peu de verdure, mais pas d'ombre et nous revenons en ville, laquelle est protégée aujourd'hui par un mur du côté de la mer; avant sa construction, les vagues déferlaient dans la rue.

La visite de la ville est bientôt terminée et la chaloupe nous ramène à bord. Une barque se trouve devant l'escalier du bateau; il faut passer de la chaloupe sur la barque et de la barque à l'escalier, tous les trois remuent fortement et différemment, aussi ne suis-je pas mécontent lorsque je suis arrivé.

J'inscris immédiatement Beira sur la liste des villes que je ne voudrais habiter à aucun prix. Il faut croire que je ne suis pas le seul de cet avis, car j'apprends qu'il faut payer aux ouvriers des gages beaucoup plus élevés que dans d'autres villes sud-africaines.

Ce soir, un mât en fer de notre bateau a cassé, en se balançant, le bout du mât en bois d'un voilier sur lequel on chargeait des marchandises. Le morceau du mât, long de 2 mètres et épais de 30 cent. est tombé sur la tête d'un des Cafres occupés au déchargement. Il paraissait mort au premier moment; mais le docteur, après l'avoir examiné, a reconnu qu'il n'avait qu'un trou peu profond au crâne. Ces Cafres ont vraiment la tête dure.

12 avril. — On n'a pas pu travailler beaucoup cette nuit, vu la pluie et le vent. Nous ne savons pas encore quand nous partirons. On décharge tout le matériel d'une fabrique de sucre, qui va être envoyé d'ici à Chinde et de là par le Zambèze à Marromeu. Celle qui existe et dont M. Aubert est le directeur, est menacée par le Zambèze et doit être reconstruite plus loin, à l'abri de ses eaux.

Un nombre considérable de traverses de chemin de fer en fer est également débarqué. Nous avons aussi quelques énormes caisses de 5 mètres carrés et 2 mètres de hauteur. En échange, 400 tonnes de minerais de la mine de Broken Hill, qui ont été expédiées à Beira par chemin de fer, sont chargées sur notre navire, ces minerais ne peuvent pas être traités sur place et sont expédiés tels quels.

Il paraît que les affaires ne sont pas brillantes à Beira en ce moment, car, à part la mine de Broken Hill, en Rhodésie, qui fait vivre beaucoup de monde, les transactions ont beaucoup diminué depuis que la guerre anglo-boer a cessé.

Des gens compétents disent que les plantations ne sont pas assez importantes pour donner lieu à un mouvement maritime et à des transactions considérables. La culture du cocotier est la principale du Mozambique. Il faut patienter durant cinq à six ans avant de voir des fruits; mais ensuite la récolte se produit continuellement, sans donner beaucoup d'ouvrage.

Les noix de coco sont coupées en deux, exposées deux jours au soleil, et puis expédiées. Il y a six mois les 75 livres anglaises (Farzala) coûtaient 5 francs; aujourd'hui elles valent 8 francs environ, grâce à l'emploi que ce produit a trouvé. Il ne servait qu'à la fabrication du savon; maintenant on le transforme en beurre.

13 avril. — Le vent a soufflé avec violence toute la journée d'hier; les trois grands chalands à voile, amarrés à notre bateau, nous donnaient des secousses formidables. Dans ces conditions le déchargement n'avance pas beaucoup; les Cafres, qui, pour la plupart, ont pour tout vêtement une corde autour de la taille à laquelle un morceau d'étoffe ou de vieux sac est attaché, grelottent de froid.

Beaucoup de personnes de Beira viennent ce soir assister au concert de notre orchestre et boire de l'excellente bière à 40 centimes le bock, tandis qu'à Beira elle n'est pas bonne et coûte 1 fr. 25 le bock.

Deux grands chalands remplis de minerais de Broken Hill doivent déverser leur contenu dans notre navire; il paraît que nous partirons aussitôt qu'ils auront fini.

14 avril. — Lorsqu'à cinq heures et demie du matin, je regarde la mer, un matelot annonce que le chargement est terminé et que nous allons partir dans un instant. En effet, un quart d'heure plus tard, nous levons l'ancre. D'après l'indicateur, nous devions partir d'ici le 12, nous avons par conséquent deux jours de retard. Par contre, nous étions à l'abri dans la baie de Beira, pendant la bourrasque qui dure toujours trois jours, et nous n'avions pas à la subir en pleine mer. Il fait de nouveau un temps merveilleux.

Quelques nouveaux passagers nous ont rejoints à Beira, parmi lesquels le commandant Smits, de Bruxelles. Plusieurs compagnes de voyage m'ont déjà présenté leurs albums, où j'ai dû écrire mon nom, et, ce qui est plus difficile, un trait d'esprit!

Mme Hess, de Prétoria, me présente aujourd'hui son album qui est d'un nouveau genre. Il s'appelle *Ghost book*, livre des revenants.

Il faut plier une de ses feuilles dans le sens de la longueur, écrire son nom fortement sur le pli et, avant que

DEUX AMIS.

l'encre ne soit sèche, presser les deux parties de la feuille l'une contre l'autre. On obtient alors un dessin indécis et barbouillé, qui est notre *ghost* ou ombre; dans cet album il y a quelques dessins très drôles.

Cette dame emmène avec elle sa petite fille qui a huit

ans et son garçon qui en a dix : tous trois fument leur cigarette après leurs repas.

15 avril. — Le temps est mauvais ce matin, la porte de mon armoire ne cesse de s'ouvrir et de se refermer ; il pleut et ne fait pas chaud : beaucoup de vent et de brouillard ; tout cela ne dure pas et, à midi, le ciel s'éclaircit et le soleil se montre à l'horizon.

Chaque jour le nombre de nœuds parcourus est affiché ; nous apprenons que nous sommes encore à une distance de 139 nœuds de Delagoa Bay ; nous n'y entrerons pas aujourd'hui. Le capitaine évite d'y arriver dans la soirée, car le bateau paie un droit de stationnement dans le port de 1 250 francs par jour, il est donc préférable d'y arriver demain matin de bonne heure. Cela donne trois journées de voyage et autant de soirées de bridge en plus.

A sept heures du soir nous apercevons le phare d'Inyack qui se trouve à l'entrée de la baie de Delagoa ; à neuf heures l'ancre est jetée et, demain à la première heure, nous continuerons notre chemin.

Depuis deux jours, le jeune lion que nous avions embarqué à Zanzibar est malade et ne mange plus. Le général prétend que le bruit effrayant qui règne à bord, jour et nuit, par suite du déchargement de la cargaison, empêche cet animal, qui est très peureux, de manger et de dormir.

SÉJOUR A LOURENÇO-MARQUÈS

16 avril. — Le docteur vient pour me réveiller, à cinq heures et demie du matin, mais me trouve déjà sur la porte de ma cabine, admirant les rives légèrement élevées et couvertes de verdure, à travers laquelle apparaissent de grandes plaques rouges, rendues brillantes par les premiers

FAMILLE CAFRE.

rayons du soleil levant. La côte ressemble à celle de Héligoland.

A six heures, la musique entonne une marche. Une demi-douzaine de navires sont amarrés le long du quai et une douzaine dans la baie, où nous nous arrêtons. Nous devrions aussi nous ranger le long du quai, mais en ce moment il n'y a pas de place.

Une canonnière portugaise est ancrée dans le port; le gouverneur de Lourenço-Marquès monte à son bord et est reçu par 21 coups de canon.

La grande difficulté pour toutes les localités de la côte africaine est d'avoir de l'eau douce. A Lourenço-Marquès elle est amenée de l'intérieur, d'une distance de 60 kilomètres; même là où, comme à Beira, coulent des rivières, il n'y a que de l'eau de pluie; les hautes marées mélangent l'eau de mer à l'eau de rivière et la rendent inutilisable sur un parcours de 50 kilomètres. Comment Vasco de Gama et les anciens navigateurs à voile arrivaient-ils à s'approvisionner d'eau douce ?

Les possessions est-africaines du Portugal se divisent en plusieurs provinces, qui sont affermées à différentes Compagnies. Au Nord, il y a la Compagnie du Nyassa dont Ibo est la capitale.

De cette province jusqu'à Quélimane, le pays est encore complètement sauvage et inexploré; le Gouvernement portugais est en train d'y organiser des expéditions.

La Compagnie du Zambèze régit la rive gauche du fleuve; sur la rive droite, jusqu'à Limpopo, c'est la Compagnie du Mozambique. Les provinces méridionales d'Inhabam et de Lourenço-Marquès sont sous le gouvernement direct du Portugal.

Le principal produit du pays est le caoutchouc. Dans le district de Têté, sur le territoire de la Compagnie du Zambèze, il existe des mines d'or fort riches, mais très difficiles à exploiter par suite du manque d'eau et de charbon.

A l'île de Basaruto, on pêche des perles précieuses et le

Gouvernement portugais est occupé à y tenir les pêcheurs de perles sous une organisation sérieuse.

FEMME CAFRE A LOURENÇO-MARQUÈS.

La population côtière est constituée en grande partie par des Indiens musulmans venus de Zanzibar ; on les désigne sous le nom général de « Macua ». Ils parlent la langue kiswahili, mêlée de zanzibarite. Ici commence l'aire de la population zouloue.

Lourenço-Marquès, de même que Beira, doivent leur

importance à la guerre du Transvaal, pendant laquelle une quantité énorme d'hommes, de chevaux, de matériel de guerre et de provisions ont passé par les deux ports.

Depuis la conclusion de la paix, le genre des marchandises a changé, mais elles n'ont pas diminué. Maintenant ce sont des machines pour les mines du Transvaal et de la Rhodésie, et surtout un incessant envoi de matériel de chemins de fer ; en outre une quantité incalculable de plaques en tôle ondulée qui servent à la construction des maisons, qui prennent leur chemin par Beira et Lourenço-Marquès.

Le plus court trajet en chemin de fer de la mer à Johannesburg part d'ici : il est de 635 kilomètres, que l'express parcourt en dix-huit heures. La première partie du trajet est, paraît-il, excessivement pittoresque, mais les express partant toujours le soir les voyageurs ne voient rien.

Le port de mer le plus rapproché de Johannesburg, après Lourenço-Marquès, est Durban; la distance est de 775 kilomètres.

Un vapeur anglais quitte le quai à quatre heures de l'après-midi; nous occupons aussitôt son emplacement.

Une demi-heure plus tard, le docteur et moi descendons à terre pour voir la ville, ce qui est bientôt fait : deux grandes rues, coupées par plusieurs rues latérales ; un joli square, avec un kiosque de musique au centre, et quatre autres kiosques aux quatre coins, constituent ses « monuments ». Les maisons sont en tôle à l'exception du bâtiment pour la poste, et d'un grand marché couvert. Comme dans tous ces parages, la plupart des boutiques appartiennent à des Indiens.

Lourenço-Marquès a de beaux entrepôts et des quais spacieux, construits au frais du Gouvernement portugais. Les quais sont très larges, reliés par des rails à la gare et munis de grues électriques perfectionnées, qui permettent de charger les cargaisons directement sur les wagons ou de les déposer dans les entrepôts.

La ville de Mozambique a été longtemps la capitale des

OUVRIERS DU PORT DE LOURENÇO-MARQUÈS.

possessions portugaises, mais le siège du Gouvernement a été transféré à Lourenço-Marquès, que les Anglais s'obstinent à appeler « Delagoa Bay », qui est en réalité le nom de la baie et non de la ville.

Comme il est facile d'aller à terre, nous y retournons ce soir entendre le concert d'une musique militaire portugaise. Le public n'est pas nombreux; on n'y voit que des noirs, la population blanche ne se montrant pas.

Tout est très cher : ici « Whisky and soda » coûte 2 fr. 50, un bock d'une bière imbuvable, 1 fr. 25. A Paris, on a un litre et, à Munich, quatre litres pour ce prix et elle est bonne. Les cartes postales illustrées se paient 30 centimes pièce.

17 avril. — On a travaillé toute la nuit avec le bruit formidable que produisent les grues et les machines du bateau, sans compter celui que font les Cafres, qui ne travaillent pas sans chanter. Il y a toujours un Cafre qui improvise et les autres reprennent sa phrase en chœur. Il faut bien qu'ils se divertissent un peu durant les dix-huit heures qu'ils travaillent par jour! Ils ne se reposent que trois fois, deux heures par jour, de cinq à sept le matin, de onze à une heure et de cinq à sept heures le soir. Les trois-huit sont encore inconnus ; mais cela viendra avec la civilisation. Ils gagnent 25 shillings, soit 31 francs par mois.

L'accoutrement des Cafres est tout ce qu'il y a de plus amusant ; ils mettent ce qu'ils peuvent trouver. Ainsi je vois un grand diable coiffé fièrement d'un chapeau de dame, un autre d'un chapeau de jeune fille avec des rubans verts et rouges. Il y en a un qui porte des jarretières sans chaussettes, un autre enfin a une chemise, qui ressemble à une toile d'araignée agrandie. Je fais deux heureux en donnant à l'un un faux col et à l'autre une cravate qu'ils mettent aussitôt ; je regrette bien de n'avoir pas gardé quelques vieilles hardes.

Le marché est spacieux et rempli de Cafres. Beaucoup de femmes sont parmi les vendeurs ; il est impossible de les distinguer des hommes par leur figure, mais uniquement par leur poitrine, à laquelle elles laissent prendre l'air. Tout ce monde rit et paraît de bonne humeur ; cette population noire me semble très sympathique, je n'ai cependant pas eu d'autre relation avec elle que celle de demander à l'un ou à l'autre, par signe, de se laisser photographier, mais des personnes qui ont vécu parmi elle sont de mon avis.

Un tramway électrique traverse la ville, nous y montons et arrivons aux alentours un peu plus élevés où se trouvent, entourées de jardins, les maisons des Européens et le palais du Gouverneur, avec belle vue sur la baie. Les larges vérandas des maisons sont garnies de fins grillages en fil de fer qui empêchent les moustiques d'y pénétrer.

La campagne au-dessus de la ville n'est pas belle, il n'y pousse qu'une mauvaise herbe et quelques arbres.

Le tramway nous ramène en ville au point de départ; le trajet a duré tout juste une demi-heure et coûte 200 reis

OUVRIER CAFRE.

ou 2 fr. 50; aussi ne suis-je pas étonné de voir rarement un client dans les nombreuses voitures. Ici on se sert aussi de rikishas.

L'agrément d'un voyage en mer consiste à respirer l'air pur et à jouir du calme et de l'absence de mouches et autres insectes. Ces avantages n'existent plus lorsque le bateau s'arrête à un port et, à la suite des nombreux arrêts et chargements de cargaison, nous trouvons dans nos cabines une variété d'insectes, surtout des moustiques, pour lesquels

Lourenço-Marquès est renommée. Le jeune lion a été trouvé mort ce matin, et a été incinéré dans la chaudière.

Un passager de notre bateau est parti ce soir pour Johannesburg par le chemin de fer où nous l'avons accomgné. Les wagons manquent de confort!

18 avril. — On a travaillé toute la nuit, maintenant on décharge des voiturettes à bascule et des pilons, plus 125 000 kilos de coke destinés aux mines du Transvaal. Nous avons en outre six cents plaques épaisses en tôle dont on n'en peut décharger qu'une seule à la fois.

Le bruit ne m'a pas incommodé, ni empêché de jouer au bridge jusqu'à minuit avec le docteur, le général et le commandant Smits, lequel connaît ce pays, je dois bien des renseignements à son amabilité.

Des spéculateurs de Johannesburg, voyant l'importance de Lourenço-Marquès, ont acheté beaucoup de terrains, ils n'ont pas encore trouvé à les revendre. Les contributions exigées par le Gouvernement portugais sont disproportionnées et sont la cause que tout est d'un prix trop élevé.

Tout est à l'avenant. Le docteur possédait encore dix pièces de une roupie, qu'il voulait changer. Un changeur lui a offert neuf pence pièce, soit 90 centimes pour une valeur de 1 fr. 65.

Le mot « bakhchiche » est inconnu dans l'Est-Africain; il est remplacé par « matabitch » que nous pouvons entendre à l'occasion.

Deux nouveaux passagers sont arrivés à bord, ils passent la soirée au fumoir avec de nombreux amis qui accompagnent volontiers un partant pour boire des bocks d'excellente bière à 40 centimes.

DE LOURENÇO-MARQUÈS A DURBAN

19 avril. — Les déchargeurs ont travaillé toute la nuit, avec un bruit infernal : le bateau est prêt à partir et à six heures du matin nous quittons Lourenço-Marquès.

Comme il ne faut que vingt-quatre heures jusqu'à Durban, nous n'aurons qu'un jour de retard. La mer commence à être très agitée, nous n'en sommes pas surpris, car nous étions prévenus qu'entre Delagoa Bay et Durban le *Prinzessin* avait l'habitude de secouer ses passagers, d'autant plus que le navire est beaucoup plus léger maintenant. La mer reste mauvaise aujourd'hui; c'est la seule journée de toute la traversée qui n'ait pas été d'un calme absolu.

Le nombre des passagers est maintenant réduit à dix et, à partir de Durban, il ne restera des anciens que le général Blignaut, qui va à Cape-Town, le couple Skinner qui retourne à Douvres et le commandant Smits, qui va à Anvers; mais il y aura un embarquement complet de nouveaux passagers à Cape-Town.

SÉJOUR A DURBAN

20 avril. — Au moment de me lever, le premier officier passe devant ma cabine et m'annonce qu'à neuf heures nous serons à Durban.

Je distribue mes pourboires :

Steward de cabine	22 shillings 6 pence
Steward de table	20 shillings
Steward de bain	10 shillings

Chief steward	10 shillings
Musique	10 shillings
Steward du fumoir	2 shillings 6 pences
Steward du pont	2 shillings
Total	77 shillings ou 96 francs.

Je quitte avec regret ce bateau où j'étais vraiment bien traité, et les quatre semaines passées à son bord compteront parmi les plus agréables de ma vie.

La nourriture était excellente et très variée; le mode de réfrigération et de conservation ne laisse rien à désirer. La viande de boucherie y perd cependant presque entièrement son goût alors que la volaille y conserve bien le sien.

La société, quoique composée d'éléments si différents, a été charmante, surtout dans les derniers jours, lorsque le nombre est devenu plus restreint et l'intimité plus grande.

Je fais tant d'éloges du *Prinzessin* que je puis bien ajouter que le lit était particulièrement étroit et dur.

A huit heures nous distinguons des maisons et, à neuf heures, nous passons le long de la jetée; des vagues énormes passent par-dessus et en ce moment j'aime mieux entrer dans le port que d'en sortir. La baie est très jolie; nous voyons la ville à droite, une hauteur appelée le « bluff » à gauche, et nous sommes bientôt amarrés au quai.

Un autre vapeur de la même compagnie, le *Feldmarschall*, est notre voisin. Il a parmi ses passagers le prince Joachim-Albrecht de Prusse, qui a fait beaucoup parler de lui; il rentre en Allemagne, par l'Est, après une courte disgrâce.

Notre orchestre, qui joue toujours à l'arrivée dans un port, exécute en passant devant le *Feldmarschall* une marche composée par le prince.

Un médecin et un douanier montent à bord; le premier me délivre un permis de débarquer, le second me fait payer 9 shillings 8 pences, soit 12 francs d'entrée pour

WEST STREET A DURBAN.

mon appareil photographique. Ils me seront rendus, m'assure-t-il, lorsque je quitterai les possessions anglaises.

Deux demi-mondaines, embarquées à Lourenço-Marquès, ont été obligées de déposer tout leur argent chez le commissaire du bateau, de déclarer qu'elles ne connaissaient personne à Durban et de s'engager à retourner chaque soir à bord, avant minuit, pour obtenir l'autorisation de descendre à terre pendant l'arrêt du *Prinzessin* à Durban. Elles sont Polonaises et rentrent dans leur pays après fortune faite; l'une dit être fiancée et doit se marier en arrivant.

Il n'y a qu'un seul malade à bord, un Anglais poitri-

HOTEL ROYAL A DURBAN.

naire qui aurait besoin d'être transporté à l'hôpital; mais le médecin du port de Durban n'a pas autorisé son débarquement, et le *Prinzessin* est obligé de le garder et d'essayer de le laisser dans une colonie plus hospitalière.

Je fais porter mes bagages au *Royal Hotel* et après avoir pris congé du capitaine et des officiers, je descends à terre avec le docteur.

Peu de personnes sont sur le quai; par contre il y a

une rangée de rikishas qui attire immédiatement notre attention, car leurs conducteurs sont affublés et coiffés de la façon la plus abracadabrante. La tête de la plupart de ces conducteurs est flanquée de deux cornes de buffle; elle est en outre couverte de plumes, de fleurs, d'étoffes, de rubans et d'aiguilles de porc-épic. Des simili-guêtres blanches sont peintes sur leurs magnifiques jambes nues; ils portent des courtes robes souvent rouges et sont couverts d'objets de pacotille.

Ils offrent leurs rikishas en sautillant et en dansant et font des mouvements de tête comme s'ils voulaient donner des coups de corne. Ce spectacle est aussi

POLICEMAN A DURBAN.

inattendu qu'amusant. Malgré ces offres séduisantes, qui rapportent aux plus obstinés des coups de bâton d'un agent de police zoulou, nous allons à pied à l'*Hôtel Royal*, que nous trouvons facilement. L'extérieur n'est pas engageant; mais, une fois l'entrée franchie, nous nous trouvons dans un bel hôtel avec de nombreuses chambres, toutes de plain-pied, entourant plusieurs grandes cours dallées. Aussitôt les bagages déposés, nous nous promenons et arrivons bientôt à la principale rue de Durban « West Street », une rue longue et large, avec de belles boutiques. Nous constatons, par les prix marqués, que tout y est très bon marché. Il y a d'autres rues parallèles et transversales de moindre importance. Nous voyons une belle mosquée, de nombreuses boutiques, puis un marché et une grouillante population d'Indiens et de Malais, habitants des quartiers que nous traversons.

Je remarque un Zoulou avec deux femmes dont les cheveux sont arrangés de la façon la plus extraordinaire; ils sont montés en forme de bonnets longs et minces, teints en rouge. Ce sont les seules femmes zouloues ainsi coiffées que j'ai rencontrées; aussi je ne regrette pas d'avoir couru après elles et de les avoir retenues de force, jusqu'à ce qu'un débitant obligeant leur eût expliqué ce que je voulais et leur eût dit qu'elles ne manqueraient pas de recevoir un petit matabitch. En tournant la tête des deux femmes de façon à bien voir leur coiffure, je puis me convaincre qu'elles n'ont pas de bonnet, mais que celui-ci est bien formé par leurs cheveux.

Partout nous sommes suivis par les fameux traîneurs de rikishas; ceux-là sont vraiment des types très drôles.

Nous retournons déjeuner à l'hôtel; le service est fait par des Indiens en costume d'un blanc immaculé et à écharpe rouge. Le maître d'hôtel a une écharpe verte et une énorme plaque en argent sur la poitrine; tous les garçons ont les pieds nus.

Les agents de police, également zoulous, sont coiffés d'un casque comme les policemen anglais et vêtus de

SÉJOUR A DURBAN

vareuses et de courts pantalons bleu foncé ; les jambes et les pieds sont nus. Ils sont curieux et forment un digne

FAMILLE ZOULOUE.

pendant aux grotesques rikishas zoulous, qu'ils poursuivent souvent à coups de bâton. Un grand nombre de rikishas portent l'inscription : « Réservé aux Européens ».

A Durban, beaucoup de ventes se font aux enchères publiques. Aujourd'hui samedi les boutiques sont fermées l'après-midi, les rues sont désertes. Nous nous demandions ce qu'était devenue la population lorsqu'en passant en

LE MÉDECIN DU « PRINZESSIN ».

tramway nous la voyons au grand complet, autour d'un match de football.

Par un grand circuit, le tramway nous conduit tout autour de la ville; les routes sont larges, propres et merveilleusement entretenues; partout des villas, composées d'un bâtiment de plain-pied et sans étages, entouré de jardins à la belle végétation, mais qui n'est plus la végétation tropicale. La

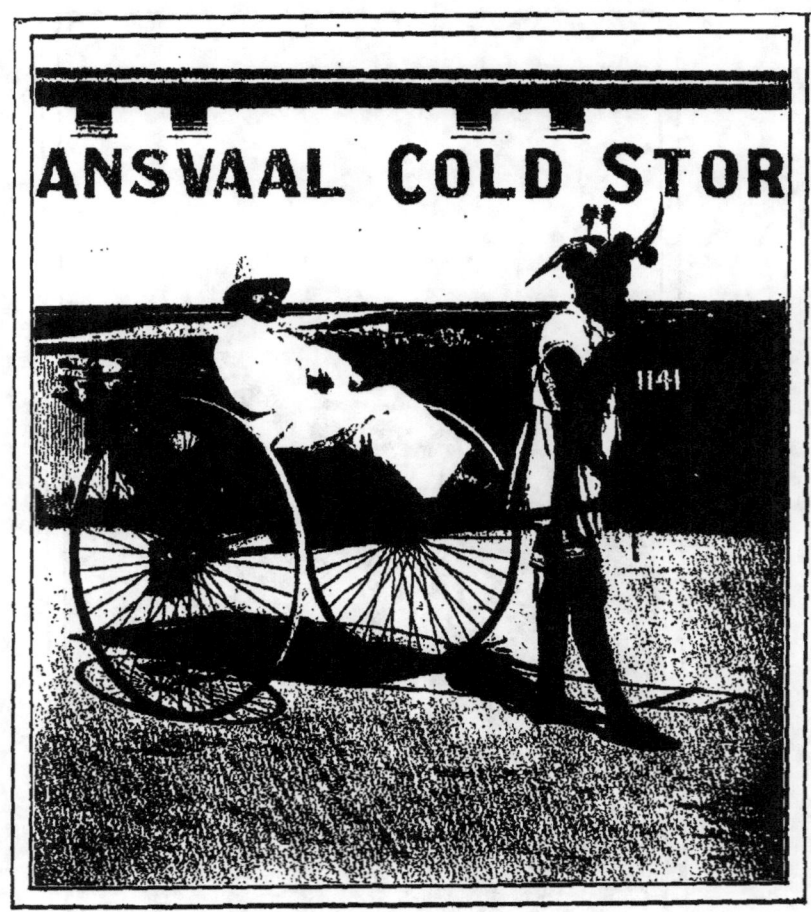

COMMANDANT SMITS.

route monte et offre de belles échappées sur la baie, la mer, le bluff et la ville. Nous entrons à la gare, où un train est en partance pour Johannesburg; je me fais réserver une place pour celui de demain soir.

Les Anglais n'appellent jamais la ville de Durban autrement que « Port Natal ». L'orthographe des noms de villes est, en général, compliquée, car chaque nation les écrit à sa façon. Pourquoi ne pas se mettre d'accord et considérer le nom d'une ville comme un nom de famille, qui reste le

POLICEMAN DE DURBAN.

même dans toutes les langues. Il n'y a, par exemple, aucune raison pour que les Italiens disent Parigi au lieu de Paris et que nous disions Naples au lieu de Napoli?

Le service des chambres est fait à l'hôtel par de beaux Zoulous presque nus. Ils ont les cheveux arrangés très drô-

EN ATTENDANT LES CLIENTS. TRAINEURS DE RIKISHAS A DURBAN.

lement; ils sont coupés court et tressés en petites nattes très minces. Indiens et Zoulous rivalisent de zèle et cherchent à deviner et à prévenir les désirs des clients.

21 avril. — C'est dimanche aujourd'hui ; la vie est suspendue à Durban. Tout le monde va à l'église et comme celles-ci ne suffisent probablement pas à contenir tous les fidèles, il y a service religieux à l'Hôtel de ville.

C'est un bâtiment magnifique, très grand et assez spacieux pour les services de la cité. Mais quoique Durban soit la ville la plus importante du Natal et contienne 68 000 habitants, la capitale est Pietermaritzburg qui a 31 000 habitants, dont 15 000 blancs. Il y a quatre ans, l'Hôtel de ville de Pietermaritzburg fut détruit par un incendie, et un autre, plus grand et plux luxueux que l'ancien et plus importrant que celui de Durban, a été construit. Durban ne voulant pas se laisser distancer, on y construit maintenant un nouvel Hôtel de ville, qui éclipsera celui de Pietermaritzburg. Pourvu que celui-ci ne brûle pas de nouveau.

Les rues sont vides ; il n'y a que les traîneurs de rikishas, qui ne chôment pas. Nous en prenons un des plus ornés, qui nous promène pendant une heure, ce qui ne paraît pas le fatiguer. Il fait tout son chemin en dansant et sautillant ; c'est très amusant à voir, mais moins drôle à ressentir, car tous ses mouvements se répercutent sur la rikisha. Cet homme transpire fortement ; nous nous en apercevons aussi. L'heure de rikisha coûte 2 fr. 50 pour une personne et 3 fr. 75 pour deux personnes.

Nous allons l'après-midi en tramway à Stanford Hill et de là, à pied, à Umgeni, où habitent les Indiens. Ils sont sortis de leurs quartiers ou rentrés dans leurs demeures, car nous n'en voyons que de rares spécimens. La police est faite ici par des Indiens.

Un agent de police zoulou a le lobe de l'oreille traversé par une cuiller en os, semblable à celles dont nous nous servons pour la moutarde : il l'utilise à prendre le tabac à priser. Je voudrais le photographier, il s'y refuse en débitant un grand discours dont un Anglais complaisant me traduit le sens : « S'il meurt, sa figure restera ». Un autre agent se montre moins superstitieux.

Dans un joli petit square se trouve un monument de la reine Victoria, et un second, commémoratif de la guerre.

A cinq heures et demie je me rends à la gare, où le général Blignaut et le docteur viennent me faire leurs adieux.

WEST STREET A DURBAN.

CHAPITRE IV

DE DURBAN A CAPE-TOWN

LE TRAIN POUR BULAWAYO.

CHAPITRE IV

De Durban a Johannesburg. — Séjour a Johannesburg. — Excursion a Prétoria. — De Johannesburg aux Victoria Falls. — Les Victoria Falls. — De Victoria Falls a Bulawayo. — Séjour a Bulawayo. — Excursion a Matopos. — De Bulawayo a Kimberley. — Séjour a Kimberley. — De Kimberley a Cape-Town. — Séjour a Cape-Town.

DE DURBAN A JOHANNESBURG

Le train part à cinq heures cinquante; j'occupe un compartiment plus spacieux que ceux des wagons-lits européens, il est destiné à quatre voyageurs, mais nous sommes cinq. Le chemin de fer est à voie étroite, appelée « voie du Cap », qui est d'un mètre cinq environ, elle est la même sur tous les chemins de fer sud-africains. Le billet de Durban à Johannesburg coûte cinq livres neuf pence, soit 126 francs, les bagages sont gratuits. Les wagons sont très légers et secouent fortement, ce qui est surtout très sensible dans le wagon-restaurant.

A neuf heures et demie du soir nous arrivons à Pietermaritzburg. Les quatre voyageurs de mon compartiment descendent du train, un seul revient, il sera mon unique compagnon de route. Par l'étiquette de chemin de fer qui se trouve sur sa valise je vois qu'il a été à Kimberley et lui demande quelques renseignements sur cette ville. J'apprends en même temps qu'il fait partie

POLICEMAN DE CHARLESTOWN.

du personnel de la mine de De Beers. Comme, en cette qualité, il doit mériter toute confiance, je puis m'allonger et dormir tranquillement sur le lit préparé. Je revois plus tard un autre des quatre voyageurs; il est maintenant le chef du train et vient vérifier les billets.

22 avril. — Pendant la nuit nous traversons Ladysmith, fameux par le siège qu'il a soutenu et arrivons le matin à Charlestown, où la station est gardée par un agent très grotesque.

A dix heures, nous arrivons à Volkrust, qui est la frontière entre le Natal et le Transvaal et qui est occupé par des soldats anglais. Nous voyons d'ici Matuba Hill, où, en 1882, les Boërs ont battu les Anglais.

A la station de Zandspruit un char attelé de dix bœufs, un *trek*, attend les voyageurs. Lorsqu'un Boër voyage dans son char, il dit qu'il *trekt*. A midi et demi nous arrêtons à Standerton, qui paraît une place importante.

Notre train rampe comme un serpent : jamais je n'ai vu autant de courbes, ni subi autant de secousses. Le pays est ici complètement plat; on ne voit pas un seul arbre, mais beaucoup d'herbages et, disséminés, d'immenses troupeaux de bœufs et de moutons. La végétation est divisée en quatre variétés : herbe haute, boush, herbe douce et herbe amère. Les animaux ne touchent pas à l'herbe amère.

Je vois un *trek* attelé de douze bœufs traverser une rivière et, plus tard, une charrue attelée de seize bœufs. Le nombre des bœufs tirant la charrue me paraît excessif, mais mon compagnon de voyage m'apprend qu'ils sont attelés à la charrue afin de s'habituer aux harnais.

A quatre heures nous sommes à la station d'Heidelberg adossée à une hauteur (*Kopje*), mais moins pittoresque que son homonyme allemand.

Une heure plus tard nous voyons dans le lointain des nuages de fumée, qui s'épaississent de plus en plus; bientôt tout l'horizon en est enveloppé.

A cinq heures et demie nous sommes à Germiston, qui est déjà entouré de mines, et alors nous ne faisons plus que passer, pendant une demi-heure, entre d'énormes tas de sable, des cheminées fumantes et de grandes roues en mouvement : ces usines représentent autant de mines d'or. Je lis en passant des noms qui ne me sont pas inconnus, tels que *Simmer et Jack, Geldenhuis*.

A six heures nous arrivons à Johannesburg, un employé de l'*Hôtel Carlton* s'occupe de mes bagages et je me fais conduire en voiture à l'hôtel, qui n'est pas éloigné. La rue qui y conduit n'a rien de séduisant ; elle n'est pas éclairée et les boutiques ne le sont pas davantage.

L'*Hôtel Carlton* est très grand, j'occupe la chambre n° 340, au troisième étage, qui coûte 12 fr. 50 par jour. La salle à manger, ainsi que le Grill room, où je dîne, sont immenses, mais les clients ne sont pas nombreux.

Après le dîner je fais encore une petite promenade ; les rues sont sombres ; par-ci, par-là une lampe électrique très faible, et quelques étalages éclairés, bien que les boutiques soient fermées. Il n'est pas encore dix heures et les rues sont désertes.

SÉJOUR A JOHANNESBURG

23 avril. — La température est fort agréable, comme elle est à Paris à la même époque, lorsqu'il fait très beau.

Les rues sont très animées ; il y a beaucoup de piétons, des rikishas, quelques voitures, beaucoup de bicyclistes et un grand nombre d'automobiles. La sécurité à Johannesburg n'est pas confiée aux burlesques agents zoulous, mais à de nombreux et solides policemen anglais.

Ce qui frappe de suite l'étranger, c'est la grande variété dans le matériel, le style et surtout les dimensions des bâtiments qui forment les rues de Johannesburg, des palais magnifiques comme *Corner Buildings, Carlton Hotel, Consolidated Buildings, Exploration Buildings,* voisinent avec des maisonnettes n'ayant qu'un étage et souvent même

PLACE DU MARCHÉ ET CORNER BUILDINGS A JOHANNESBURG.

qu'un rez-de-chaussée avec boutiques. L'uniformité de nos rues, où toutes les maisons se ressemblent, est une chose inconnue ici. On voit partout de grandes et belles boutiques; les architectes se sont surtout appliqués à construire des magasins; le besoin de logements ne vient qu'en second lieu.

Ce qui étonne encore, c'est qu'il n'existe ni églises, ni temples : le culte de l'or les remplace.

Deux immenses places du marché sont occupées par des trafiquants d'objets à bas prix et de bric à brac, vendus aux enchères; la foule n'a rien de pittoresque. Une grande quantité de *treks* attelés de bœufs stationnent sur ces places. On trouve encore un marché aux chevaux et un autre aux ânes, toujours vendus aux enchères. Dans ce dernier il y a quelques centaines d'ânes, la plupart très jeunes; le marchand les fait défiler devant les acheteurs, et comme cela ne va pas tout seul, ces pauvres animaux reçoivent du nombreux personnel force coups de bâton.

Un grand hall aux légumes sépare les deux places; on n'y vend pas beaucoup de légumes, mais par contre on y vend du tabac, des pipes et des bonbons.

La Bourse, un beau bâtiment, est entourée de bureaux d'agents de change, qui font connaître qu'avec une couverture de cinq à dix livres sterling, ils exécutent des ordres. La clientèle qui étudie les cours ressemble à s'y méprendre à celle des pelouses de nos champs de courses.

Quelques pas plus loin se trouve la porte d'une mine, à l'endroit où le quartz aurifère est monté à la surface. Il est chargé sur des voiturettes à bascule, qui courent sur rails. La mine est la *Ferreira;* le surveillant me donne un petit morceau de quartz.

Je vais chez MM. Eckstein et Cie présenter une lettre d'introduction à M. Louis Reyersbach; il est absent, mais je suis reçu par un fondé de pouvoirs qui, sur ma demande, me fait préparer un permis pour visiter la mine *Robinson* jeudi prochain. Il me présente aussi à M. Meintjes, chargé des transactions à la Bourse, que je pourrai accompagner demain matin.

USINE DE LA MINE « ROBINSON ».

Ma promenade de l'après-midi s'étend un peu plus loin. Je traverse Pritchard Street, où, sur des balcons, des dames prennent leur thé; en continuant, j'arrive à un quartier très pauvre, habité par des Cafres et des Indiens. Une grande place y est occupée par des marchands qui n'ont pas de loyer à payer, mais seulement un droit de stationnement.

Deux grandes usines qui se touchent garnissent un côté de la place ; un passant auquel je m'adresse, veut bien me dire que l'une est l'usine à gaz, qui fonctionne très mal et l'autre, celle de l'électricité qui ne marche pas du tout. Voici pourquoi il y a dans les rues des rails sans tramways et aussi pourquoi la ville est si mal éclairée.

Par un procédé ingénieux et qui, bien réglé, doit parfaitement fonctionner, on se sert ici du gaz pour mettre en mouvement les dynamos.

A la droite des usines est un énorme terrain vide. C'était le quartier où les Cafres et leurs familles étaient logés ; mais la peste s'y étant déclarée, la ville a fait déménager les Cafres et a détruit tout le quartier par l'incendie.

On se sert également ici des rikishas : les Zoulous qui les traînent sont un peu dans le genre de leurs collègues de Durban, mais ils sont sales et beaucoup moins pittoresques.

En revenant, je passe devant le *Gaiety Theatre*, dont les affiches sont en hébreu.

D'énormes sauterelles appelées *Locusts*, qui n'incommodent pas le passant, volent par nuées dans l'air et se traînent sur le sol.

Ce soir l'obscurité est encore plus sensible qu'hier ; à l'hôtel, il y a de faibles flammes de gaz, pas d'électricité et une bougie sur chaque table. L'ascenseur ne fonctionne pas.

24 avril. — Comme convenu, je vais chercher M. Meintjes ; nous nous rendons ensemble à la Bourse, dont la séance officielle commence à neuf heures et demie.

Dans une belle salle, à peu près deux cents stalles sont groupées en demi-cercle devant un pupitre élevé.

Toutes les places sont occupées et un monsieur installé au pupitre appelle rapidement les titres, tandis qu'un autre tourne une manivelle et fait en même temps paraître les noms de ces titres sur un cadran placé derrière eux. Ils ne s'arrêtent qu'aux titres qui donnent lieu à des transactions, ce qui arrive peut-être une dizaine de fois, et encore pour des actions de très peu de valeur.

La liste des titres traités à la Bourse de Johannesburg, comprend 194 différentes actions de mine, au capital nominal total de 112 millions 341 367 livres sterling, soit 2 milliards 820 millions de francs environ.

La séance de la Bourse a commencé à neuf heures et demie et à neuf heures cinquante-cinq elle est terminée, c'est dire que les affaires sont absolument nulles en ce moment. Mais jusqu'à cinq heures du soir des transactions s'opèrent en valeurs non cotées. La principale valeur de spéculation est le *Barberton Copper*. Elle a clôturé hier soir à 55 livres; elle débute ce matin à 35 livres; les acheteurs ne doivent pas être contents, leurs intermédiaires non plus.

Les bureaux de la maison Eckstein et Cie se trouvent dans la maison la plus haute de Johannesburg, le *Corner Buildings*. En compagnie de M. Meintjes, je monte sur le toit par l'ascenseur qui fonctionne, la maison ayant ses dynamos à elle.

La ville avec ses deux grandes places de marché et ses maisons de hauteur irrégulière, est étendue à nos pieds. Vers l'est je vois les mines *Salisbury* et *City et Suburban*, vers le midi la *Ferreira*, et, vers l'ouest, les mines de *Robinson*, *Bonanza*, *Crown Reef*, *Crown Deep*, *Robinson*, *Central Deep*. Ces mines évoquent en moi le passé : souvent elles m'ont donné des soucis, mais elles m'ont laissé aussi d'agréables souvenirs.

En me promenant je vois beaucoup de gens devant un local où je lis : *The South African Tattersall's subscription*, c'est le *Betting Club* : il y a courses de chevaux aujourd'hui à Auckland Park.

Je photographie deux négresses habillées d'étoffes de toutes les couleurs et coiffées de chapeaux roses qui sont de vrais monuments. L'une me demande mon adresse pour venir chercher une épreuve et m'assure que si je lui donne une fausse adresse, elle me fera une scène lorsqu'elle me rencontrera. Résultat : un rassemblement et arrivée d'un grand policeman anglais qui se retire en riant.

Le tramway me conduit l'après-midi à Auckland Park : je constate qu'il coûte quatre pence et demi, le conducteur me rend sur une pièce de six pence, un bon d'un penny et demi que je possède encore. Le trajet dure une demi-heure sur une route accidentée bordée de maisonnettes propres. Arrivés à l'extrémité de la ligne, nous trouvons des voitures qui nous conduisent, moyennant 1 fr. 25 par personne, au champ de courses.

La place devant l'entrée est envahie par des bookmakers et des bonneteurs. Un de ces derniers est très entouré, je l'observe aussi. L'as de trèfle est celle de ses trois cartes qui gagne; elle a un coin légèrement recourbé aussi longtemps que personne ne joue; mais dès que quelqu'un parie, et toujours une ou deux livres sterling, la petite cassure passe de l'as de trèfle à l'une des deux autres cartes.

Le prix d'entrée unique aux tribunes est de 7 sh. 6, soit 9 fr. 35; le public manque de femmes et d'élégance. L'entrée de la pelouse est libre, mais personne n'y va.

Quinze chevaux font la première course, ils restent un temps infini à l'autre bout du champ de courses avant de partir. Parmi les jockeys il y a des nègres qui, paraît-il, montent très bien à cheval; ils feront peut-être un jour leur apparition à Longchamp!

Le starter, à cheval, accompagne et surveille la course en

ÉLÉGANTES DE JOHANNESBURG.

galopant à l'intérieur du cercle; il a moins de parcours et arrive avec les premiers.

On ne vient absolument que pour parier; il y a des bookmakers et une installation de pari mutuel. Je n'attends pas la fin. Un cocher qui a déjà un client, offre de me ramener à Johannesburg pour 2 fr. 50, ce que j'accepte volontiers. En route je rencontre dix chars attelés de deux chevaux et garnis de deux bancs, remplis de femmes et d'enfants très bien habillés. Sur chaque voiture il y a une affiche *Ferreira* et sur la première une bannière avec les mots : *Ferreira* et *God save the King !*

Le journal du soir m'apprend que quatre jockeys ont été mis à pied à la suite des courses.

25 avril. — Changement de temps; il fait froid et il pleut, ce qui va simplifier mon programme d'aujourd'hui.

Une voiture me conduit à la *Robinson Mine*, qui est représentée par un phénoménal tas de sable blanc, par un haut échafaudage en fer, au sommet duquel tournent plusieurs roues et par une cheminée encore plus haute. Je m'arrête devant une coquette maisonnette qui renferme les bureaux. Un jeune homme élégant me reçoit, il me prévient qu'il va s'habiller et qu'il viendra me conduire ainsi que deux jeunes Anglais qui visiteront également la mine.

Le jeune homme revient, revêtu d'un sale et vieux costume et chaussé de bottes à l'avenant. Il nous passe des cache-poussières et nous conduit vers l'échafaudage dans lequel tournent les roues.

Le quartz aurifère est remonté des profondeurs de la mine dans deux grandes voitures en fer à moitié couvertes, système funiculaire, l'une étant attachée à l'autre par un câble en fer.

Notre guide, qui est un ingénieur de la mine, touche une sonnette électrique et la voiture qui descend à vide, s'arrête. Nous devons y entrer : il faut être gymnaste pour le faire et il y a longtemps que j'ai cessé de l'être; j'y parviens cependant avec l'aide des trois gentlemen et nous voilà blottis tous quatre au fond du véhicule sale et humide, qui se met aussitôt en mouvement.

La descente dans l'obscurité manque de charme, elle ne dure que cinq minutes; mais paraît durer beaucoup plus longtemps. La voiture marche d'habitude plus vite, mais lorsqu'elle transporte du monde, le mécanicien la fait marcher plus doucement, soit pour faire durer le plaisir, soit [pour plus de sécurité. Il n'y a aucun frein ni cran d'arrêt, lesquels, du reste, ne seraient d'aucune utilité. Arrivé au niveau de la galerie, il faut se hisser en dehors du véhicule, qui s'arrête au-dessus d'un abîme et continue ensuite sa marche descendante. Après avoir allumé nos bougies, nous parcourons un labyrinthe de couloirs étroits, garnis de tuyaux de différentes épaisseurs et de rails sur lesquels roulent sans interruption des voiturettes remplies de pierres ou de quartz aurifère. A beaucoup d'endroits nous voyons forer des trous, soit à la main, soit avec des machines: ces trous auront un mètre de profondeur et seront chargés d'une cartouche de dynamite qui fera sauter un quartier respectable de roc et de quartz.

Notre guide nous montre le *Main Reef Leader* ou veine principale, qui est très régulière et d'autres plus petites, appelées *South Reef*, qui sont irrégulières, c'est-à-dire qu'elles s'arrêtent subitement et sont retrouvées quelques mètres plus loin, celles-ci sont très riches en or. On ne voit pas trace d'or, mais les « reefs » ont des taches blanches et sont facilement reconnaissables. L'or entoure les taches blanches signalées.

En bas la température est agréable et la ventilation excellente.

Nous remontons comme nous sommes descendus, heureux de revoir la lumière du jour, bien qu'elle soit tamisée par la pluie.

La visite continue par la galerie des pilons qui font un bruit étourdissant, en réduisant les blocs de quartz aurifère en sable que l'eau entraîne sur des chêneaux garnis de mercure, qui attire et retient deux tiers de l'or invisible et mêlé au sable fin. Le sable, après avoir passé par les chêneaux, tombe dans de grandes cuves, où il subit l'action chimique du cyanure de potassium, par laquelle l'or que le sable contient encore est recueilli, moins une fraction qui se perd.

Une roue à auges immense recueille l'eau ayant servi et la déverse dans un réservoir au-dessus des pilons, d'où elle recommence son parcours à travers les chêneaux et les cuves.

Après avoir jeté un coup d'œil dans l'immense hall aux machines, notre visite, qui a duré une heure et demie, est terminée.

La mine de *Robinson* n'emploie aucun Chinois; ses ouvriers au nombre de 3 800, sont tous des Cafres. Ceux qui travaillent à l'intérieur de la mine, sont payés en moyenne 2 fr. 50 par jour; ceux en plein air 2 francs. On travaille jour et nuit; deux équipes sont à l'œuvre, chacune pour dix heures et, à deux reprises, deux heures sont nécessaires pour faire évacuer la fumée produite par les explosions de dynamite.

Les frais d'extraction de la *Robinson* s'élèvent environ au tiers de la valeur de l'or, ils sont de 21 shillings par tonne. L'or contenu dans une tonne est calculé par « dwts » ou pennyweight, un dwt or vaut 5 francs, il faut donc qu'une tonne de quartz contienne à l'essai plus que cinq dwts or pour que l'extraction soit avantageuse. Beaucoup de mines d'or du Transvaal n'ont qu'une teneur d'or de cinq dwts à la tonne et ne peuvent être exploitées, car leur rendement couvrirait tout juste les frais. D'après ce qu'a dit, en 1904, M. Lionel Philipps, qui fait autorité en la matière, l'or encore contenu dans le Rand peut être évalué à 2 500 000 000 de livres sterling, ou 62 milliards et demi de francs.

Les mines paient 10 o/o d'impôt sur les bénéfices nets

Sous le gouvernement boer le taux de l'impôt était le même.

M. Louis Reyersbach, que j'ai vu aujourd'hui, a eu l'obligeance de me faire inscrire au *Rand Club,* le plus recherché de Johannesburg. Le Club a neuf cents membres; il occupe

BATTERIE OUVERTE DE LA MINE « ROBINSON ».

une belle maison dans « Commissioner Street », la principale rue de la ville, il a de très beaux salons de lecture et de jeu, une superbe salle à manger; l'on peut aussi y demeurer.

J'y prends maintenant mes repas, qui sont meilleurs et moins chers qu'au *Carlton Hotel.*

26 avril. — Quelques rayons de soleil m'engagent à retourner à la *Robinson Mine*, afin de prendre quelques vues, mais ils ne se montrent qu'un instant, ce qui me permet seulement de ne pas revenir complètement bredouille.

Je vais voir le Dr Wertheim, il a été prévenu de ma visite par ses parents et m'invite à passer la soirée de demain chez lui. Comme il fait assez beau, je vais l'après-midi, à pied, à la mine *Village Deep*, pour laquelle M. Reyersbach m'a remis une lettre d'introduction.

Accompagné d'un ingénieur, M. E.-J. Cronin, je parcours toute l'installation, qui est de création plus récente que celle de la *Robinson* et qui me paraît établie d'une façon plus régulière. Je puis suivre le traitement du quartz aurifère dans tous ses détails et voir la fonderie d'où les lingots d'or partent pour Londres. La mine a 180 pilons.

Quoique la mine ait des cages spéciales pour le personnel et les visiteurs, je me dispense de descendre dans l'intérieur. Elle est exploitée maintenant à une profondeur de 1 000 mètres; lorsqu'elle sera arrivée à 2 000 mètres, ses galeries rejoindront celles de la *Deep Deep*, qui commence à cette profondeur et ira aussi loin que la teneur du quartz le permettra.

La *Village Deep* emploie 2 000 Chinois et 500 Cafres.

Ma visite a surtout pour but de voir les Chinois et le *Chinese compound*, c'est-à-dire leur enclos, dont l'entrée est sévèrement interdite aux personnes qui ne sont pas munies d'une autorisation spéciale.

Les Chinois sont logés dans des maisonnettes entourant une grande cour : elles sont divisées en compartiments destinés à quatre hommes et sont très confortables pour des gens qui, chez eux, vivent dans la boue et misérablement. Chaque compartiment est garni de plusieurs réveils-matin;

c'est le premier objet de luxe dont les Chinois font l'acquisition.

La nourriture fournie par la Compagnie est bonne ; une grande cuisine est installée au centre de la cour et, dans de grandes marmites, mijote, en ce moment, un ragoût qui

POLICE CHINOISE A LA MINE « VILLAGE DEEP ».

sent bon. Dans d'autres récipients bout l'eau pour le thé, le tout est chauffé par la vapeur ; il n'y a pas de fumée et rien ne peut brûler. A l'extérieur de la cuisine se trouve une baignoire remplie de thé chaud très léger ; les Chinois peuvent en prendre à discrétion ; ils en font une grande consommation.

Toujours une moitié des ouvriers chinois travaille et l'autre se repose ; cette dernière est justement en train de prendre son repas dans le grand réfectoire. Les Chinois distingués, peut-être d'anciens bacheliers (il y en a parmi les coolies), ne mangent jamais dans la salle commune, ils prennent leurs repas chez eux.

La salle est munie d'une scène sur laquelle des représentations théâtrales sont données; les ouvriers ont peint de très jolis décors et les artistes possèdent de magnifiques costumes.

Ceux d'entre les ouvriers qui se sont le mieux conduits sont constitués en corps de police et portent un uniforme dont ils sont très fiers.

Les ouvriers sont payés, en moyenne, 2 fr. 50, mais les meilleurs gagnent 3 sh. 6, soit 4 fr. 35 par jour.

Ces Chinois sont heureux ici; cela se voit clairement à leur aspect et à leur mine réjouie. Partout où nous passons, nous sommes reçus par des rires aimables et par des plaisanteries sans doute de bon goût, car ils savent que mon guide les comprend. Ils sont, en général, très obéissants, et la menace d'être renvoyés dans leur pays suffit, dans la plupart des cas, pour faire rentrer les récalcitrants dans l'ordre.

Tout jeu est rigoureusement interdit dans le compound; on a déjà saisi des monceaux de cartes à jouer, ainsi que des jeux de dominos. Mais ils fabriquent des dominos avec du papier et peuvent jouer ainsi sans faire de bruit.

Il leur est naturellement défendu de fumer l'opium, mais ils trouvent toujours moyen de s'en procurer. Le plus difficile pour eux est d'acheter et cacher leur pipe; on en a saisi chez eux faites avec des pompes de bicyclettes. Les Chinois seraient encore plus heureux, s'ils ne devaient chanter comme la patrouille du *Petit Duc* : « Pas de femmes, pas de femmes », ainsi le veut le Gouvernement; il n'y a, en effet, que les Chinoises qui leur manquent mais, dans ce monde, il n'est guère de bonheur parfait.

Beaucoup de Chinois ont appris la langue des Cafres avec lesquels ils vivent en parfaite harmonie, quoique les Chinois ne puissent pas sentir les Cafres et fassent « pouah » lorsqu'un Cafre en sueur, s'approche d'eux. Les Chinois, contrairement à leurs camarades cafres, n'exhalent aucune odeur, même pendant le plus dur travail.

Je n'ai pas encore rencontré de Chinois à Johannesburg, mais ils peuvent aller en ville avec une permission spéciale.

Les « Barberton Copper » qui étaient cotés cinquante-cinq, il y a trois jours, ne valent plus que dix-neuf livres dix.

27 avril. — On raconte à ma table, au Club, que par suite de l'irrégularité du courant électrique, un monsieur et une dame furent enfermés, pendant deux heures, dans un ascenseur; on n'a pas dit s'ils étaient mariés.

Mon voisin de table m'explique que les sauterelles causent des dommages immenses et détruisent des récoltes entières en un court espace de temps. On n'a pas encore pu arriver à prendre des mesures collectives de destruction, malgré tous les meetings; on espère y arriver cependant et obtenir le concours des possessions allemandes et portugaises.

On est aussi très anxieux car, d'après les journaux, le général Botha, premier ministre du Transvaal, aurait promis au Gouvernement anglais de renvoyer les coolies chinois à l'expiration de leur traité, c'est-à-dire dans six mois. Il aurait dit qu'il y avait assez de Cafres pour les remplacer; mais, ici, on prétend que non. Ces sympathiques Chinois me font de la peine et j'espère pour eux qu'ils ne seront pas renvoyés dans leur pays.

La ville de Johannesburg compte actuellement 85 000 habitants blancs et à peu près autant de noirs. Il y a vingt ans, la population du territoire consistait en deux fermiers et leurs familles.

Les Boers occupent le Transvaal depuis 1835; les Cafres les avaient appelés alors pour les aider à chasser les Zoulous qui avaient envahi le pays. Les Zoulous furent expulsés; mais les Boers sont restés.

Les Anglais ont abrégé le nom de Johannesburg qu'ils appellent et écrivent « Johburg », je vais faire comme eux, c'est plus court; le nom de Johannesburg ne sera bientôt plus qu'un souvenir.

J'inspecte aujourd'hui le *Rand Club*, qui occupe toute la maison et renferme soixante chambres, très belles, qui sont louées aux membres au prix de 200 à 250 francs par mois; elles sont presque toutes occupées.

Le Club possède une magnifique bibliothèque en même temps salle de lecture, une belle salle de correspondance et des salles de jeu de différentes dimensions. On ne joue que le bridge; les jeux de hasard comme le baccara sont défendus.

Le Club est ouvert de huit heures du matin à une heure et demie de la nuit, les membres qui restent plus longtemps au Club, ou qui ne rentrent pas dans leurs chambres doivent payer 1 livre sterling par heure. Les membres du *Rand Club* paient une cotisation annuelle de 21 livres sterling, l'entrée est de 50 livres sterling, mais celle-ci varie, elle a déjà été de 100 livres. Les membres temporaires comme moi, paient une guinée, soit 26 fr. 25 par semaine et peuvent aussi habiter au Club. On ne paie jamais rien en argent : on prend un carnet de chèques de 10 shillings ou de 1 livre sterling, qui contient des coupons de 3 et 6 pence, 1 shilling,

1 sh. 6 pence, 2 sh. 6 pence et 3 sh. 6 pence; cela est très pratique.

Le premier déjeuner coûte 1 sh. 6 pence, le deuxième 3 sh. 6 pence et le dîner 5 shillings. La cuisine est de tout premier ordre, et comme dessert on a toujours de magnifiques fruits à discrétion, ce que j'apprécie particulièrement.

Un coiffeur est attaché au Club et il existe une très grande et très belle installation pour faire sa toilette.

Je passe la soirée à jouer au bridge chez le Dr Wertheim. Au milieu d'un sans atout palpitant la lumière électrique s'éteint et nous terminons la partie à la faible lueur d'une bougie.

A minuit, lorsque je rentre, les rues sont encore très animées.

28 avril. — Aujourd'hui, dimanche, la ville est morte. A la place du marché la foule entoure une musique de l'Armée du Salut, qui est souvent le salut de ceux qui ne savent que faire.

Promenade au *Joubert Park*, jardin encore très neuf, mais qui promet. Toutes les pelouses sont couvertes de sauterelles.

Mon chemin me conduit du côté des mines, je vois l'extérieur de la *Wemmer*, la plus ancienne mine du Witwatersrand. L'or a été découvert ici, en 1884, par Ferd Struben, qui, si mon renseignement est exact, est mort pauvre.

Le dimanche, le travail chôme aux mines; mais on s'occupe ce jour-là du nettoyage, malgré la loi, qui ferme un œil et n'ouvre pas l'autre. Des centaines de Cafres se promènent dans le voisinage de la mine; je vois aussi beaucoup de Chinois, souvent richement habillés.

Un membre du Club me dit qu'il ne sait pas où passer l'après-midi. Il n'y a ni courses ni aucun autre amusement, le dimanche, la principale distraction consiste à aller à la campagne et à arranger des pique-niques.

De la musique se fait entendre, je pense que c'est encore celle de l'Armée du Salut; mais cette fois-ci elle précède une armée de Sans-Travail de 400 hommes blancs, qui vont, à pied, à Prétoria, pour faire une démonstration auprès du Gouvernement. Plusieurs camions, remplis de matériel de campements, de bagages et de provisions, suivent la troupe. Je rencontrerai peut-être ce soir moins de mendiants, à mine peu rassurante. On n'en voit pas dans la journée.

EXCURSION A PRÉTORIA

29 avril. — Le train me conduit à huit heures et demie à Prétoria. Nous suivons pendant une demi-heure le *Witwatersrand*, qui a une longueur totale de 90 kilomètres dont une moitié de chaque côté de Johburg. Au loin apparaît le groupe très important des mines, qui forment l'*East Rand*.

Du côté de Prétoria des rochers de granit coupent complètement le terrain aurifère du Witwatersrand, qui ne s'étend pas plus loin, tandis que du côté ouest des mines de charbon interceptent ces terrains, qui se prolongent encore très loin. Mais tandis qu'au Witwatersrand même, les filons d'or sont renommés pour leur régularité, ils sont très irréguliers lorsqu'ils arrivent dans la région du charbon, souvent un filon cesse tout d'un coup : on le recoupe beaucoup plus loin ou on ne le retrouve plus du tout. Des terrains, entourés de mines d'or ne contiennent souvent eux-mêmes aucune trace de filon et font le désespoir de leurs actionnaires.

Au delà des mines vient la prairie couverte de sauterelles ;

CHURCH STREET A PRÉTORIA.

le bruit de la locomotive les chasse. L'air se remplit de ces insectes, le soleil brille sur leurs ailes blanches : on dirait qu'il neige à gros flocons.

L'express met une heure et demie jusqu'à Prétoria. En sortant de la gare, je suis les voyageurs descendus du train et m'engage dans une longue rue poussiéreuse, dont presque toutes les boutiques sont à louer; mais d'après les traces laissées, elles étaient occupées précédemment. J'arrive à une place immense, sur laquelle se trouvent le beau Palais du Gouvernement, le Palais de Justice et le Grand-

MAISON DU PRÉSIDENT KRUGER.

Hôtel. D'ici part la principale rue de Prétoria, Church Street, qui a de grands magasins, deux autres rues sont semblables; partout il y a des boutiques à louer.

Assez éloigné du centre, est le jardin zoologique et, à côté, le Musée qui ne contient rien de remarquable, sauf quelques anciens dessins sur pierre trouvés au Transvaal et les portraits des Présidents du Transvaal, celui de Krüger, la poitrine couverte de décorations et portant un pantalon trop court.

La maison de Krüger, devant laquelle je passe, est très

simple : deux lions en marbre gardent l'entrée. Au cimetière la tombe de l'ancien Président est ornée de son buste

TOMBEAU DU PRÉSIDENT KRUGER.

en marbre blanc sur un socle en marbre noir. Sa femme est enterrée à côté de lui.

Les distances sont très grandes, la superficie de Prétoria pourrait suffire au moins à trente fois le nombre de ses habitants.

Je croyais qu'il y avait beaucoup de sauterelles à Johburg, c'est une erreur, il n'y en a que quelques rares spécimens en comparaison de leur abondance à Prétoria. Non seulement tout ce qui est plante, tout ce qui est verdure, mais même es rues et places poussiéreuses en sont littéralement couvertes. Elles ne sont que gênantes pour les hommes et les bêtes; mais elles sont un fléau pour les récoltes qu'elles détruisent.

Les sauterelles sont elles-mêmes une ressource comme nourriture; tous les animaux domestiques, même les chevaux, les mangent, et les indigènes s'en délectent, mais les blancs se refusent de les incorporer dans leur menu. Je les ai vu comparer, avec raison, à des crevettes ailées. Ceci m'est expliqué par un voyageur très distingué avec lequel je me trouve dans le wagon-salon en revenant de Prétoria.

Nous voyons des prisonniers chinois travailler sous la garde de gendarmes, ce qui nous met sur une question brûlante. Il y a actuellement 55 000 Chinois, occupés au Rand. Au début ils commettaient beaucoup de crimes, que les journaux à la solde des mines cherchaient à cacher, ce qui indisposa la population non minière; maintenant les crimes sont très rares. Les Chinois sont d'excellents travailleurs et s'il est possible de remplacer leur quantité par des Cafres, il n'en sera pas de même comme qualité. Les cultivateurs s'opposent énergiquement au renvoi des Chinois, car si les Cafres désireux de travailler trouvent de l'emploi aux mines, il n'en restera pas pour leurs travaux. On renverra peut-être 3 à 4 000 Chinois pour donner du travail à autant de Cafres mais on ne pense pas sérieusement à les réexpédier tous.

Ce monsieur ajoute que la question a été soigneusement étudiée par le Gouvernement, dont, me dit-il en me quittant il fait lui-même partie. Il ignorait évidemment l'engagement pris par le général Botha envers le Gouvernement anglais et au terme duquel tous les Chinois devront quitter le Transvaal à l'expiration de leurs contrats.

SAUTERELLES A PRÉTORIA.

Je n'ai pas rencontré les 400 Sans-Travail; ils ne sont pas encore arrivés à Prétoria.

Une des choses curieuses de Johburg sont les cafés ambulants, traînés par un cheval, qui s'installent le soir sur la place du marché et ont une nombreuse clientèle.

Au café-concert *Empire*, où je passe la soirée, la représentation ne sort pas de l'ordinaire; je revois une farce avec deux poupées, que j'ai vue autrefois à New-York, elle a mis six ans pour venir au Transvaal. Le dernier numéro du programme est un cinématographe. Pendant qu'il fonctionne, un homme assis à la galerie, à 7 fr. 50 la place, légèrement pris de boisson, se lève et son ombre est projetée sur la scène. Aussitôt deux garçons de salle le saisissent et le jettent dehors par-dessus les rangs des chaises avec une brutalité inouïe et force coups de poing.

30 avril. — J'ai beaucoup à faire ce matin. D'abord aller chercher de l'argent à la Standard Bank of South Afrika, où je suis soumis à un interrogatoire en règle, par l'employé qui tient à s'assurer que je suis bien le légitime propriétaire de la lettre de crédit que je présente. J'ai dû inspirer confiance, puisque contrairement à l'usage, j'ai pu me dispenser de faire certifier mon identité par une personne connue de la Banque.

Ensuite arrêter mon passage sur le *Tintagel Castle* de l'Union Castle Mail Steamship C°, qui part le 20 mai de Cape-Town pour Southampton. Le billet coûte 136 liv. 15 soit 920 francs; je verse un acompte de 10 livres.

Enfin, prendre un billet pour le train de luxe de *Victoria Falls*, qui part demain à neuf heures et demie et arrivera trois jours plus tard à destination. Prix du billet 12 liv. 5, 307 francs, aller seulement.

Pendant le déjeuner au Club, un des membres dont j'ai fait la connaissance, le Dr Cecil Schulz, médecin du Gouvernement précédent, m'invite à l'accompagner dans une visite qu'il va faire dans une famille boër. Nous partons en voiture, traversons la région des mines et sommes bientôt en pleine campagne et même dans une campagne très primitive, semée de rochers et de kopjes (prononcer coppée). On y voit d'abord quelques habitations européennes et cafres, et puis au delà le *veldt* ou prairie très accidentée. Après une heure de voiture sur des routes très mauvaises, nous entrons dans un terrain entouré de deux haies de treillis en fil de fer distantes l'une de l'autre d'environ un mètre; cette double clôture a pour but d'empêcher les animaux de la ferme de se rencontrer avec ceux des voisins et de les isoler en cas d'épidémie. De grands troupeaux de moutons blancs à têtes noires, ainsi que des bœufs et des chevaux errent en liberté.

Notre voiture s'arrête devant une très belle maison, précédée d'un jardin soigné. La maison, à laquelle nous accédons par un escalier extérieur en pierre, est entourée d'une large véranda, garnie de chaises et de tables.

Nous sommes reçus par le propriétaire, M. J.-P. Meyer, qui est bientôt rejoint par sa famille, sa sœur, une vieille dame en noir, très timide, sa fille, une jeune femme plantureuse habillée avec goût et avec soin, son fils, jeune homme campagnard et sa petite-fille, que le Dr Schulz a sauvée de la mort.

M. Meyer a une courte et forte barbe blanche, il est très alerte malgré ses soixante-dix ans. Notre visite est un événement dont on parlera longtemps. Nous sommes excessivement bien reçus et M. Meyer nous invite à rester jusqu'au lendemain.

La fille de M. Meyer me fait visiter la demeure, meublée avec beaucoup de confort; le fils me fait voir les écuries. La vue de la véranda s'étend environ à 15 kilomètres. M. Meyer prétend qu'on la lui a gâtée; en élevant quelques maisons à une distance de 8 kilomètres.

Les moutons que nous avons vus sont des moutons persans dont la chair est bonne, mais la laine sans valeur.

La ferme s'appelle Klipriviersberg. La maison paraît neuve, elle date de 1891 et n'a pas été comme tant d'autres démolie pendant la guerre. Mais tous les fermiers ne sont pas aussi bien installés. M. Meyer est un des plus riches; il a été l'heureux propriétaire du terrain occupé aujourd'hui par la mine d'or : *Meyer et Charlton*.

Pendant que nous sommes installés sur la véranda, deux gendarmes anglais à cheval se présentent à l'entrée du jardin et demandent, si tout est *All right*, si tout va bien; ils passent ainsi chaque jour.

Après avoir dîné pour la dernière fois au Club je laisse ma carte avec les mots : *The Committee and Members Rand Club p p c*, ainsi le veut l'usage.

DE JOHANNESBURG AUX VICTORIA FALLS

1er mai. — J'emporte une excellente mine de Johburg, la mienne. Sur le conseil du Dr Schulz, j'emporte aussi une boîte de pilules de quinine, dont je devrai prendre une par jour, comme remède préventif des fièvres, aussi long- temps que je serai à Bulawayo et aux Victoria Falls.

Une foule élégante se presse à la gare pour voir partir des amis par le train de luxe de 9 h. 30 du matin, qui réunit, jusqu'à la station de Fourteen Streams, les voyageurs pour Victoria Falls et ceux pour Cape-Town.

La moitié de notre wagon est divisée en beaux compar- timents à quatre places, avec couloir; l'autre moitié est un petit salon avec tables et fauteuils, cela est bien compris. Un lavabo avec eau courante se trouve dans chaque compar- timent.

Quatre noms sont inscrits aux quatre places de mon

compartiment, mais en partant, je suis seul, avec une canne qu'un voyageur a placée dans un coin.

Nous roulons, cette fois-ci, direction ouest et pendant longtemps nous passons devant des mines, qui de ce côté, me paraissent plus espacées que du côté est.

Première station, Krugersdorp, deuxième station Randfontein, partout des mines. Par-ci, par-là, de petits tas de terre et une légère installation en fer, — ce sont des traces de prospecteurs.

A Potchefstroom, un couple de jeunes mariés prend le train, accompagné de toute la noce qui lui jette des confetti; le couple traverse notre salon et nous procure un moment de gaieté.

Il pleut et il grêle : un voyageur me dit qu'il habite le pays depuis quinze ans et qu'il n'a jamais vu un temps pareil à cette époque de l'année.

Le propriétaire de la canne apparaît et vient causer avec moi pour savoir d'où je viens et où je vais. Mais il m'apprend aussi qu'il voyage avec sa sœur, qu'il vient du Cap, va aux Victoria Falls et retourne par Bulawayo et Beira en Europe, tout en faisant encore une excursion de Mombassa au lac Victoria Nyanza. Sa sœur est seule dans le compartiment voisin; il lui tient société, mais il viendra coucher chez moi.

Nous arrivons à dix heures et demie du soir à « Fourteen Streams », qui tire son nom du Vaalriver, lequel est d'une grande largeur ici et est divisé par de nombreux îlots en quatorze bras. Notre train va un peu plus loin à Warrenton; là on nous promène longtemps, les voitures pour les Victoria Falls sont détachées et attachées au train de luxe, qui vient de Cape-Town.

Sans chercher à entrer en conversation, j'ai déjà fait la connaissance de six voyageurs.

Au moment de nous coucher, nous recevons un troisième compagnon qui lisant le nom inscrit au-dessus de ma place se présente aussitôt à moi : Lieutenant d'artillerie Holtz. Il savait qu'il me rencontrerait, on le lui avait dit au *Rand Club*.

Pour dormir, le lieutenant place sa tête sur des livres, sur lesquels il a mis une chemise de nuit; il assure qu'il est très bien ainsi, mais il accepte cependant un oreiller que je puis lui prêter.

2 mai. — Le premier jour est fini, le deuxième commence. Ce matin à huit heures nous arrivons à Mafeking, ville célèbre par le long siège qu'elle a supporté pendant la guerre sud-africaine. Mafeking est le siège du Gouvernement du Béchuanaland et en forme la ville frontière. Le Béchuanaland est un territoire immense, habité par une population assez nombreuse, les Béchuanas. Jusqu'à présent le pays n'a rien produit : pour ne pas irriter la population, ni des essais de plantations, ni des prospections sérieuses n'ont été tentées. Beaucoup de Béchuanas vont travailler aux mines; la civilisation s'avance et forcera la frontière.

L'année prochaine le chemin de fer, presque terminé, de Johburg viendra directement à Mafeking et ne fera plus le détour actuel de 500 kilomètres par Fourteen Streams. L'économie de temps sera de quinze heures, car nous ne marchons qu'à raison de 35 kilomètres à l'heure. La voie a 1 m. 05 de largeur.

Nous traversons toujours la prairie uniforme à perte de vue; vers dix heures, le terrain devient un peu accidenté et nous rencontrons quelques fermes et villages indigènes. A onze heures et demie, nous nous arrêtons à « Crocodile

Pools », il n'y a pas de crocodiles; mais de toutes petites femmes, avec des enfants attachés au dos et des Béchuanas qui coupent du bois. Leurs huttes rondes se voient dans le lointain.

Nous faisons l'après-midi un bridge et le temps passe agréablement. Les arrêts ne sont pas nombreux, mais ils sont très longs, aussi à chaque occasion, les voyageurs descendent et se promènent.

3 mai. — Le deuxième jour est passé; nous commençons le troisième. Il est plus court que les deux précédents car à neuf heures et demie nous arrivons à Bulawayo et nous y restons jusqu'à une heure et demie.

En descendant du train, le lieutenant Holtz est reçu par trois officiers auxquels il a l'amabilité de me présenter, l'un d'eux, le comte Kœnigsmarck, capitaine de hussards[1], nous accompagne pour nous montrer la ville. Bulawayo est de création plus récente que Johburg, elle ne date que de 1893, elle a beaucoup de rues et peu de maisons.

Nous sommes en Rhodésie, précédemment le Matabeleland, gouverné par le roi Lo-bengula, qui avait ici son Kraal ou résidence. Bulawayo veut dire « l'endroit où l'on tue ». La partie nord de la Rhodésie a reçu maintenant le nom de British Central Afrika.

Le monument de Cécil Rhodes, le conquérant du pays et le créateur de la ville, apparaît en premier. Le socle ne porte aucune inscription, même pas le nom; le monde doit connaître cet homme dont l'audace extraordinaire eut de si grandes conséquences pour l'Angleterre.

---

1. Lorsqu'en Prusse on adresse la parole à un officier noble, on le fait par son titre de noblesse, tandis qu'en Bavière cela se fait par son titre militaire. En Afrique, l'étiquette est moins rigoureuse.

Le deuxième monument commémoratif est celui de la guerre et il manque certainement de goût. Sur un socle haut et lourd est placé un canon Maxim. L'artiste, coupable de cette conception, n'a pas eu besoin de passer par les écoles ni de faire de stage à Rome ou à Florence. Les deux monuments se font face, la culasse du canon Maxim est tournée vers Cecil Rhodes; ceci est heureux, car on pourrait croire que le canon doit servir à le mitrailler.

MONUMENT DE CECIL RHODES A BULAWAYO.

Les églises ne manquent pas; mais il faut croire que le zèle des croyants s'est refroidi depuis qu'on en commença la construction, car aucune n'est terminée. Une des églises inachevées sert de musée; la confiance y règne : il n'a pas de gardien. L'entrée coûte 1 shilling que les visiteurs sont priés de déposer dans une boîte. C'est ingénieux et charmant.

Les collections consistent surtout en minéraux, animaux empaillés, armes, instruments de musique, et en objets en usage chez les indigènes. Elles ne manquent pas d'intérêt. Les objets trouvés dans les ruines de Zimbabwé sont particulièrement curieux. Ces ruines, murs et tours, se trouvent à 80 kilomètres d'ici. Les savants n'ont pas encore pu se mettre d'accord ni sur leur origine, ni sur leur âge.

La plus grande partie des objets exposés est simplement placée sur des tables; personne n'y touche.

Le déjeuner nous réunit au *Grand - Hôtel*; le comte Kœnigsmarck part avec nous pour Victoria Falls, alors que les deux autres officiers, major Friedrich et son aide de camp, en reviennent.

MONUMENT DE LA GUERRE A BULAWAYO.

. Le lieutenant Holtz a des talents de société ; il nous amuse en faisant très habilement changer de place ou disparaître des pièces de monnaie. Il est aussi excellent pianiste, ce qu'il nous a prouvé plus tard.

L'après-midi passe rapidement; je joue au bridge avec

le chef de la police de la Rhodésie et deux autres Anglais. Parmi les nouveaux voyageurs il y a un jeune homme, natif du Tyrol, mais d'origine française, M. de Fresnie, engagé par la maison Chs Urban de Londres, pour prendre des vues cinématographiques du chemin de fer Cap-Le Caire. On lui a fait une installation curieuse sur le devant de la locomotive. Le jeune Tyrolien va suivre par ses propres moyens, le tracé supposé du chemin de fer jusqu'à Khartoum. La maison de cinématographe de Londres n'est pas en retard.

Le chemin de fer de Bulawayo à Victoria Falls a été commencé en mai 1901 et terminé en avril 1904. De Victoria Falls il s'avance de 500 kilomètres jusqu'à Broken Hill.

De Cape-Town jusqu'à Broken Hill, 2650 kilomètres de chemins de fer sont achevés et exploités. La distance de Broken Hill jusqu'au lac Tanganyika est de 350 kilomètres[1].

LES VICTORIA FALLS

4 mai. — Le troisième jour est aussi fini. Ce matin, à sept heures un quart, le train s'arrête à *Victoria Falls*, presque tous les voyageurs descendent et, bientôt tout le long du train, des malles, valises, boîtes, cartons à chapeaux, etc., forment une longue rangée.

---

1. Dans le centre de l'Afrique, les jeunes filles deviennent femmes à onze ans et sont considérées comme telles, à partir de l'âge de cinq ans. Lorsqu'elles ont quatre ans, elles viennent habiter la maison de leurs fiancés. Les hommes ont quelquefois la poitrine aussi developpée que les femmes.

Les femmes aplatissent leur poitrine en l'attachant fortement au corps, elles portent les enfants attachés au dos et peuvent les allaiter dans cette position.

Il existe une tribu, les Wankonde, où il est défendu aux hommes de parler à leur belle-mère et même de la regarder.

Dans une autre tribu, les A-mambvé, le premier né est tué, si c'est un garçon;

Un homme se présente et crie aux voyageurs : « Allez à l'hôtel que vous voyez là-bas, je m'occuperai des bagages. » La file d'une vingtaine de touristes s'engage sur le court chemin bordé de grosses pierres blanches qui mène à l'hôtel.

HOTEL « VICTORIA FALLS ».

L'hôtel *Victoria Falls* est composé d'une quantité de petites maisons en tôle ondulée qui sont si nombreuses dans l'Afrique du Sud. Quelques fleurs embellissent les alentours de l'hôtel et, au loin, nous voyons le pont du chemin de fer qui traverse le Zambèze. Dans la même direction, une longue rangée de nuages sort de terre et monte à une hau-

---

les filles sont tuées, si les dents supérieures poussent avant les dents inférieures.
  Les Atonga considèrent la naissance de jumeaux comme un malheur et tuent un des enfants.
  On change facilement de nom, deux amis échangent souvent les leurs.
  (*British Central Africa*, by Sir Harry H. Johnston.)

teur évaluée à 400 mètres; c'est la poussière d'eau, soulevée par les chutes, et qui en indique ainsi l'énorme étendue. Nous entendons d'ici comme un bruit de tonnerre lointain.

Une heure plus tard, nous nous mettons en route et abordons les chutes du côté ouest où passe le plus d'eau. Nous longeons toute l'étendue, en faisant un détour, pour ne pas être trempés, nous traversons le pont du chemin de fer et arrivons au côté est, où nous pouvons admirer une grande partie des chutes et qui offre de très beaux points de vue.

Les *Victoria Falls* ont été découvertes par Livingstone en 1855, elles sont beaucoup plus importantes que celles du Niagara.

Voici des chiffres de comparaison :

Hauteur des chutes, de 85 à 120 mètres.

Largeur des chutes, 1 760 mètres[1].

Hauteur des chutes du Niagara, 56 mètres.

Largeur des chutes du Niagara, 1 210 mètres.

Mais tandis qu'on peut, du côté canadien, voir l'ensemble des chutes du Niagara, il est impossible de voir, en une fois, l'étendue des Victoria Falls et de se faire une idée nette de leur importance. Des nuages de vapeurs montent sans interruption du gouffre et cachent toujours une partie des chutes qu'on ne peut apercevoir que par sections.

Le rivage, en face des chutes, a de particulier qu'il se trouve sur le même niveau que le lit du Zambèze en deçà de la chute. L'eau tombe dans une crevasse du sol, appelée *boiling pot*, le pot bouillant.

Les nuages d'eau qui montent vers le ciel retombent en pluie diluvienne sur le rivage opposé, et l'on ne peut aller

---

1. 1 760 mètres représentent à peu près la longueur de l'avenue des Champs-Élysées.

LES « VICTORIA FALLS ».

là qu'en costume de caoutchouc. Par suite de la saison des pluies qui vient de finir, la masse d'eau est énorme; elle est même exceptionnelle, car rarement les pluies sont aussi abon-

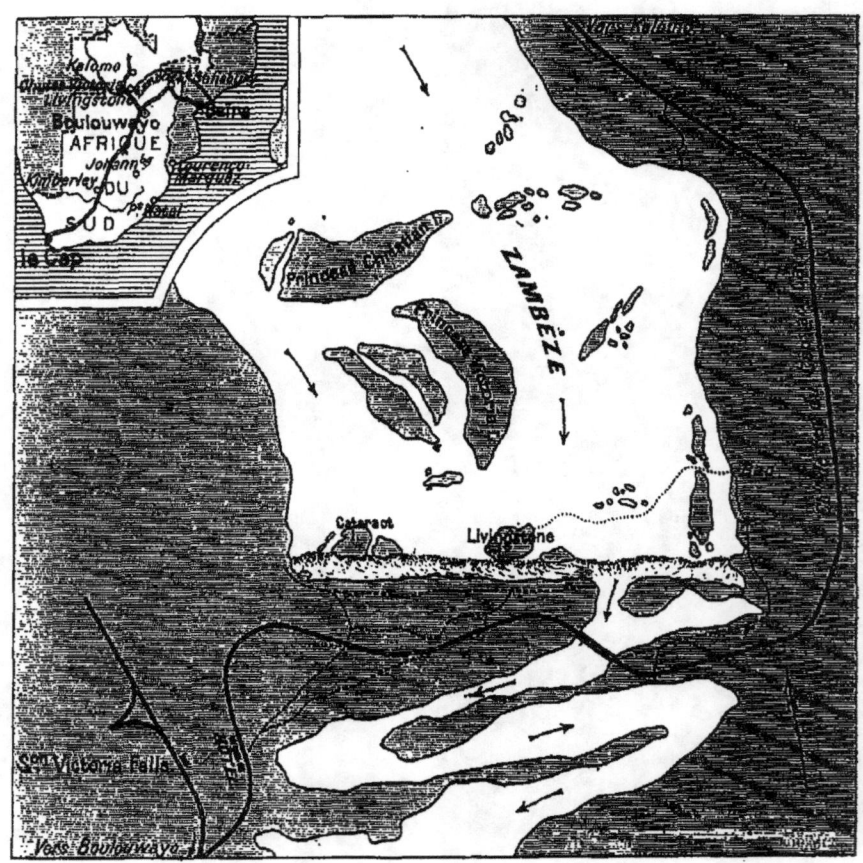

PLAN DES « VICTORIA FALLS ».

dantes qu'elles viennent de l'être. Dans quinze jours, l'eau aura diminué de beaucoup; les nuages d'eau seront moins denses et moins hauts et l'on pourra mieux admirer les chutes, mais le spectacle sera moins grandiose.

Au contraire du phénomène qui se produit ici, la hauteur de l'eau du Niagara ne varie presque pas; le lac Érié, dont il est l'émissaire, règle le débit de ses eaux.

Arrivés au côté est, nous pouvons descendre jusqu'au pied des chutes, en traversant une magnifique forêt de palmiers, appelée *Palm Kloof*, et qui est constamment arrosée par les nuages d'eau condensée.

L'immense masse d'eau tombée s'engouffre dans un passage qui n'a pas plus de 100 mètres de largeur, c'est la seule issue du *boiling pot*, sa profondeur doit être considérable, elle varie de 17 mètres ; suivant la saison, un magnifique arc-en-ciel s'étend au-dessus du gouffre. Il paraît qu'il y en a aussi un, incolore, au clair de lune.

Nous revenons et retraversons le pont du chemin de fer ; nous sommes chargés, chacun, d'une lourde pierre. Arrivés au milieu du pont, nous les laissons choir, les unes après les autres, dans le gouffre ; nous sommes récompensés de notre peine par une série de détonations aussi bruyantes que de forts coups de canon.

Habillés comme des marins lorsqu'il fait mauvais temps, nous retournons l'après-midi aux chutes pour longer le chemin que nous avions évité ce matin par suite des averses qui y tombent continuellement. C'est de ce point que les chutes se voient le mieux : nous nous trouvons en face de l'énorme volume d'eau qui se précipite dans le gouffre et soulève les nuages qui retombent aussitôt en forte pluie. Le spectacle est grandiose. On peut se faire descendre, attaché à une corde, jusqu'au niveau du gouffre, mais on est prévenu qu'on ne voit rien et que l'on est mouillé jusqu'aux os.

Le sentier sur lequel nous marchons est trempé ; des hommes complètement nus, ne portant qu'un petit chiffon autour des reins, coupent de longues herbes sèches et les étalent le long du chemin, ce qui, avec les grosses pierres dont il est semé, rend la promenade un peu moins pénible, mais néanmoins encore très fatigante.

LE BIOSCOPE AUX « VICTORIA FALLS ».

Le soleil jette ses derniers rayons lorsque nous rentrons à l'hôtel, contents d'en avoir fini aujourd'hui.

5 mai. — Ma chambre, comme toutes les autres situées au nord, est froide et sombre; je me hâte de la quitter. La porte n'a pas de verrou et les fenêtres ne ferment pas complètement. Je passe devant les autres chambres; les portes sont ouvertes, les voyageurs dorment : décidément, la confiance règne dans ce pays. Sur le devant de l'hôtel, le soleil brille de tout son éclat; de la véranda, je vois les nuages des chutes et j'entends leur bruit. Quelle belle matinée !

Nous accompagnons, ce matin, le jeune Tyrolien qui, suivi de deux Matabele portant ses lourds appareils, va commencer la série des vingt vues des chutes qu'il a l'intention de prendre. Nous figurons tous trois sur la première, et j'irai voir avec un certain intérêt cette représentation de cinématographe lorsque, ce qui ne tardera certainement pas, les *Victoria Falls* seront exhibés à Paris.

Tandis que nous rentrons, M. de Fresnie cherche de beaux points de vue; il aura de la peine à en trouver, car la poussière d'eau forme partout un rideau peu favorable à la photographie ! Mais il restera trois semaines ici; le volume d'eau aura alors beaucoup diminué, la poussière d'eau également. En outre, des îles, aujourd'hui inondées, seront accessibles et permettront de voir les chutes de plus près.

Livingstone, en découvrant les chutes, les a vues pour la première fois d'une de ces îles, qui a reçu le nom de *Livingstone Island*. On y désigne encore un arbre dans l'écorce duquel Livingstone a gravé son nom.

L'après-midi nous ne pouvons mieux faire que de retourner aux chutes. Le lieutenant Holtz, qui en a acquis l'habitude en poursuivant les Herreros, les Witboois et les Bondelzwarts dans l'Afrique sud-ouest allemande suit, sur le sable, la trace des deux Matabele et nous retrouvons M. de Fresnie. On eût dit la rencontre de Livingstone et de Stanley.

Les indigènes ont donné aux chutes le nom de *Mosiva-Tunya*, dont la traduction est : « La fumée qui fait du bruit », dénomination très juste, car, de loin, la poussière d'eau ressemble à de la fumée. Avant 1874, vingt-cinq Européens seulement avaient vu les chutes.

LE ZAMBÈZE EN AMONT DE « VICTORIA FALLS ».

On évalue à 35 millions de chevaux-vapeur[1] les forces que les *Victoria Falls* peuvent produire. Une Société d'électricité par actions s'est formée pour exploiter cette force et transmettre le courant électrique à Johburg, ce qui serait une

---

1. Un cheval-vapeur est l'équivalent de la force nécessaire pour élever en une seconde 75 kilos à 1 mètre de hauteur.

excellente opération, probablement très rémunératrice, mais je n'ai encore aperçu aux chutes aucune trace de son travail.

Le territoire allemand Sud-Ouest africain s'étend jusqu'au

GENDARMES A VICTORIA FALLS.

Zambèze et finit non loin des *Victoria Falls*, grâce à la langue de terre, appelée *Caprivi Zipfel*, qui devait, dans l'opinion du ministre allemand, mettre les possessions du Sud-Ouest en communication avec l'océan Indien par la voie nautique du Zambèze.

On chuchote que Caprivi ignorait que les *Victoria Falls* arrêtaient toute navigation entre les parties ouest et est du fleuve.

DE VICTORIA FALLS A BULAWAYO

6 mai. — A neuf heures quarante-cinq, nous sommes de nouveau en chemin de fer, le capitaine, le lieutenant et moi. Sept autres personnes, venues en même temps que nous, partent également. Cette fois-ci, nous ne voyageons pas en train de luxe, mais en train de marchandises ; l'unique différence est que nous mettrons trois heures de plus. Notre voiture est très confortable et un wagon-restaurant est attaché au train.

Le capitaine me raconte l'histoire de Hendrik Witbooi, chef des Witboois qui, blessé, fin 1905, d'un éclat de grenade, mourut à la suite de cette blessure. Il a été enterré dans une plaine et, après l'enterrement, tout son peuple, à pied ou à cheval, a passé sur la tombe et aux alentours, de telle façon, qu'à la fin de la journée, nul ne pouvait plus distinguer la place nivelée où son chef dormait de son dernier sommeil. Une célèbre poésie allemande traite d'une conception semblable.

Les Witboois et les Bondelzwarts sont de la race des Herreros, ils sont environ 80 000 et parlent la langue herrero.

En Afrique sud-ouest vivent, en outre, 2 000 Hottentots, qui sont jaunes comme les Malais et parlent le *namakwah* ; il y a des *Bushman* et des *Ovambos* ; leurs langues ont les mêmes noms qu'eux.

Je fais la remarque que le soleil tourne ici de droite à

gauche en passant par le nord, tandis qu'au nord de l'équateur il passe par le sud. A l'équateur même, il passe par-dessus la tête.

Le paysage que nous traversons n'a rien de particulier; rien n'indiquerait que nous sommes au centre de l'Afrique, s'il n'y avait des noirs dans la campagne et aux stations.

A la station Wankie se trouve une mine de charbon; on brûle sur place les petits morceaux qui ne peuvent pas être expédiés, ce qui ne rafraîchit pas précisément l'atmosphère.

L'après-midi et la soirée passent rapidement, grâce à la société des plus agréables du comte et du lieutenant.

SÉJOUR A BULAWAYO

7 mai. — Nous sommes de nouveau à Bulawayo à huit heures du matin. Nous allons ensemble au *Grand-Hôtel*, qui n'est pas bon marché, 26 francs par jour sans la boisson, laquelle est horriblement chère.

La ville et ses monuments nous sont déjà connus, l'après-midi nous prenons une voiture qui, en une demi-heure, nous conduit à l'habitation du Gouverneur. Elle se trouve à l'emplacement même du Kraal de Lo-bengula, qui a été brûlé en 1893, après la fuite du souverain.

Comme souvenir du règne de Lo-bengula il ne reste qu'un bel arbre sous lequel il rendait ses jugements, qui ont dû souvent faire trembler les condamnés; leur angoisse ne durait pas longtemps, car en face se trouve un autre arbre où les condamnés à mort étaient pendus immédiatement après la sentence.

Un fils de Lo-bengula fait partie de la police indigène.

Une belle route conduit à Bulawayo qui, à l'origine, devait être bâti sur l'emplacement du Palais du Gouverneur; la ville a été construite à 4 kilomètres de ce point pour des raisons sanitaires : cela me fait penser que j'ai complètement oublié de prendre mes pilules de quinine.

En revenant nous rencontrons trois voitures, deux cavaliers et quatre bicyclistes : c'est l'heure du Corso.

Le capitaine me raconte que ce matin il a souri à une jeune fille qui le regardait d'un air provocant. Aussitôt la miss s'est approchée de lui, et tirant de sa poche un carnet, l'a prié d'ajouter son offrande à celles déjà inscrites pour la fête des enfants du 24 mai. Il s'est exécuté de bonne grâce, mais, pour lui, c'était un dénouement plutôt imprévu.

Il a fait cet après-midi une visite dans une famille qu'il connaît et qui avait déjà appris son arrivée en compagnie de deux lieutenants. (J'étais pris pour l'un d'eux).

Les noirs ne sont pas encore traités sur le pied de l'égalité à Bulawayo; il ne leur est pas permis de marcher sur le trottoir, mais seulement sur la chaussée et ils n'ont pas non plus le droit de porter une canne.

EXCURSION A MATOPOS

8 mai. — Les moyens de locomotion varient.

Ce matin, à dix heures, une automobile nous attend pour nous conduire tous les trois à Matopos qui est à 50 kilomètres de Bulawayo. La route n'est pas très belle; elle ressemble quelquefois aux montagnes russes, et les pluies récentes ont laissé de nombreuses flaques d'eau : plusieurs fois nous abandonnons la route et filons à travers champs. Inutile de dire que nous sommes fortement secoués.

La première partie de la route passe à travers la prairie,

EN ROUTE POUR MATOPOS.

où nous rencontrons quelques fermes, la deuxième par un terrain très accidenté. Celui-ci est sillonné de pierres rondes de différentes grandeurs, souvent superposées en pyramides ; on a peine à penser que la nature a constitué ces monticules. Le mécanicien me raconte que la semaine dernière il a conduit un touriste, auquel il a affirmé que la nature seule avait posé ces pierres et que personne n'y avait touché, sur quoi le voyageur lui a répondu : « Sachez, Monsieur, que je suis Américain et qu'on ne me fait pas croire ces choses-là. » Le sommet d'une de ces pyramides ressemble

UNE PIERRE DE MATOPOS.

à un homme, assis dans un fauteuil; les indigènes l'appellent *Cecil Rhodes*.

Un grand réservoir d'eau, complètement rempli, se trouve sur notre chemin ainsi qu'un hôtel où les touristes qui viennent en voiture, ce qui ne leur permet pas de retourner à Bulawayo le même jour, peuvent passer la nuit.

Nous ne rencontrons d'autres animaux qu'un oiseau, grand comme une cigogne et appelé « secrétaire », il tue les serpents et une amende de 1 250 francs, punit tout chasseur qui tire sur lui.

Après une heure et demie de course, l'auto s'arrête dans un site très pittoresque. Nous la quittons et montons une hauteur, au pied de laquelle un avis nous prévient que ce terrain est *consacrated*, qu'il est sacro-saint et qu'il est défendu d'y déposer quoi que ce soit, surtout ni papiers, ni bouteilles. Arrivés au sommet, nous nous trouvons devant la tombe de Cecil Rhodes, une grande dalle unie, couchée sur le sol même et portant l'inscription :

Here lie the remains of Cecil John Rhodes.

Ici sont les restes de Cecil John Rhodes.

La tombe est entourée par de grosses pierres rondes, couvertes de mousse aux couleurs verte, jaune et rouge.

L'endroit s'appelle Matopos, il est considéré comme la Mecque de l'Afrique du Sud, qu'aucun voyageur ne manquera de visiter. Cecil Rhodes a choisi ce point où, sans armes, et accompagné de trois personnes seulement, il a réussi en 1896 à soumettre, par la persuasion, les Matabele révoltés qui s'étaient réfugiés dans cette position inexpugnable. Cecil Rhodes a été sur sa demande enterré la tête tournée vers le nord ; il disait qu'il fallait toujours avoir les yeux fixés de ce côté de l'horizon. Un de ses derniers mots a été : « *So little done so much to do* », si peu a été fait, tant reste à faire !

La place que le Napoléon du Cap a choisie pour y reposer dans le repos éternel ne manque pas de grandeur ; elle est isolée et offre tout autour un panorama merveilleux, sur une distance considérable.

Cecil Rhodes a donné au lieu de la sépulture le nom de *World's View*, mots qui peuvent se traduire de deux façons.

1° « De ce point on voit le monde. »

TOMBE DE CECIL RHODES.

2° « Le monde a son regard fixé sur ce point. »

Suivant les dispositions testamentaires de Cecil Rhodes, les personnes qui ont rendu des services éminents dans l'Afrique du Sud, ont le droit d'être enterrées à World's View.

Cecil Rhodes a fait transporter et enterrer ici les restes de 37 officiers et soldats qui, partis sous la conduite du major Alan Wilson, ont, en 1893, été massacrés près de la

SHANGANI MONUMENT, A MATOPOS.

rivière Shangani, pendant qu'ils poursuivaient Lo-bengula.

Un monument, appelé le « Shangani Monument », couvre la tombe. Il n'est pas beau, mais, me dit-on, il a coûté très cher. Il est carré, en granit, et chacun des quatre côtés est orné d'un bas-relief en bronze ; les quatre bas-reliefs représentent les 37 hommes en grandeur naturelle et d'après leurs portraits. Chacune des quatre sculptures aurait coûté 200 000 francs, soit au total 800 000 francs.

Un parc immense, bien soigné, entoure la tombe; il

UNE PANNE.

était la propriété de Cecil Rhodes qui a laissé une grosse somme destinée à son entretien.

Un chemin de fer conduit à World's View, les samedis et dimanches, pour faciliter le pèlerinage aux gens qui travaillent.

Après avoir déjeuné sur l'herbe, sans laisser aucune trace sous forme de papier ou de bouteille, nous reprenons le chemin vers Bulawayo. Près du réservoir, la route monte rudement, notre 14/16 HP n'est pas assez forte pour la gravir et nous sommes obligés de lui donner un coup d'épaule.

Nous passons devant l'ancienne ferme de Cecil Rhodes, où il est souvent venu et où, du toit d'une petite tour, il surveillait les travaux. Un jeune gérant y habite avec sa famille et fait planter toutes sortes de légumes et de fruits, du blé et deux sortes de maïs, l'une pour les hommes, et l'autre pour les chevaux. On fait deux récoltes par an; mais il ne faut pas que les sauterelles surviennent. Il y a deux ans elles ont dévoré toute la récolte en trois heures. La pluie a été très forte cette saison; il n'en est pas toujours ainsi; il est arrivé que, pendant une période de neuf ans, pas une goutte d'eau n'est tombée. La récolte vient d'être rentrée; on en obtiendra une seconde en novembre; le gérant ne confie à personne le soin de semer, il le fait lui-même et à cheval.

Les ouvriers agricoles et les domestiques indigènes ont l'air très sérieux et paraissent mériter toute confiance; mais on me dit qu'en réalité on ne peut jamais se fier à eux et, chose curieuse, ceux qui ont été convertis au christianisme sont les moins recommandables; ils prennent nos vices et n'acquièrent pas nos vertus.

Dans une ferme d'autruches, deux cents de ces oiseaux sont élevés.

A cinq heures nous sommes de retour de cette intéressante excursion que nous avons faite dans une automobile ayant appartenu à Cecil Rhodes. Le mécanicien me dit qu'il fait le chemin quatre fois par semaine : chaque excursion rapporte 6 livres soit 24 livres par semaine et 1 248 livres ou 31 200 francs par an; c'est une bonne affaire.

A Bulawayo, je vois beaucoup de boutiques précédemment occupées et qui sont maintenant à louer, ce qui ne prouve pas que la ville prospère. J'apprends, en effet, que depuis la fin de la guerre avec les Boers, elle ne fait que péricliter et depuis peu de temps seulement un arrêt se produit.

La ville a une quinzaine d'avenues numérotées, dont trois sont en partie bordées de maisons, dans les autres il n'y a que des constructions isolées.

Le comte Kœnigsmarck et le lieutenant Holtz partent ce soir pour Beira par Salisbury; je ne puis que regretter d'être privé de leur charmante société. Ils doivent partir à dix heures, mais sont prévenus qu'à la suite d'un déraillement le train ne partira qu'à minuit.

DE BULAWAYO A KIMBERLEY

9 mai. — Le retard de deux heures du train pour Beira a une répercussion sur le nôtre, car nous devons attendre celui de Salisbury et, au lieu de partir à huit heures, nous ne partons qu'à neuf heures du matin.

J'ai pour unique compagnon de voyage M. Harvey, un Anglais, avec lequel j'ai joué au bridge en allant aux *Victoria Falls*, c'est dire que nous sommes de vieux amis : lui va à Mafeking.

Notre train n'est pas un train de luxe; il n'y en a qu'un par semaine, et pour l'utiliser il aurait fallu rester une semaine à *Victoria Falls*, ou cinq jours à Bulawayo, j'ai préféré ne pas l'attendre. Notre voiture est très confortable, mais elle est mal éclairée à l'huile et le train n'a pas de wagon-restaurant; ce sont des inconvénients sans importance.

A Plumtree, où nous déjeunons, il y a à la gare des femmes aussi farouches que les bêtes, dont la peau couvre une petite partie de leur corps, elles disparaissent aussitôt qu'elles aperçoivent un objectif. Toutes les huttes qui composent les villages sont rondes; les indigènes n'en construisent jamais de carrées.

A Tati, il existe des mines d'or, non encore bien exploitées, mais qui attirent déjà beaucoup de travailleurs.

Aux quelques stations où nous nous arrêtons, nous voyons des indigènes qui ont mis ce qu'ils ont pu trouver; on dirait qu'à douze ils se sont partagé le costume d'un seul blanc. Ils offrent du lait, des melons, des cornes d'antilopes et de belles peaux de bêtes. M. Harvey, qui a deux grandes tanneries en Angleterre, trouve les peaux très bon marché et en achète.

FEMME BECHUANA A PLUMTREE.

Plus nous avançons, plus les femmes indigènes sont habillées; le voyage perd de son intérêt.

10 mai. — Le conducteur nous prévient que, dans une demi-heure, nous nous arrêterons à Artesia où nous pourrons avoir du thé et qu'à Machudi nous trouverons à déjeuner.

A midi, à Caberones, nous prenons un chargement de bois; nous avions déjà quelques wagons avec du bétail; notre train compte maintenant vingt-cinq wagons.

Nous arrivons à sept heures du soir à Mafeking, où M. Harvey me quitte. Il est remplacé par deux nouveaux arrivants, dont l'un va à Kimberley et l'autre à Johburg; celui-ci doit changer de train à Fourteen Streams demain matin à six heures.

Le voyageur pour Kimberley tire de sa poche un portefeuille qui, ouvert, est un minuscule jeu d'échecs en papier et, comme je réponds par la négative à sa demande de jouer avec lui, il sort aussi un journal, *The Chess Amateur*, et se met à résoudre les problèmes qui s'y trouvent. C'est un passe-temps fort intelligent, mais qui n'est pas à la portée de tous.

SÉJOUR A KIMBERLEY

11 mai. — Nous nous réveillons, tous les trois en même temps, à sept heures, nous sommes à Warenton, une station au delà de Fourteen Streams, où le voyageur pour Johburg devait changer de train. Il aura le plaisir d'attendre ici jusqu'à dix heures du soir.

Je vois beaucoup de petites installations de prospecteurs; partout on est à la recherche de diamants. J'aperçois aussi des maisonnettes d'un genre absolument nouveau; les matériaux qui ont servi à leur construction sont les boîtes carrées en fer-blanc qui ont contenu du pétrole.

Des mines isolées apparaissent et, plus nous approchons de Kimberley, plus leur nombre augmente; mais les constructions extérieures des mines de diamant ne sont pas aussi importantes que celles des mines d'or; il y a moins de cheminées et de fumée, et elles sont aussi beaucoup plus espacées.

Nous arrivons à Kimberley à neuf heures et demie du matin; je me fais conduire au *Savoy Hotel* qui, à ce qu'il paraît, est le meilleur de l'endroit. Prix : 12 sh. 6 par jour; c'est déjà plus raisonnable.

Muni de ma lettre d'introduction, je me présente chez M. Hirschhorn, il m'accompagne au bureau de la Compagnie *De Beers*, où je reçois les permis suivants :

Permis, pour demain dimanche, de visiter le *Compound* de la *Du Toits Pan Mine*;

Permis de visiter, lundi matin, la *Wesselton Mine* et d'y voir dynamiter, monter et laver la terre diamantifère;

Permis exceptionnel, pour lundi après-midi, de visiter le *Pulsator* de la *De Beers Mine*.

J'ai du travail sur la planche. En attendant, je me promène dans la ville qui paraît bien primitive et bâtie à la hâte, sans aucun souci de beauté architecturale ou d'élégance. Le nombre des belles constructions est restreint, la plupart des maisons sont en tôle ondulée et ne contiennent que des boutiques. Une seule rue, la Dutoits Pan road, l'artère principale de Kimberley, a quelques beaux magasins et est à peu près acceptable.

La grande place du marché est très animée; on y vend des chevaux et des ânes aux enchères. Quelques *treks* y stationnent; ils sont attelés de quatorze bœufs et ces voitures étaient, il n'y a pas bien longtemps, les seuls moyens de communication du pays; j'aurais bien vite renoncé à mes promenades s'il fallait encore s'en servir.

Je vais voir le monument commémoratif de la guerre; l'artiste qui l'a conçu pourrait bien être le même que celui du *Shangani Monument*, dépassé en dimension et en laideur. Devant le monument est placé le *Long Cecil*, un canon qui a été entièrement construit dans les ateliers de la *De Beers Mine*, au début du siège. Son constructeur a été tué par un boulet des Boers.

Le quartier qui se trouve entre le monument et le centre de la ville paraît être le plus pauvre; il est composé surtout de maisons sales, délabrées et dans un triste état. Il y a une église en fer fréquentée par les nègres.

Aujourd'hui samedi, la ville est déserte l'après-midi, les boutiques sont fermées; je prends le tramway pour Alexandersfontein; il passe devant le fameux monument et, plus loin, devant le champ de courses.

Alexandersfontein se compose d'un bel hôtel, d'un grand parc, d'un jardin avec lawn-tennis, lac et canards, autruches, carrousel, tir et photographe, tout ce qu'il faut pour amuser jeunes et vieux. Mais il n'y a pas foule; quelques promeneurs paraissent perdus dans les vastes terrains, et autant ces genres d'établissements sont gais lorsqu'ils sont remplis de monde, autant ils sont tristes lorsqu'ils sont vides.

Deux jeunes couples que je vois rechercher les coins reculés ne sont probablement pas de mon avis.

Le soir, les rues sont très animées; tout Kimberley se promène, les boutiques sont ouvertes et remplies d'acheteurs, c'est leur meilleur moment de la semaine.

L'Armée du Salut est installée sur la place du marché et chante; elle possède, en face de l'hôtel, une belle maison et un chantier où elle donne du travail aux pauvres. Il y a aussi des prédicateurs isolés comme en Angleterre.

Ici, je vois beaucoup de jeunes filles et d'enfants, généralement très jolis, avec des yeux magnifiques. Leur peau est brune, de toutes nuances.

Ces enfants sont issus d'Européens et de négresses.

12 mai. — Ce matin le soleil brille, mais il fait froid.
Ayant visité, hier, le quartier pauvre, habité par des

Malais et des nègres, je me dirige aujourd'hui du côté des riches. J'y trouve de larges et belles avenues, bordées de maisonnettes propres et confortables, chacune entourée d'un jardin bien soigné. Les églises sont nombreuses et la synagogue est belle. Je passe devant l'école catholique, où tous les enfants, sans distinction de confession, sont admis et qui est, peut-être, le plus beau bâtiment de Kimberley.

Un square qui est la propriété de la Compagnie *De Beers*, est orné d'un monument à la mémoire des 84 officiers et hommes du corps de police du Cap, morts pendant la guerre. Devant le socle, se trouve un canon : décidément, c'est une mode du pays : il a été pris aux Boers à Dronfield, le 17 février 1900.

En continuant mon chemin, j'arrive à un immense trou béant, c'est la *Kimberley Mine*, qui est maintenant exploitée par des galeries souterraines. Tout près se trouve le quartier des bureaux d'agents de change et des Compagnies de mines, entre autres, celui de la Compagnie *De Beers*.

D'une église, je vois sortir nombre de noirs avec des livres de prières sous le bras, je pense à ce qu'on m'a dit à leur sujet et qui m'a été confirmé par un homme très compétent.

Suivant des indications reçues, je prends l'après-midi le tramway pour Beaconsfield, ville minuscule, mais qui possède cependant son hôtel de ville.

De là, je traverse un terrain complètement bouleversé ; ce sont les déblais extraits de la *Du Toits Pan Mine* qui ont été déversés ici. Tout l'attirail habituel des mines et des longs murs formés par des plaques en tôle ondulée se montrent peu à peu.

Avant d'y arriver, je suis arrêté par un gardien auquel

je n'ai qu'à montrer mon permis pour qu'il me dirige du bon côté. Il a sans doute téléphoné, car, au moment où je m'approche de la porte d'entrée, celle-ci s'ouvre; j'exhibe mon permis et le gardien m'accompagne à une porte intérieure. Je constate ainsi que le *Compound* est non seulement fermé hermétiquement, mais encore ceinturé d'un mur, en laissant un large chemin de ronde entre les deux.

La deuxième porte ouvre sur une cour immense, remplie de nègres et entourée de bâtiments en tôle, où couchent les noirs dans des chambres divisées en trente niches.

Au secrétariat, où je suis conduit, un monsieur très aimable s'apprête aussitôt à me servir de guide. La mine étant exploitée en galeries souterraines, il me montre d'abord le puits par lequel les hommes sont descendus et remontés, toujours 24 à la fois, dans chaque sens. Actuellement, il y a 1 100 hommes par équipe et il faut deux heures et demie pour les monter ou les descendre. Chaque corvée est de huit heures par jour pour les mineurs sous terre et de onze à douze heures pour ceux qui travaillent à ciel ouvert. Le dimanche, quelques hommes seulement sont employés à nettoyer et à réparer les machines.

Chaque homme a un bracelet en cuir sur lequel est fixée une plaque en cuivre avec un numéro; on lui remet un carton, divisé en douze parties, pour deux semaines, avec un numéro correspondant.

Lorsque sa tâche dans la mine est finie, un contremaître marque sur le carton la valeur du travail qui varie de 3 à 8 shillings, suivant l'habileté de l'ouvrier, la moyenne est de 5 à 6 shillings. Quand l'ouvrier remonte, le chiffre marqué sur son carton est inscrit sur une grande feuille et tous les deuxièmes samedis de chaque mois le montant lui en est payé.

Nous faisons maintenant le tour de la grande cour où se tiennent, en ce moment, la presque totalité des 4 000 nègres employés à la mine. Toutes les peuplades d'Afrique y sont représentées; mais la majorité est formée par les Basutos du Cap et du Transvaal.

Un certain nombre d'entre eux s'occupent à faire du menu bois pour leurs cuisines; une place est réservée à cette besogne, afin qu'ils n'abîment pas le sol partout.

Plus loin est une place avec des fontaines et des appareils à douche, où les nègres se débarbouillent et, comme ici, ils sont entre hommes, ils n'ont nulle gêne pour leur toilette.

Aucune femme n'est admise dans le *compound*; il y en avait, au début, mais de fréquentes querelles ont forcé la Compagnie à prendre cette mesure.

Des petits groupes sont formés autour de joueurs de jeu de moulin et d'amateurs de prestidigitation qui font disparaître un objet et donnent à deviner la place où il est caché, le tout accompagné de gestes très drôles.

Un grand cercle entoure des danseurs, qui jouent en même temps sur des petites flûtes, dont ils règlent le son avec soin. Une grosse caisse les accompagne. Quelques nègres apprennent à monter à bicyclette.

Une quantité de cuisines sont en plein air. La Compagnie ne nourrit pas les ouvriers; leurs goûts sont trop différents; mais elle leur fournit, à prix coûtant, ce dont ils ont besoin. La boucherie, seule, est ouverte cet après-midi; les magasins sont fermés, mais non pour moi. On y vend de tout ce que les hommes peuvent désirer, aussi bien vêtements, chaussures que provisions, etc. Lorsqu'un acheteur veut quelque chose qui n'est pas en magasin, on le lui procure.

Afin de ne pas faire de tort aux commerçants de Kimberley, tout est acheté chez eux et revendu au prix coûtant.

Comme boisson, on ne vend que du gingembre et du lait dont 1 800 bouteilles sont bues par jour. Afin de stimuler la consommation du lait, qui est reconnu parfaitement hygié-

DIVERTISSEMENT DES MINEURS.

nique pour ceux qui travaillent dans les mines, la Compagnie le cède à moitié prix de ce qu'il lui coûte.

Les magasins vendent aussi du tabac et des cigares. En Europe, parfois un fumeur distrait met le bout allumé du cigare dans la bouche; les noirs ne fument jamais autrement que de cette façon singulière.

Hier, c'était le jour bimensuel de paiement; les magasins ont vendu pour 10 000 francs de marchandises.

Je traverse l'hôpital; la salle d'opération et la pharmacie du *compound* sont d'une propreté exemplaire. Il y a actuellement environ soixante hommes en traitement, qui se divisent en deux catégories, ceux qui ont eu un accident de travail et ceux qui sont malades. Les blessures sont très dangereuses; la terre diamantifère contient des substances qui les enveniment invariablement lorsque les soins les plus minutieux ne sont pas donnés de suite. Tous les hommes sont assurés contre les accidents par la Compagnie.

La maladie la plus fréquente est la pneumonie; les nègres l'attrapent, s'ils n'ont pas soin de changer de suite de vêtements, en sortant en sueur des galeries très chaudes à l'air frais du dehors.

Ils ont, eux-mêmes, un excellent remède pour le cas de refroidissements légers, un thé appelé *Bush thé*, qui a souvent guéri des blancs.

Il y a des mineurs heureux qui, en travaillant, trouvent des diamants et les délivrent à la direction; il leur est payé 6 fr. 25 par carat et une partie de la valeur, lorsque celle-ci a été fixée; il en est qui de ce fait ont reçu 2 000 francs.

La Compagnie place à la Caisse d'Épargne les économies que les ouvriers lui remettent chaque lundi qui suit le samedi, jour de paiement. Beaucoup envoient de l'argent chez eux. Ils ne peuvent dépenser que le montant de leurs achats au magasin; mais beaucoup perdent leur argent en jouant entre eux, la Compagnie ne peut l'empêcher.

Les contrats sont faits pour six mois, souvent prolongés de un ou deux mois, lorsque l'ouvrier n'a pas économisé la somme qu'il s'est fixée. Quelques-uns travaillent plusieurs fois six mois; il y en a qui y sont depuis deux ans, ce sont presque toujours des joueurs qui ne peuvent pas arriver à faire des économies.

Beaucoup de nègres viennent d'eux-mêmes aux mines pour y chercher du travail; en outre, la Compagnie a partout des agents qui recrutent des ouvriers. Aussi longtemps que les ouvriers sont employés par la Compagnie, ils ne quittent pas un seul instant la mine et le *compound*. Ils n'en sortent qu'à l'expiration de leur contrat, ou lorsqu'ils sont renvoyés avant terme pour une raison quelconque ; dans les deux cas ils sont fouillés avec soin afin qu'ils n'emportent aucun diamant.

Il est défendu à Kimberley d'acheter des diamants ailleurs que chez les marchands pourvus d'une licence et d'une autorisation spéciale ; mais, malgré ces précautions des vols se produisent.

Tous les hommes employés à la mine paraissent très heureux ; ils sont dociles et les querelles sont rares. Ma visite terminée, je ne peux que constater que la Compagnie traite les nègres avec beaucoup de bienveillance et d'humanité et aide puissamment à la pénétration pacifique de la civilisation dans le cœur de l'Afrique.

Tous les samedis et les lundis, les nègres dont le contrat est expiré quittent la mine, chargés de leurs effets et les poches pleines d'argent, dont une partie leur est extorquée avant d'arriver à la gare. Le chemin est bordé de magasins, devant lesquels se tiennent des boutiquiers ou des noirs, qui arrêtent les mineurs et les entraînent dans leurs boutiques, où souvent le vendeur est une femme, paraissant belle. Quelques ouvriers méfiants se font conduire à la gare en voiture et gagnent largement ce que celle-ci leur coûte.

Par contre, les boutiquiers ne s'intéressent pas aux nègres qui arrivent par le chemin de fer pour aller travailler aux mines.

Ce soir le fumoir de l'hôtel est chauffé, ce n'est pas du luxe. Un voyageur de commerce me dit que les affaires vont très mal dans l'Afrique du Sud, sauf à Kimberley et à

Oudtshoorn, une petite ville de la colonie du Cap, centre de l'élevage des autruches.

13 mai. — Mon programme d'aujourd'hui est tout tracé. Je me rends en voiture à la *Wesselton Mine*; mon cocher me mène beaucoup trop loin à l'intérieur, et tandis que j'attends le guide qui doit me conduire, celui-ci est à la porte de la mine et ne vient me trouver qu'après une demi-heure, assis sur un trolley attelé d'une mule.

Pendant ce temps j'ai pu me rendre compte de l'énorme extension du terrain occupé par la mine; partout il y a des rails sur lesquels roulent au moyen d'un câble en fer des milliers de voiturettes à bascule, chargées de pierres à l'aller et vides au retour.

Je monte sur le trolley du guide et il me conduit à la mine, une énorme cavité en forme d'entonnoir; une vie intense y règne. Des ouvriers perforent des trous qui seront munis d'une cartouche de dynamite et qui, à midi, sauteront. D'autres chargent de la terre et des pierres détachées par les explosions précédentes sur des wagonnets, d'où elles seront montées à la surface par des ascenseurs puissants. Une cage, suspendue à un câble en fer, monte et descend les ouvriers.

Il est facile de reconnaître la terre diamantifère. Il y a d'abord une couche jaunâtre de gravier et de sable d'une épaisseur de 10 à 20 mètres et ensuite du quartz d'une couleur bleue, appelé *blue ground* ou terre bleue; tous les deux contiennent les pierres précieuses; inutile d'en chercher dans le quartz gris environnant. La richesse en pierres précieuses diminue en descendant.

Ces terres montées à la surface sont de nouveau chargées sur des wagonnets, puis transportées au loin et étalées dans une plaine. Elles restent là de huit mois à un an. Plus elles sont prises profondément, plus longtemps elles doivent être exposées à l'air. Celles de la *Wesselton Mine* y restent, par exemple, huit mois, tandis que celles de la *De Beers* doivent rester près d'un an. Le temps désagrège les terres; on y aide, en les arrosant d'eau et en les concassant, au moyen de lourds rouleaux en fer garnis de pointes.

Les grosses pierres sont enlevées et broyées entre deux

CONCASSEUR DE TERRE BLEUE.

rouleaux tenus par des ressorts assez puissants pour résister aux pierres, mais non à des gros diamants qui pourraient passer entre elles. Néanmoins, on trouve souvent des diamants cassés, probablement par les explosions de dynamite.

Lorsque la *terre bleue* est mure, elle est de nouveau chargée sur des wagonnets et transportée aux machines à laver. Le principe du lavage est simple; l'eau emporte tout ce qui est léger et dépose au fond des cuves ce qui est lourd, et surtout les diamants, qui pèsent plus que le quartz. Ces résidus, qui forment une agglomération, sont recueillis dans des wagonnets fermés et transportés au *Pulsator*. Il suffit d'une seule voiturette pour contenir les résidus des pierres et graviers, apportés au lavage par cent voiturettes.

Les appareils et cuves à lavage sont des installations compliquées dont seul un homme du métier pourrait expliquer le fonctionnement. Je sais seulement que le lavage doit être surveillé avec un soin extrême, car trop, ou pas assez d'eau causerait la perte des pierres précieuses. Dans un hall se trouvent les puissantes machines à vapeur qui font tout marcher.

Il est presque midi; nous retournons à la mine pour voir et entendre les explosions. Le premier signal est donné et tous les ouvriers se réfugient dans des huttes, formées et couvertes de sacs remplis de terre. Les ouvriers occupés aux parois de l'énorme entonnoir se font glisser en bas et disparaissent à leur tour. La fourmilière de tout à l'heure est maintenant désertée.

Nous-mêmes, nous nous réfugions dans une maisonnette, pareille à celle d'en bas. Un deuxième signal, et aussitôt un bombardement terrible commence; de tous les côtés les mines sautent, des pierres sont projetées en l'air et le bruit est épouvantable. 2000 tonnes de pierres, sont détachées par chaque explosion; il y en a quatre par jour.

Je me fais conduire l'après-midi à la *Convict Station* de la *De Beers Mine* pour voir le « Pulsator » de la Compagnie.

Arrivé à l'entrée du terrain clôturé, un gardien m'indique la direction dans laquelle je trouverai le *Pulsator* qui est encore loin. En route je vois des hommes charger des pierres sur des wagonnets; ils sont tous habillés de blouses bleues, sur lesquelles de gros numéros rouges sont marqués, ils sont surveillés par des gardiens armés de fusils.

Je pénètre dans une enceinte clôturée ; un homme me reçoit et me passe à un autre, qui me fait entrer dans un hall où s'entend un bruit comme dans un moulin.

C'est le « Pulsator » ou plutôt les machines qui vont, de

PREMIER LAVAGE DE LA TERRE BLEUE A LA MINE « WESSELTON ».

nouveau et définitivement, laver les résidus de « terre bleue », qui ont été transportés ici dans les wagonnets fermés. Il est défendu aux visiteurs privilégiés qui pénètrent jusqu'ici de toucher à quoi que ce soit.

Les résidus additionnés d'eau descendent des conduites,

enduits de glu ; les diamants qui sont lourds, s'y collent en passant, tandis que le gravier est emporté avec l'eau. Ceci paraît simple, mais est encore précédé et entouré de beaucoup de triturations que j'aurais de la peine à expliquer.

Je vois un gros diamant glisser sur une conduite et s'arrêter presque aussitôt, collé à la glu. L'ouvrier chargé de la surveillance le sort, le frotte un peu et le diamant brille de tout son éclat, lorsqu'il me le passe pour le regarder de plus près. S'il n'a pas de défaut, il vaudra peut-être 5 000 fr. Je le lui rends et il le recolle à la glu, qui sera enlevée avec tout ce qu'elle contient en gros, petits et minuscules diamants et bouillie dans un cylindre où, seules, les pierres précieuses restent enfermées. Elles sont portées ensuite à l'Administration où quelques hommes sont occupés à les classer suivant leurs poids, leur pureté et leur provenance.

TRIAGE DE DIAMANTS A LA MINE « DE BEERS ».

Les produits des cinq mines, qui sont exploitées par la Cie *De Beers*, viennent se réunir ici.

La *De Beers* Mine occupe 1 500 ouvriers noirs qui sont tous des malfaiteurs, condamnés aux travaux forcés et qui sont fournis par le Gouvernement du Cap. Il y a des condamnés de deux ans jusqu'à vingt ans; ceux qui ont

WAGONNETS DE TERRE BLEUE AU PULSATOR.

à subir la plus longue détention deviennent les ouvriers les plus utiles. Ces nègres proviennent de toutes les possessions anglaises du centre et du sud de l'Afrique et ils ignorent absolument où ils se trouvent. Il est très rare qu'un d'eux cherche à s'évader, car il n'irait pas loin. La Compagnie nourrit les hommes et paie pour chacun au Gouvernement du Cap 2 sh. 6 par jour. Aucun noir libre n'obtient la permission de pénétrer dans la mine de *De Beers*, où les condamnés travaillent.

Aussi bien pendant mes visites aux mines de *Kimberley* qu'à celles de *Johburg*, je n'ai jamais eu l'occasion de placer le plus petit pourboire, mais j'ai promis et envoyé pas mal de photographies des vues que j'y ai prises.

La Cie *De Beers* exploite 5 mines :

La *Du Toits Pan Mine*, découverte en 1869.
La *Bultfontein* découverte, en 1869.
La *De Beers*, découverte en 1870.
La *Kimberley*, découverte en 1871.
La *Wesselton*, découverte en 1890.

et elle occupe dans ces mines un total de 28 000 hommes dont 4 000 blancs : un véritable corps d'armée sur le pied de guerre.

Les premiers diamants ont été trouvés dans le Vaalriver en 1869. Un fermier des environs, nommé *Du Toits*, auquel ils furent montrés, s'exclama : « Comment, ceci est du diamant ? mes enfants jouent avec des billes absolument semblables qu'ils ont trouvées sur ma ferme ! » Et c'est ainsi que la *Du Toits Pan Mine* et, à sa suite, les autres mines de diamant furent découvertes.

Je croyais mon programme épuisé pour aujourd'hui, mais un monsieur m'annonce à l'hôtel qu'il y a une réunion électorale à l'Hôtel de ville, ce soir; comme il y va, il m'invite à l'accompagner. Nous nous y rendons après le dîner. La grande salle de l'Hôtel de ville est comble; il y a beaucoup de dames : ici, où les distractions manquent, les réunions servent d'amusement.

Il s'agit d'un siège complémentaire au Parlement du Cap, brigué par deux candidats : M. Lézard, avocat, jeune et beau parleur, qui est présent, et M. Anderson, président de la Chambre de commerce, qui est incapable de dire un mot. C'est la seule différence entre eux; ils appartiennent tous les deux au même parti et sont l'un comme l'autre en faveur de la *De Beers* : c'est une condition essentielle à Kimberley pour avoir chance d'être élu.

La réunion est très bruyante, M. Lézard ne peut placer que quelques mots de temps en temps. Il se contente de regarder du haut du podium les luttes peu sérieuses entre les assistants, qui ont des rubans bleus ou rouges à leurs cannes et à leurs boutonnières, pour indiquer qu'ils sont partisans de M. Lézard ou de M. Anderson. Les rubans rouges ont le dessous et sont arrachés, leurs porteurs sont mis à la porte; mais ils ne tardent pas à faire leur réapparition décorés de nouveaux rubans et les éclats de rire se succèdent. Tout le monde paraît très gai et visiblement content de passer une si bonne soirée. L'élection aura lieu demain.

14 mai. — Il pleut légèrement; presque tout le monde a, ce matin, une rosette bleue ou rouge à la boutonnière : le vote n'est pas absolument secret. Beaucoup de voitures avec des dames enrubannées de bleu ou de rouge vont chercher les électeurs indifférents ou paresseux à domicile; nous n'avions pas encore trouvé cela. On fait même la cour aux nègres, aujourd'hui, car il y en a neuf cents à Kimberley, qui sont citoyens de la colonie et ont le droit de vote.

Devant la Préfecture, où se trouve la salle de vote, il y a un rassemblement paisible d'électeurs, tous décorés de rubans.

Dans le même bâtiment siège le tribunal de police correctionnelle. J'y vois acquitter deux jeunes vauriens qui se sont battus dans la rue, et condamner à 5 shillings d'amende, ou sept jours de travaux forcés, un vieillard qui a volé quelques pommes de terre. Comme il ne possède pas les cinq shillings, il est emmené en prison; mais un étranger paie l'amende pour lui et le prisonnier est aussitôt relâché.

Je quitte le *Savoy Hotel*; c'est le meilleur hôtel de Kimberley; comment peuvent bien être les autres?

À midi je pars pour Cape-Town; je suis seul dans mon compartiment, ce que je regrette.

J'aime bien voyager avec des Anglais; ils sont sans gêne, ouvrent toutes les fenêtres à leur portée et fument tous, à de rares exceptions près, la pipe dont ils vident les cendres, non par la fenêtre grande ouverte, mais en frappant la pipe contre le talon de leurs bottines. Les cendres restent dans le compartiment; c'est hygiénique, car l'odeur chasse les mouches et tue les microbes.

Après avoir dépassé les mines, le paysage absolument plat n'offre plus aucun intérêt. A sept heures du soir, nous arrivons à De Aar Jonction, où je change de train et prends celui qui vient de Johburg, en passant par Bloemfontein; je suis de nouveau seul et je puis m'installer à mon aise.

On peut aller de Johburg à Cape-Town par Fourteen Streams, ou par Bloemfontein, le temps du parcours est le même, environ 46 heures. Une fois par semaine il y a un train de luxe par Bloemfontein qui ne met que 44 heures.

15 mai. — Ma dernière nuit sur les chemins de fer du gouvernement du Cap s'est très bien passée et lorsque je me réveille, il est déjà sept heures et demie. Un garçon m'apporte du café et de l'eau chaude; je suis dans un hôtel roulant.

La contrée est horriblement monotone; je ne vois même

pas un troupeau quelconque, quoiqu'on élève beaucoup de moutons en ce pays. Je suis à me demander ce que je vais faire pendant toute la matinée, lorsqu'un voyageur m'invite à faire le quatrième au bridge, et le temps passe ainsi gaiement.

Nous voyons le « Matroosberg », la plus haute montagne de l'Afrique du Sud, elle est couverte de neige, et nous entrons dans la vallée de « Hexriver » qui pourrait être en Suisse, tellement elle est jolie.

Dans le journal je lis que les mécaniciens des mines de Johburg font grève; c'est assez extraordinaire, car ces gens gagnent de 18 000 à 30 000 francs par an. Je lis aussi qu'il n'y a jamais eu une réunion électorale aussi amusante que celle d'avant-hier à Kimberley. Anderson a été élu avec plus de cinq cents voix de majorité.

A deux heures de l'après-midi, nous nous arrêtons à la station de « Worcester », qui est le centre de la production du vin du Cap. A partir de cet endroit une grande partie du pays est cultivée.

Vers six heures et demie du soir nous voyons la mer et, quelques minutes plus tard, nous nous arrêtons à Cape-Town. A la gare une quantité d'hommes crient des noms d'hôtels et arrachent, de force, les bagages des mains des voyageurs. Je remets les miens à un commissionnaire numéroté, je prends un cab et me fais conduire au *Mount Nelson Hotel*.

Nous traversons la principale rue de Cape-Town; je distingue quelques beaux bâtiments, mais la ville est mal éclairée. Après une petite montée, mon cab s'arrête devant un immense hôtel; je demande une chambre, offrant une belle vue, et je l'obtiens au prix de la pension, soit vingt-cinq francs par jour.

Le dîner est très bon et bien servi; après Victoria Falls, Bulawayo et surtout Kimberley, je me sens de nouveau dans un pays civilisé.

En parcourant la carte des vins, je reconnais les noms les plus renommés du Bordelais et de la Bourgogne, mais en regardant de plus près, je m'aperçois que ce sont des vins du Cap qui, au baptême, ont reçu les noms français de nos plus célèbres crus. Je me demande à quoi nous sert l'entente cordiale, de laquelle je me réjouis, et que le Japon se chargera de faire étendre sur toute l'Europe, si nous ne pouvons empêcher cette concurrence déloyale, dont le résultat est de faire déconsidérer nos produits et d'entraver leur consommation et leur vente. L'Allemagne a autant d'intérêt que nous à cette question, car les noms les plus fameux du Rhin figurent sur la liste des vins blancs.

Je n'appartiens pas à la nombreuse catégorie des gens qui prétendent être connaisseurs des deux produits, les plus difficiles à juger, le vin et les cigares; j'ai constaté seulement que le vin du Cap a très bon goût et n'occasionne ni maux de tête, ni maux d'estomac.

SÉJOUR A CAPE-TOWN

16 mai. — Le soleil se lève tard à Cape-Town : il est vrai que nous sommes en hiver ici; il est sept heures et demie lorsqu'il est possible de distinguer la ville et la mer. Les hauteurs environnantes ont leurs sommets perdus dans les nuages.

Je me promène dans la ville qui a de belles constructions modernes, mais rien de caractéristique. La plupart des anciennes maisons en style hollandais ont été démolies et il n'en reste que de rares spécimens. La principale rue est

« ADDERLEY STREET » A CAPE-TOWN.

« Adderley street », dans laquelle se trouvent la gare, la poste, les banques et de beaux magasins.

La ville doit offrir un beau coup d'œil, vue de la mer et éclairée par le soleil, qui décidément ne se montre pas aujourd'hui.

17 mai. — Ce matin le soleil ne se lève pas du tout : il pleut à verse; mais l'après-midi, il fait de nouveau beau temps et je puis me diriger du côté de la mer. De nombreux pêcheurs rapportent des chargements de gros poissons, dans le genre du colin, le saumon des pauvres.

Je me promène dans les vastes docks; plusieurs navires font escale en ce moment et je me fais indiquer la place où sera amarré le *Tintagel Castle*, par lequel je compte partir lundi prochain. Je vais jusqu'au point extrême des quais, d'où un chemin de fer me ramène en ville et me dépose au bout d'Adderley Street.

En retournant à l'hôtel je vois, dans un grand terrain, plusieurs équipes de jeunes filles qui, sous l'œil sévère de professeurs, apprennent à jouer au *hockey*, jeu qui consiste à lancer une balle, grosse comme une bille de billard, dans le camp ennemi, au moyen d'une canne recourbée.

18 mai. — Le soleil brille à l'horizon, aussi je me dépêche de sortir : je traverse le jardin de l'hôtel et m'enfonce dans le « Governement Avenue », une belle route ombragée, qui mène tout droit à « Adderley Street ».

A gauche de l'avenue se trouve le Musée sud-africain où, à côté des minerais, des animaux empaillés, de magnifiques papillons, se trouvent des objets fabriqués par les indigènes. En fait d'objets intéressants, je remarque une collection remarquable de sculptures sur pierre, trouvées dans les ruines de Zimbabwé, en Rhodésie, et la reproduction de nids d'oiseaux curieux.

Le musée expose aussi les cachets en bois qui, en 1861, ont servi à imprimer les timbres-postes triangulaires de un et quatre pence, alors que le stock de timbres fabriqués et envoyés de Londres depuis 1853 s'était épuisé, et qu'il fallut à la hâte en fabriquer sur place. Il y a 64 cachets par planche; par erreur, un cachet d'un penny a été fixé sur la planche des timbres de quatre pence et vice versa. Cette émission de timbres est très recherchée par les amateurs. Les cachets ont été depuis rayés d'une barre et ne peuvent plus servir à faire des réimpressions, comme la plupart des cachets d'autres pays dont les réimpressions circulent comme timbres originaux.

Il y a aussi la collection des curieuses « Post Office Stones », des grosses pierres sous lesquelles, avant l'établissement des Hollandais avec van Riebeck en 1652, les navires venant de l'Europe et allant aux Indes déposaient leur courrier, lequel était ensuite repris et rapporté par les bateaux qui revenaient des Indes et retournaient en Europe.

Un objet historique est accroché au mur. C'est une arquebuse fournie par le Gouvernement anglais à Napoléon Ier, pour se distraire pendant sa captivité à l'île de Sainte-Hélène.

Traversant un beau jardin botanique, je me rends au bureau de la Cie *Union Castle Line* afin de payer le supplément de mon billet. J'apprends qu'en remplacement de la cabine que j'avais retenue à Johburg, une autre mieux placée m'a été réservée; j'y serai seul, quoiqu'elle soit installée pour deux voyageurs.

Le tramway me conduit ensuite à « Sea Point », trajet recommandé, sans être extraordinaire, sauf que nous traversons deux rangées de gentilles maisonnettes entourées de jardins.

En revenant, j'entre au « Castle », un fort construit par les Hollandais. qui a servi aussi de prison et dont Cetewayo a été un des derniers habitants. Maintenant le fort sert de caserne à l'artillerie anglaise et, des remparts, la vue embrasse la mer, la ville et au fond les montagnes de la Table et de la « Tête de Lion ».

Un artilleur est désigné pour m'accompagner; je lui demande la destination d'un bâtiment plus haut que les autres. Il me répond : « Je n'en sais rien; je ne suis ici que depuis un an ».

En rentrant je passe devant l'ancien Hôtel de ville; il tiendrait en entier dans une des salles du nouvel Hôtel, qui est un palais magnifique, devant lequel a été érigé une statue en marbre du roi Edouard VII; c'est la première statue du roi d'Angleterre régnant que je rencontre.

Je fais l'après-midi une belle excursion en tramway électrique à « Camps Bay », le chemin monte, passe entre les deux montagnes de « Table Mountain » et « Lion's Head » et offre les points de vue les plus variés, avant de redescendre jusqu'au bord de la mer, qui est très animé cet après-midi. C'est samedi aujourd'hui et comme il fait un temps merveilleux; il n'en faut pas plus pour attirer les promeneurs.

Le général Blignaut, qui habite Cape-Town, vient ce soir dîner avec moi et nous allons ensemble à Tivoli, au café-concert. La ville possède un théâtre, mais pas de troupe. Les rues sont remplies de monde; comme partout ailleurs, le samedi soir est consacré à la promenade en ville.

La troupe de Tivoli est la même que j'ai vue à Johburg; le programme du cinématographe non plus n'a pas changé, aussi je n'attends pas la fin, au risque de manquer l'expulsion d'un spectateur ou d'une spectatrice; car il y a dans la salle, un très grand nombre de gens fort bruyants et il se pourrait que quelques-uns d'entre eux fussent priés d'aller finir la soirée ailleurs.

Un avis défend de parier, mais il faut constater que

HOTEL DE VILLE DE CAPE-TOWN.

cette défense n'est qu'une réclame pour les bookmakers qui pullulent au buffet.

19 mai. — La ville est morte, tout le monde est en train de prier, car c'est le dimanche de la Pentecôte, et comme je passe justement devant une belle église neuve, flanquée de deux tours, j'entre pour assister au service. Je m'aperçois alors que je suis dans une synagogue remplie de monde, c'est fête israélite également aujourd'hui, « Schwoués », ce qui veut dire « semaine », durée des fêtes. Peut-être que si ce jour n'était pas un dimanche, où toutes les boutiques sont fermées de par la loi, il n'y aurait pas autant de fidèles dans cette synagogue ?

Il y a aussi une mosquée ici : beaucoup de Malais musulmans habitant le Cap.

Dans les rues je rencontre énormément de gens de couleurs, du noir ébène jusqu'au teint brun très clair, avec des têtes mi-européennes, mi-africaines. Il paraît qu'en plus des mariages mixtes, les soldats anglais peuplent le pays de bâtards.

Les Zoulous sont tout à fait domptés ; un grand nombre travaillent dans les mines et d'autres, jadis guerriers redoutables, servent maintenant comme cuisiniers ou comme bonnes d'enfants.

Le général vient me chercher l'après-midi en voiture et me conduit à Rondebosch, voir l'habitation de Cecil Rhodes, dont le nom est Groose Schüür. Nous traversons un parc immense, peuplé de toutes sortes d'animaux, et rempli de promeneurs endimanchés, visiblement heureux de pouvoir jouir de cette riche propriété.

De son vivant, Cecil Rhodes s'est souvent entendu reprocher de ne chercher qu'à s'enrichir par tous les moyens possibles. J'ignore si le reproche était fondé ; mais, en tout cas, ses détracteurs sont forcés de reconnaître que Rhodes a fait un louable emploi d'une grande partie de sa fortune, en laissant au peuple la jouissance de ses biens.

Nous arrivons à une belle maison neuve, de style vieux hollandais, précédée d'un magnifique parterre de fleurs, et nous en faisons le tour. Pour visiter l'intérieur, il faut demander au secrétaire de la succession l'autorisation qui n'est jamais accordée le dimanche.

Je risque néanmoins de soulever et de laisser retomber le lourd marteau en cuivre de la porte d'entrée; un mon-

MAISON DE CECIL RHODES.

sieur ouvre et, sans me laisser le temps de débiter mon petit speech, il nous permet d'entrer. L'ameublement, très confortable, est composé de vieux meubles hollandais, dont Cecil Rhodes était toujours acquéreur, on y voit surtout de beaux bahuts, quelques tapisseries et une bibliothèque bien garnie. On nous montre le cachet et le fusil du roi Lobengula. La baignoire est taillée dans une pierre, provenant de Matopos.

Cecil Rhodes est mort dans cette maison, que, par testament, il a laissée comme habitation aux Présidents du conseil des ministres du Cap. Elle est habitée par le premier ministre actuel, le Dr Jameson, connu par son raid prématuré et malheureux.

20 mai. — Je fais encore une petite excursion en ville; quelques boutiques sont ouvertes, bien que ce soit le lundi de la Pentecôte. Il y a courses de chevaux cet après-midi : tout le monde prend le train pour s'y rendre et je n'entends parler que des paris engagés.

Je quitte aujourd'hui Cape-Town; c'est de toutes les villes de l'Est, du Centre et du Sud de l'Afrique que j'ai visitées, la seule que je consentirais à habiter, si j'y étais forcé.

L'Afrique du Sud n'a pas fait une bonne impression sur moi; ces terrains immenses, sur lesquels ne se voient que des cailloux et du maquis impraticable, ne pourront que difficilement attirer des colons.

La principale ressource du pays sont les mines d'or et de diamants; mais, sans compter que même les mines les plus riches finiront par s'épuiser, relativement peu de ce qui est extrait du sein de la terre profite au pays. La plus grande partie se disperse en achats de machines anglaises et allemandes, en gros émoluments dépensés en Europe et en dividendes, qui prennent également le chemin de fer et le bateau.

L'effort des fermiers sud-africains paraît se restreindre à l'élevage du bétail; il a été souvent entravé par des maladies, dont la « Rinderpest », peste bovine, est la plus funeste.

Pour développer et enrichir un pays il faut de l'industrie. Mais il faut surtout de l'agriculture; or, dans toute l'énorme Afrique du Sud, il n'y a que le sol du Natal, du Transvaal et une minime partie de la Colonie du Cap, qui s'y prête.

La guerre a produit une perturbation profonde dans le

lent développement de ce pays. Pendant sa durée, le commerce était florissant. Beaucoup de négociants furent attirés par les gains rapides; des boutiques furent ouvertes et de nombreuses maisons construites, les habitations existantes ne suffisant plus à loger les nouveaux venus, sans compter que les personnes qui réussissaient avaient leur maison en ville et une autre dans les environs. On croyait sans doute que la guerre durerait longtemps et que, même la paix conclue, le commerce ne ralentirait pas!

Mais la paix venue, l'armée anglaise, très dépensière, partit; ceux qu'elle avait attirés partirent également et ne laissèrent derrière eux que des commerçants et des propriétaires ruinés. A Cape-Town, il y a actuellement, en plus des boutiques, trois mille maisons à vendre ou à louer et celles qui ont des locataires rapportent, pour la plupart, tout juste le montant des contributions. Et le cas est le même pour Johburg, Prétoria, Bulawayo et les autres villes. La guerre enrichissait le monde sud-africain, la paix l'a ruiné: c'est le contraire de ce qui se passe ordinairement.

LA « TÊTE DU LION » A CAPE-TOWN.

CHAPITRE V

DU CAP A PARIS

PORT DE SANTA CRUZ.

CHAPITRE V

Départ de Cape-Town. — Sainte-Hélène. — De Sainte-Hélène a Ascension. — Ile de l'Ascension. — D'Ascension a Ténériffe. — Ténériffe. — De Ténériffe a Southampton. — De Southampton a Paris.

DÉPART DE CAPE-TOWN

A une heure et demie je me fais conduire au port et je demande à la douane de me rembourser les neuf shillings que j'ai payés à Durban pour mon appareil photographique; mais il m'est répondu que la douane du Cap n'a rien de commun avec celle du Natal, et n'a pas à rembourser ce que celle-ci a encaissé !

A peine suis-je arrivé sur le bateau que la pluie tombe

à verse ; néanmoins beaucoup de monde stationne sur le quai jusqu'à quatre heures, heure fixée pour le départ.

L'*Union Castle Line*, la principale des compagnies qui assurent le service entre l'Afrique du Sud et l'Angleterre par la côte ouest, fait naviguer deux catégories de steamers, les *Mail* steamers qui accomplissent le parcours du Cap à Southampton en seize jours et les steamers intermédiaires auxquels il faut vingt-quatre jours pour effectuer le même trajet; ils font plusieurs fois escale et marchent plus lentement. Une fois par mois un steamer intermédiaire s'arrête à l'île de Sainte-Hélène, et ma bonne chance veut que ce soit justement celui qui part aujourd'hui.

Comme j'avais souhaité de ne pas passer dans ces parages sans visiter cette île historique, je n'ai pas hésité un instant à consacrer huit jours de mon temps et à prendre passage sur le *Tintagel Castle*, où j'ai l'avantage d'avoir seul une des meilleures cabines, de payer trois cents francs moins cher et d'être en outre logé et nourri pendant les huit jours supplémentaires, ce que je puis évaluer au moins à deux cents francs, total de l'économie : cinq cents francs.

Avant de partir, je vois le magnifique Mail steamer *Saxon* de 12 300 tonnes, de la même Compagnie, qui partira dans deux jours et arrivera six jours avant nous. Il n'y a pas de cabines à une personne sur ce bateau, et, comme en cette saison il part toujours archi-comble, j'aurais eu le très grand désagrément de devoir partager une cabine étroite avec un autre passager.

Mais il y a aussi pour notre part des désavantages. Le *Tintagel Castle* est un des plus petits bateaux de la Compagnie, il ne jauge que 5 300 tonnes et la place réservée aux passagers de première classe est fort restreinte, car la moitié du pont, qui n'est déjà pas très spacieux, est réservée aux passagers de deuxième classe. En outre ce bateau est très léger et, bien que la mer soit assez calme, il me semble qu'il roule et tangue passablement.

21 mai. — Nous ne sommes que quarante voyageurs de première classe. J'ai déjà fait la connaissance du capitaine, du médecin et de plusieurs passagers. La première question de ma voisine de table a été de me demander si je supportais bien la mer, et la seconde, si je savais jouer au bridge.

Pour le moment, je parais être le seul étranger; il n'y a que des Anglais à bord.

22 mai. — La mer continue heureusement à être calme.

Parmi les passagers se trouvent un colonel et plusieurs officiers anglais. Une grande cordialité règne et tout le monde lie conversation sans cérémonie.

23 mai. — Tous les passagers ont à remplir un formulaire, en indiquant leurs noms, profession, domicile et nationalité. Pour cette dernière, il y a les cinq rubriques suivantes : Anglais, Irlandais, Écossais, Colonies anglaises, Étrangers. C'est curieux, je croyais que les Irlandais et les Écossais étaient Anglais?

Depuis notre départ de Cape-Town, notre course étant dirigée vers le nord-ouest, nous gagnons chaque jour dix-neuf minutes, ce qui a pour conséquence que tous les jours nous déjeunons et dînons dix-neuf minutes plus tard que la veille. Cela n'aurait pas fait l'affaire du roi de Pologne!

24 mai. — Aujourd'hui c'est l'*Empire-day*, la fête de l'Empire, instituée en souvenir de la reine Victoria, dont le 24 mai était le jour anniversaire de naissance.

Comme d'habitude l'après-midi je suis assis au salon en train d'écrire, lorsque les passagers de première et deuxième classe, avec de nombreux enfants, y font irruption. Une jeune fille joue un morceau sur le piano, et le capitaine, dans un speech très bien tourné, dit que les Anglais majeurs sont tous très dévoués à leurs Souverains et que la fête de l'Empire a pour principal but d'inculquer aussi cet amour aux enfants. Il ajoute que le drapeau anglais est composé de trois croix, celles de Saint-Georges, de Saint-André et de Saint-Patrick, les patrons de l'Angleterre, de l'Écosse et de l'Irlande, mais qui n'en forment ensemble qu'une seule!

(A quoi rime alors le formulaire que j'ai rempli hier?)

Quelques jeux pour les enfants suivirent cette allocution et, pour finir, on présente un tableau vivant : *Britannia*, assise sur un canon, flanquée d'un soldat et d'un marin et entourée de trois jeunes filles. Les passagers des trois classes défilent en chantant *Rule Britannia* devant ce groupe très réussi.

Une distribution de prix et de sucreries aux enfants termine la fête.

Ce soir j'ai aussi, pour la première fois, une voisine à ma droite, une jeune dame qui avait jusqu'à présent pris ses repas sur le pont. La conversation ne tarde pas à s'engager, et se fait bientôt en français, car cette dame est Parisienne et mariée avec M. Érard, à Beira. Elle me raconte que lorsqu'elle arriva à bord, le steward voulut la mettre dans une cabine à deux lits, déjà occupée par une dame, mais le premier officier intervint et lui fit avoir une cabine à elle seule. Elle est très reconnaissante à cet homme si aimable.

En l'honneur de la fête de l'Empire chacun de nous reçoit un verre de champagne, qu'après un nouveau speech du capitaine nous vidons à la santé du roi Édouard.

25 mai. — La troisième classe donne, ce soir, un concert auquel assistent les passagers des autres classes.

Plusieurs chanteurs et comiques se font entendre, ainsi qu'un Écossais déjà âgé et voyageant en quatrième, qui fait une conférence sur l'art de s'enrichir par la réclame. Il figure, par exemple, l'homme chauve qui vend une pommade infaillible pour faire repousser les cheveux!

SAINTE-HÉLÈNE

26 mai. — Ce matin nous apercevons l'île de Sainte-Hélène, dont nous sommes encore à une distance de 60 kilomètres.

Chaque dimanche, il y a service religieux sur les bateaux, auquel personne ne manque d'assister; mais comme les passagers ne veulent pas être privés du spectacle qu'offre l'approche de Sainte-Hélène, le service religieux est supprimé aujourd'hui.

Peu à peu nous distinguons la formation des rochers nus, dont se compose Sainte-Hélène, et qui ont différents noms, tels que « Loth », « la femme de Loth », le « Frère », etc., nous voyons aussi quelques arbres au centre d'une crête, c'est l'emplacement de Longwood.

Nous arrivons par le sud-est et nous contournons l'île, avant d'apercevoir la ville de Jamestown, située au nord et qui est surmontée par un fort, depuis peu sans garnison.

A midi nous sommes ancrés à un quart d'heure de distance de Jamestown, qui occupe une vallée longue et étroite, entourée de trois côtés de hauteurs, le quatrième côté s'ouvre sur la mer. Plusieurs fois déjà, des rochers se sont détachés des hauteurs, ont détruit des maisons et écrasé des habitants; la dernière fois, en 1890, neuf personnes ont été tuées.

Ma voisine de table et moi, sommes les premiers à descendre à terre; nous nous sommes dépêchés, car nous savions qu'il n'y a que quelques voitures insuffisantes pour les nombreux passagers qui ont l'intention de voir Longwood.

Nous engageons un cocher et traversons une partie de Charlestown, que nous ne pouvons voir dans son état journalier, car c'est dimanche, les boutiques sont fermées et les rues désertes. Nous passons devant plusieurs églises et devant des maisons basses sans caractère particulier.

Un escalier droit de 699 marches d'environ 25 centimètres de hauteur, taillées dans le roc, monte de la ville jusqu'au fort; les soldats anglais, en retard ou un peu pris de boisson, ont dû le maudire plus d'une fois!

La belle route qui mène à Longwood monte assez rapidement, et la vue s'étend sur une grande partie de l'île, qui est couverte de végétation, d'arbres et de fleurs. Il y a une chute d'eau, des vallées verdoyantes et partout des maisons entourées de jardins; l'aspect de l'île est très riant et fort agréable. Après une montée d'une heure, notre cocher quitte la route et s'engage dans le chemin étroit qui conduit à la tombe de Napoléon. Une grande pierre blanche, sans inscription, entourée d'une forte grille en fer, occupe le centre d'une petite place, plantée de beaux arbres et appelée la « vallée des géraniums »; cette place était le séjour de prédilection de l'Empereur. Son corps a été enterré ici pendant dix-neuf ans, de 1821 à 1840, époque à laquelle il fut ramené en France par le navire *La Belle-Poule*.

Nous continuons notre chemin et revenons sur la route

VÉRANDA DE LONGWOOD.

qui offre sans cesse de nouveaux points de vue; nous voyons l'emplacement du camp des prisonniers Boers, internés ici, en 1900, avec leur chef, le général Cronje, qui avait amené sa femme.

Il y eut plusieurs tentatives d'évasion; la plus curieuse est celle d'un Boer qui s'était fait enfermer dans une caisse et expédier à l'île de l'Ascension, où il fut découvert et renvoyé à Sainte-Hélène avec sa caisse.

Au bout d'un quart d'heure la voiture s'arrête devant un grand jardin; nous sommes sur la propriété de Longwood et nous nous trouvons bientôt devant la maison qui fut habitée par Napoléon. L'arrivée devant cette maison est une des choses les plus impressionnantes qui soient.

La maison est spacieuse, mais les chambres sont très basses de plafond et complètement vides. Seul un buste de l'Empereur marque la place du lit où il est mort. Dans chaque chambre, une petite note indique quelle était sa destination.

L'entrée est précédée d'une véranda en treillis, qui n'existait pas du temps de Napoléon. Il paraît même, d'après l'érudit M. Frédéric Masson, que la maison actuelle de Longwood n'est pas celle habitée par l'illustre prisonnier. Les terrains de Longwood et de la tombe sont la propriété de la France.

Pour quelqu'un qui aime la tranquillité et qui renonce au monde, à ses pompes et à ses œuvres, le séjour à Longwood, avec son climat doux, sa végétation et ses promenades ravissantes, serait un séjour délicieux; mais tel n'était certainement pas le cas de Napoléon qui, jusqu'à son dernier jour, conserva l'espoir que la France le rappellerait.

Une vieille dame en deuil fait les honneurs de Longwood; elle est Anglaise et parle peu le français. Elle me raconte qu'elle est la veuve du sergent et vice-consul Morilleau, mort il y a quelques mois qui, depuis 1870, avait été l'unique gardien de Longwood et de la tombe de Napoléon. Jusqu'à 1870, ces endroits historiques étaient sous la garde d'un officier français, qui fut rappelé.

Mme Morilleau ajoute qu'elle a notifié la mort de son mari au gouvernement français, mais qu'elle n'a pas reçu de réponse.

Longwood et la tombe sont maintenant sans gardien et ne tarderont pas à s'en ressentir; bientôt, les rares curieux qui iront les visiter ne trouveront plus que des ruines, si la France se désintéresse de Sainte-Hélène, ce qui serait un grand tort.

Le retour se fait plus rapidement; car nous descendons et voyons constamment devant nous la longue rue de Charlestown, encaissée dans les montagnes et débouchant sur la mer, où le *Tintagel Castle* nous attend.

L'excursion à Longwood, par ce radieux après-midi de dimanche, comptera parmi les souvenirs les plus agréables et aussi les plus intéressants de mon voyage. Peu de voyageurs ont maintenant l'occasion de visiter l'île de Sainte-Hélène, si intéressante au point de vue historique, car seuls les steamers intermédiaires de l'*Union Castle Line* y font escale, une fois par mois en allant au Cap et autant en revenant. L'arrêt, qui est généralement de une à deux heures, ne permet pas d'aller à Longwood, ce qui exige au moins quatre heures.

Je crois pouvoir dire que si l'aimable capitaine, M. Gandy, a consenti à s'arrêter de midi à cinq heures, c'est pour répondre gracieusement à la demande que je lui avais faite. Lorsqu'il lira ce livre, il y trouvera mes très vifs remerciements.

L'île de Sainte-Hélène doit son nom au jour où elle a été découverte par un des nombreux navigateurs portugais; c'était le 21 mai 1502, qui se trouvait être l'anniversaire de la naissance de sainte Hélène, mère de l'empereur Constantin.

Cette île a successivement appartenu aux Portugais, Hollandais et Anglais, qui tous y ont laissé des descendants, mais la plus grande partie des habitants provient des nègres que les Anglais délivrèrent en surveillant la traite des esclaves de la côte africaine. Comme ils ne pouvaient ramener les captifs en Afrique, où ils étaient de nouveau exposés à être repris comme esclaves, ils furent conduits et laissés à Sainte-Hélène. Ce qu'il y a de curieux, c'est que les nègres ont adopté, comme noms de famille, les noms des bateaux qui les ont amenés et qu'on trouve aujourd'hui à Sainte-Hélène des *Daring* (hardi), *Flying Fish* (poisson volant), *Arrow* (flèche), etc.

Le principal produit de l'île est la pomme de terre, dont il se fait trois récoltes par an. Comme gibier, il y a des perdreaux et des faisans en grande quantité.

La distance de Sainte-Hélène à la côte africaine est de 2200 kilomètres, à la côte sud-américaine 3200, jusqu'à l'Angleterre 7900 et au Cap 3100 kilomètres.

Avant l'ouverture du canal de Suez, chaque année 1200 navires faisaient escale, il n'y en avait plus que 463 en 1891 et maintenant leur nombre s'est réduit à environ 50 par an.

Depuis que la garnison anglaise a été retirée et que les navires ne s'arrêtent plus, les 4500 habitants de l'île sont en détresse. On va essayer maintenant des plantations de lin, et il paraît qu'on a trouvé des couches de phosphate à exploiter.

Le retour au *Tintagel Castle* est très bruyant; beaucoup de passagers des troisième et quatrième classes ont trop bu et les matelots ont beaucoup de peine à les hisser des barques à l'échelle de notre bateau, ce qui pour un homme ayant tous ses sens n'est déjà pas très commode.

Deux passagers en état d'ébriété se bousculent en montant l'échelle et tombent à la mer, d'où ils sont promptement repêchés.

Comme nouveau passager nous avons Mgr. Holbich, évêque de Sainte-Hélène, qui va à l'île de l'Ascension.

Au moment de me retirer, le colonel Paterson m'offre un *nightcap*, un bonnet de nuit, c'est ainsi que l'on appelle le « Whisky and Soda » ou toute autre boisson, l'eau pure exceptée, que l'on prend avant de se coucher.

DE SAINTE-HÉLÈNE A ASCENSION

27 mai. — Tout le monde se porte bien à bord, heureusement, car seul le médecin est très malade et n'a personne pour le soigner. Le capitaine a prié une dame, Mme Benett, de le veiller et elle a bien voulu s'en charger. Aucun passager ne le sait, sauf moi.

Mme Benett brode une nappe en toile blanche, mais le dessin est une nouveauté; il consiste en noms de passagers, qu'elle fait écrire sur la toile et qu'elle brode ensuite en fil de différentes couleurs. Mais que d'ordre dans cette broderie : un coin en est destiné aux marins, un aux militaires, un au clergé et un à ceux qui ne sont rien du tout; ma signature se trouve dans ce dernier coin.

Je remarque que le premier officier est souvent en société de la Parisienne qu'il a obligée en arrivant, et il me semble qu'il fait valoir des droits à sa reconnaissance.

28 mai. — Les passagers de l'entrepont jouent au loto. Chez nous commencent aujourd'hui les jeux habituels, en tout seize numéros pour grandes personnes et six pour enfants. Parmi les numéros d'aujourd'hui, le combat d'oreillers a, comme toujours, fait beaucoup rire. Aucun des sports n'était nouveau, mais ils ont fait passer l'après-midi agréablement.

ILE DE L'ASCENSION

29 mai. — Plusieurs passagers ont couché sur le pont cette nuit, et, à cinq heures et demie, j'entends déjà leur conversation. Je sors de ma cabine et vois que notre bateau tourne autour de l'île de l'Ascension qui n'est qu'une agglomération de rochers nus, évidemment d'origine volcanique.

Vers sept heures nous jetons l'ancre devant la ville de George-Town, habitée uniquement par des fonctionnaires et marins anglais; l'Angleterre a fait de cette île une station navale fortifiée.

Elle a été découverte le 20 mai 1501, jour de l'Ascension, d'où provient son nom. Nous voyons de loin quelques maisons et aussi des milliers d'oiseaux ressemblant aux mouettes, et appelés *Wide Awake birds*, qui couvrent complètement les sables de la plage.

Les tortues de mer ont choisi cette île pour y déposer leurs œufs. Entre dix heures du soir et quatre heures du matin, elles montent environ cent cinquante mètres plus haut que la marée la plus haute, creusent dans le sable un trou de trois mètres de diamètre et d'un mètre de profondeur, y déposent soixante œufs et les couvrent de sable. Au bout de neuf à dix semaines, les jeunes tortues écloses se font un chemin dans le sable et disparaissent dans la mer, à moins qu'elles ne soient saisies au passage par des oiseaux de proie qui guettent leur apparition.

Pendant la période où les tortues creusent leur nid, des pêcheurs leur font la chasse et, souvent, cinquante à soixante de ces bêtes sont prises dans une nuit : on n'a

COMBAT D'OREILLERS.

qu'à les retourner sur le dos et elles ne peuvent plus bouger. Jamais une tortue mâle n'a paru dans l'île.

Nous n'avons pas le temps de descendre à terre, où du reste il n'y a rien à voir et, à huit heures et demie, nous sommes de nouveau en route.

L'évêque de Sainte-Hélène nous a quittés; en échange

nous avons embarqué un médecin de la marine anglaise.

Les sports ont continué aujourd'hui; comme nouveauté il y avait un jeu : *Are you there?* Êtes-vous là?

Deux hommes, auxquels on a passé des taies d'oreiller par-dessus la tête, afin de les empêcher de voir, se couchent par terre, à plat ventre; ils se donnent la main gauche et tiennent dans la main droite un rouleau flexible fait de toile et rempli de sable, d'une longueur d'environ trente centimètres. A tour de rôle, l'un demande à l'autre : « Êtes-vous là? » et sur la réponse « oui ! » il cherche à lui donner un coup sur la tête avec son rouleau, les coups donnés sur une autre partie du corps ne comptent pas.

L'ingéniosité avec laquelle les combattants changent de place, après avoir répondu « oui » malgré le peu de liberté de mouvement que leur position et le fait de tenir la main de l'adversaire leur permettent, est étonnante et la plupart des coups sont donnés sur le dos ou sur le sol, suivant que le joueur s'est avancé ou reculé. Ce jeu excite beaucoup d'hilarité, mais les combattants se relèvent exténués et courbaturés.

Moins fatigant est le numéro suivant, appelé *Artists drawing*, le dessin de l'artiste. Le juge indique successivement aux concurrents un animal qu'ils ont à dessiner à la craie, en trente secondes, et leurs dames, désignées d'avance, doivent deviner quel est cet animal. C'est le seul numéro auquel j'ai participé en dessinant un kangourou.

D'ASCENSION A TÉNÉRIFFE

31 mai. — Cette nuit nous avons retraversé l'équateur sans nous en apercevoir autrement; la température est très supportable.

La constellation de la Croix du Sud descend de plus en plus à l'horizon, bientôt nous ne la verrons plus.

1ᵉʳ juin. — Comme à mon voyage d'aller, je m'étais promis de n'adresser à personne la parole le premier afin de pouvoir écrire tranquillement. Cela ne m'a servi à rien, car il n'y a pas un seul des trente-neuf passagers, dont dix dames, avec lequel je n'ai pas fait un bout de conversation.

Parmi la société qui est charmante, il y a le colonel Paterson, deux capitaines, un lieutenant, un officier de marine anglaise, un avocat de Johburg, un ingénieur des mines, etc.

Chaque jour il y a maintenant répétition pour un concert, qui sera donné la semaine prochaine. Ce soir a été organisé un concours de bridge avec vingt participants. Le colonel est arrivé bon premier avec 290 points, un prix était aussi destiné à celui qui aurait le minimum, qui fut de 83. Moi j'étais arrivé à 238.

2 juin. — Comme le service religieux avait été supprimé dimanche dernier, il y en a deux aujourd'hui, dont un présidé par le capitaine qui remplace le clergyman.

Toute cette semaine j'ai entendu, pendant que j'écrivais, les répétitions d'un concert que les enfants préparent; je connais le programme par cœur.

3 juin. — Depuis notre départ de Cape-Town, nous avons été très loin du continent africain; mais ce matin, nous en sommes plus rapprochés, tout en nous tenant à une distance respectable, car la côte n'est pas sans danger pour la navigation. Nous passons à Dakar et, ce matin, vers quatre heures, nous pouvions voir le phare du Cap vert.

Au nord-ouest du Cap vert se trouve l'emplacement supposé du continent mythique « Atlantis », dont parle Platon et qui aurait été submergé par les vagues à la suite de phénomènes volcaniques; les Égyptiens et Solon mentionnent ce pays.

Le médecin de la marine anglaise qui voyage avec nous me parle d'une chose curieuse. Il paraît que les individus qui souffrent des fièvres prises dans les contrées insalubres de l'Afrique du Sud, ont généralement une attaque, en passant devant le Cap vert. La cause de ce phénomène est inconnue.

La nourriture n'est pas fameuse sur le *Tintagel Castle;* la viande n'a aucun goût ou un goût qu'elle ne devrait pas avoir; et les combinaisons du cuisinier consistent à présenter des côtelettes de mouton sous différentes formes, que les Anglais aiment peut-être, mais que je ne puis souffrir. Les vingt-quatre jours passés sur le bateau équivaudront pour moi à une saison à Carlsbad.

Comme fruits, on nous sert aujourd'hui des grenadettes, qui ressemblent à des noix fraîches non écorcées. L'intérieur est comparable à celui d'une forte groseille à maquereau. Il paraît que ce fruit donne la fièvre.

Le concert des enfants a eu lieu cet après-midi et, ma foi, a été très réussi, les plus petits enfants ont déclamé et chanté sans trace d'émotion. J'espère qu'il n'y aura plus de répétition.

4 juin. — Toujours beaucoup de concerts sur notre bateau, avant-hier c'était pour les deuxième et troisième classes réunies, et ce soir la première classe seule aura le sien.

Un de nos passagers, M. C. H. Deighton, a été instructeur de l'École navale de plongeurs à Sheerness; comme par hasard, il a sur lui et me fait lire un *Daily Graphic* et un *Strand Magazine*, deux journaux qui donnent son portrait et parlent de ses exploits. Il a fait un métier dangereux pendant vingt ans, mais se porte très bien. Maintenant il est chargé de vérifier de par le monde si tous les canons britanniques sont pourvus du nombre réglementaire d'obus. J'ai la conviction qu'il s'acquitte consciencieusement de cette mission pleine de responsabilité.

Le concert a eu lieu; les exécutants ont montré beaucoup de bonne volonté, trop même, car la plupart feraient bien de ne se produire qu'en leur logis, portes et fenêtres closes. Je n'ai jamais entendu autant de fausses notes en si peu de temps et j'étais toujours tenté de chercher quel panier rempli de vaisselle cassée pouvait produire des sons semblables.

Seuls, le capitaine Shaw en nègre comique, le premier officier en jouant un instrument très ingrat, le banjo et deux autres exécutants ont montré du talent.

La Parisienne et le premier officier ne se quittent plus; celui-ci a beaucoup de temps à lui. La principale fonction du premier officier sur tous les bateaux consiste à faire la cour à une passagère, et les maris qui laissent leurs femmes faire seules un voyage lointain ne l'auront pas volé s'ils partagent le sort de Scarron.

5 juin. — La chose la plus importante pour un bateau, navigant en pleine mer, loin de la terre et des phares, est de toujours connaître la place exacte où il se trouve et qui est déterminée par des lignes conventionnelles sur le globe terrestre et appelées degrés de longitude et de latitude.

Un instrument astronomique, le sextant, permet de

mesurer l'angle avec la hauteur du soleil, le jour, et de beaucoup d'étoiles la nuit, et de déterminer ensuite par un calcul logarithmique les degrés de longitude et de latitude.

Le sextant est ainsi appelé parce qu'il est la sixième partie d'un cercle; avant le sextant il y avait le quadrant ou quart de cercle, et des instruments astronomiques, reposant sur le même principe, existaient et guidaient les navigateurs il y a plus de 350 ans.

Mais pour se servir du sextant une condition est absolument nécessaire, c'est de pouvoir voir l'horizon, c'est-à-dire la ligne où la mer touche le ciel. Très souvent le brouillard cache l'horizon et alors le sextant ne serait d'aucune utilité, s'il n'avait été doté tout récemment d'une innovation aussi ingénieuse que pratique.

Un petit balancier, réglé minutieusement sur la hauteur où ce sextant sera utilisé, actionne une minuscule sonnette électrique, dont le marin peut porter l'élément dans sa poche et aussitôt, et aussi longtemps que le sextant vise l'horizon invisible, la sonnette électrique se fait entendre.

Ce sextant peut aussi bien être utilisé sur terre par des explorateurs.

Tous ces instruments astronomiques sont munis d'une échelle appelée Vernier, d'après son inventeur, un géomètre français.

Notre aimable capitaine me montre son sextant, m'en explique le fonctionnement et me permet de l'expérimenter moi-même.

Il me montre aussi l'installation du gouvernail, où, pour un instant, je remplace le timonier; je peux me rendre compte que, de même que sur le *Prinzessin*, la roue est très facile à faire tourner. En tournant elle pousse de l'eau dans un des deux tuyaux en cuivre, d'un diamètre d'un centimètre, qui parcourent tout le navire jusqu'à l'arrière, où, au-dessus du gouvernail se trouve une puissante machine à vapeur, actionnée par l'eau sous pression contenue dans les deux

LE CAPITAINE DU « TINTAGEL CASTLE ».

tuyaux en cuivre qui fait mouvoir, à son tour, le lourd gouvernail.

Je vais aussi visiter les machines; le *Tintagel Castle* n'a qu'une seule hélice, les machines ne sont pas aussi nombreuses, ni aussi importantes que celles du *Prin-*

zessin; l'aménagement non plus n'est pas aussi spacieux.

La chambre de chauffe, ancien système, est excessivement chaude et remplie de poussière de charbon. La Compagnie de l'*Union Castle Line* n'emploie aucun nègre, tous les chauffeurs sont des blancs; quel métier terrible ils font!

Un cadran enregistre le nombre de tours que fait l'hélice. Pendant le voyage de Southampton à Delagoa Bay et retour elle en a fait environ 3 200 000 : c'est un joli chiffre.

Le colonel Paterson qui, depuis vingt-sept ans, a été partout où l'armée anglaise était engagée, et avec lequel, en ma qualité d'ancien volontaire anglais, je converse souvent, me raconte que d'après son expérience, le premier combat auquel participe un soldat est presque toujours le plus dangereux pour lui. S'il échappe à la première bataille, il a beaucoup de chance de sortir sain et sauf de beaucoup d'autres.

Il est à la tête du 93ᵉ régiment de Highlanders et me fait voir son fanion personnel, en soie, richement brodé des deux côtés, que le chef des *cornpipers* (joueurs de cornemuse) porte attaché à son instrument.

Un passager, M. Cowper, collectionne des vieux journaux et des livres, pour les donner aux passagers de troisième classe.

TÉNÉRIFFE

6 juin. — La vie monotone que nous menons à bord, depuis onze jours, subit une interruption agréable aujourd'hui, car, à six heures du matin, nous sommes ancrés devant l'île de Ténériffe. Tous les passagers sont levés de bonne heure, pour voir Santa Cruz, la capitale de l'île et, à huit heures, tous se font conduire à terre.

L'île de Ténériffe est la plus grande des Canaries

LE DRAGONNIER A TÉNÉRIFFE.

avec 138 000 habitants; la ville de Santa Cruz en a 38 500.

Ici nous sommes sur territoire espagnol. Dans un pays catholique, la première visite est celle d'une église. On célèbre justement la messe et l'église est remplie de fidèles, en grande majorité des femmes qui, agenouillées, prient avec ferveur. Toutes sont habillées en noir, la tête couverte d'une mantille; cette coiffure, qui atténue la laideur des unes et fait ressortir davantage la beauté des autres. Des yeux ardents se lèvent vers le ciel : je soupçonne leurs propriétaires de le prier de leur envoyer bientôt un mari; il y en a dans le nombre qui pourraient me faire assister régulièrement à la messe.

Nous visitons le marché; on y vend de beaux fruits, surtout des bananes. Les vendeuses sont de belles et plantureuses femmes; elles portent toutes un petit chapeau de paille blanche, sous lequel flotte un foulard blanc ou jaune.

Il y a deux squares assez beaux et une arène pour les courses de taureaux. Un magnifique hôtel *Quisisana* domine la ville. Les maisons et boutiques n'offrent rien de remarquable.

Environ 1500 personnes passent leur hiver ici, plutôt que d'aller à Madère, qui est déjà trop près de l'Europe.

Un tramway spécial pour les passagers du *Tintagel Castle* nous conduit à dix heures et demie à Lagunas; un autre tramway nous suit. Le trajet dure plus d'une heure, nous pouvons voir une bonne partie de l'île, qui est excessivement fertile et nous remarquons le Pic, une montagne qui a 4000 mètres de hauteur.

Nous nous arrêtons en route devant un jardin, clos d'un mur très élevé. Notre guide frappe à la porte; un vieux jardinier l'entrebaille et veut la refermer, j'ignore pourquoi; mais nos jeunes gentlemen l'en empêchent par une bonne poussée et nous pénétrons tous dans le jardin, où nous voyons un beau dragonnier des Canaries.

On nous conduit à une vieille église gothique, garnie de boiseries Louis XIV et de plafonds style mauresque, puis à l'*hôtel de Taroconte*, dans un site charmant, où l'on nous sert un excellent déjeuner. Le jardin de l'hôtel est rempli de fleurs, surtout de roses magnifiques; mais

TERRASSE DE LAGUNAS.

plusieurs sociétés, nombreuses comme la nôtre, l'auraient bientôt dégarni complètement.

Le retour se fait dans un seul tramway, qui est plutôt chargé. Le capitaine du *Tintagel*, le colonel et quelques gens sérieux sont installés sur la plate-forme d'avant, les femmes et les enfants sont à l'intérieur, et nous autres jeunes gens, sommes installés sur la plate-forme d'arrière.

Il y a place pour huit personnes, et nous sommes quatorze! parmi lesquels plusieurs misses; nous nous amusons beaucoup et nous nous plaignons même que le tramway marche trop vite.

A cinq heures du soir nous sommes de retour sur le *Tintagel*, qui charge quelques milliers de caisses de bananes et de tomates et est loin d'avoir fini.

A Ténériffe, le jour de la Fête-Dieu, des tapis en fleurs naturelles formant de très beaux dessins, couvrent les rues.

Le célèbre voyageur Humboldt aimait beaucoup cette île et a habité longtemps la ville d'Orotava, où il était l'hôte du marquis de Sauzal.

7 juin. — Nous pouvons encore admirer le port très mouvementé et le panorama de Santa Cruz, car quoiqu'on ait travaillé pendant une grande partie de la nuit, nous sommes encore entourés de chalands, remplis de caisses à transborder sur notre bateau.

Une douzaine de marchands de linge brodé se balancent dans des barques et remplissent l'air de leurs offres; ils vendent beaucoup et ne nous quittent qu'à la dernière minute.

On fait ici du linge de table brodé, ordinaire, qui est un grand article d'exportation.

Toute la journée se passe à charger encore des caisses, qui sont d'un maniement facile, mais le travail ne va pas vite. Il y en a en tout 14000; non seulement les soutes, mais aussi le pont en sont remplis : on ne voit plus clair dans la salle à manger dont les fenêtres donnent sur le pont.

Il est six heures du soir, lorsque le *Tintagel Castle* lève l'ancre et met le cap sur Southampton.

DE TÉNÉRIFFE A SOUTHAMPTON

8 juin. — Dix-sept nouveaux passagers se sont embarqués à Ténériffe, tous anglais, sauf un médecin espagnol avec sa femme et deux jeunes filles. Le groupe anglais compte aussi un médecin. Il attendaient tous depuis longtemps de pouvoir quitter l'île, mais sans trouver de cabines; tous les steamers de passage étant au grand complet.

Nous n'avions déjà pas beaucoup de place en première, maintenant il n'en reste plus du tout. Un côté du pont est accaparé par les joueurs de *quoits*, un jeu enfantin, qui consiste à lancer quatre disques en caoutchouc dans un cercle, dessiné sur le plancher à la craie, et qui fonctionne toute la journée. Pour nous promener, il faut entrer dans la partie du pont réservée à la deuxième classe, nous pouvons le faire d'autant mieux que les passagers de deuxième viennent aussi dans notre section.

Cet après-midi, il y a match de cricket pour dames et on s'amuse fortement.

Une dame me raconte qu'elle avait une bouteille de whisky (naturellement) dans sa malle non fermée à clef. Quelqu'un est venu dans sa cabine, a bu une gorgée de whisky et a replacé la bouteille sans la boucher. Le contenu s'est répandu dans la malle et a abîmé tous ses vêtements. Je soupçonne la dame d'être elle-même la coupable.

9 juin. — Les passagers deviennent impatients; tous voudraient être arrivés et les dernières journées leur paraissent longues. Je suis seul à ne pas être dans ce cas, le temps passe trop vite et, malgré mon zèle, je n'ai pu arriver à copier complètement mon journal de voyage. Je n'ai aucune hâte de rentrer chez moi où, malheureusement, personne ne m'attend plus.

Nous passons aujourd'hui à la hauteur du détroit de Gibraltar; nous sommes de nouveau en Europe.

Le capitaine me montre le prospectus et le dessin d'un canot de sauvetage, très simple et très pratique, qu'il a inventé. Chaque navire porte avec lui un certain nombre de canots de sauvetage, qui ont tous une enveloppe en toile imperméable, qui les garantit contre l'eau de pluie et de mer. En cas d'accident, la première chose à faire est de débarrasser les canots de sauvetage de leurs enveloppes, qui sont jetées à la mer, où elles disparaissent aussitôt.

Le capitaine a eu l'idée ingénieuse de garnir ces enveloppes de plaques de liège, qui les rendent insubmersibles et de tiges de bambou qui les tiennent tendues et de les transformer ainsi instantanément en bateaux, aussitôt qu'elles touchent la mer. Ces bateaux improvisés peuvent contenir dix personnes et rendront de grands services aux débuts d'un accident, qui sont les plus dangereux, et où souvent des passagers tombent ou se jettent à la mer, avant même de se rendre compte si leur vie est ou n'est pas en danger.

L'amirauté britannique a déjà adopté ces enveloppes pour ses torpilleurs, et une lettre de l'amiral Touchard les reconnaît comme très pratiques et informe le capitaine que son invention a été soumise au ministre de la Marine française.

Le médecin de notre bateau est complètement rétabli : parmi les passagers se trouvent trois autres docteurs; un d'eux me fait remarquer que « c'est dommage que tant de beaux talents ne soient pas employés. »

10 juin. — Pendant le voyage de Cape-Town jusqu'à Ténériffe, soit depuis vingt et un jours, nous n'avons rencontré qu'un seul steamer; à partir de là, nous en avons vu quelques-uns et maintenant ils se suivent sans interruption. Aujourd'hui nous en avons croisé trois de la même compagnie que le nôtre.

La mer est un peu plus mouvementée sans cependant incommoder aucun des passagers sud-africains, tandis que, des dix-sept Ténériffiens, six ont le mal de mer.

Un avis annonce qu'il y a ce soir *book-diner* : je vais aux renseignements pour savoir en quoi il consiste et j'apprends que chacun doit, soit par un dessin, soit par tout autre objet, attaché à la robe ou au smoking, indiquer le titre d'un livre anglais. La personne qui devinera le plus grand nombre de titres recevra un prix.

Je suis légèrement embarrassé, mais je feuillette un catalogue et j'y trouve : *The 4th Napoléon by Chs Benham*, et comme je possède justement une petite image de Napoléon, je la découpe et mets dessus un grand *The 4th*, c'était simple; il faut croire que le livre est peu connu, car personne n'a deviné son titre.

Ces rébus sont absolument insolubles pour un étranger.

Voici quelques exemples :

Lt Deighton porte la lettre K sur la poitrine et la lettre M dans le dos, lui-même est censé représenter un I, solution : *Kim* par *Rudyard Kipling*.

Miss Mac Farlane porte un cadenas *(padlock)* dans ses cheveux : *Locke, on the Human Understanding*.

Miss Pim porte, attachée à sa robe, une carte avec le mot *dam*, la dernière syllabe de Rotterdam et Amsterdam, donc la finale de deux cités, en anglais *tail*, ou *tale of two cities by Charles Dickens*.

Ce sont les trois meilleurs, que ma voisine de gauche a devinés et m'a expliqués : comment ont bien pu être les cinquante autres?

Un autre avis prévient les passagers que « Mme Jones sera chez elle à huit heures et demie ».

Après dîner, nous nous promenons sur le pont et voyons dans le lointain les faibles lumières d'un bateau. Nous apprenons qu'il est de la même compagnie que le nôtre, et qu'il est à une distance de cinq nœuds ou neuf kilomètres.

Sur l'avant de notre bateau on brûle un petit feu d'artifice. D'abord un feu de bengale bleu et ensuite une chandelle romaine, de laquelle sortent successivement cinq boules bleues, qui montent à une hauteur de 50 mètres.

Tous les passagers regardent anxieusement l'autre bateau et, après une courte attente, un feu d'artifice semblable au nôtre y est tiré. Nous apercevons le feu de bengale et les cinq boules bleues, c'est le signal convenu et spécial à l'*Union Castle Line;* cet échange de feux est très impressionnant.

Chaque Compagnie a son signal particulier pour la nuit. Le jour, la couleur et le dessin de la cheminée du bateau, qui sont toujours pareils pour chaque compagnie, servent de signe de reconnaissance.

Nous voyons les phares des caps Finisterre et Vilano; ce sont des parages dangereux, où déjà beaucoup de navires se sont perdus, entre autres la canonnière anglaise *Serpent*, dont deux hommes seulement ont réussi à se sauver.

A huit heures et demie nous nous rendons au salon, et sommes présentés à Mme Pim, que tous les voyageurs connaissent déjà et qui nous reçoit comme si elle donnait une soirée.

Nous entendons successivement les mêmes fausses notes du dernier concert; mais, en plus, deux jeunes Espagnoles dont l'une est excellente chanteuse, et l'autre bonne pianiste. Après le concert, il y a la distribution des prix des jeux et sports; je reçois le premier prix du « Dessin de l'artiste »; le deuxième prix échoit au capitaine de notre navire.

Depuis quelque temps la conduite de ma voisine de droite m'inquiète; aussi, en rayonnant un peu partout selon mon habitude, je ne suis pas étonné d'apprendre par un passager de troisième classe, qui habite Beira et qui la connaît bien, qu'elle n'est nullement Mme Érard, mais qu'elle revient d'un voyage d'agrément à Johburg et à Beira, où elle a connu M. Érard, qui est marié, mais non avec elle.

11 juin. — Nous nageons dans le redouté golfe de Gascogne, mais qui ne mérite pas toujours sa mauvaise réputation; la mer est plus calme que les deux derniers jours, sans être pour cela comme un miroir. Il pleut à verse pendant toute la matinée.

Tous les jours on fait un pari sur le nombre des nœuds parcourus dans les vingt-quatre heures et qui sont affichés à midi. Pour avoir une base, on prend le chiffre indiqué d'avance par le premier officier et qui s'approche toujours sensiblement de la vérité; il a donné pour aujourd'hui 274 nœuds et nous en avons fait 273. Nous marchons doucement, pour ne pas arriver à Southampton au milieu de la nuit.

L'après-midi, il fait un temps merveilleux.

Le capitaine évalue à cent les vapeurs que nous avons rencontrés aujourd'hui.

12 juin. — A six heures du matin j'aperçois le phare d'Ouessant ; le soleil éclaire la terre de France, que je revois avec plaisir, mais bientôt elle disparaît dans la brume. La mer est très mouvementée et notre navire roule de belle façon. Il commence de nouveau à pleuvoir à verse et il fait très froid.

J'ai été obligé de m'inscrire aujourd'hui dans un album, sur un éventail et sur un bateau ; nous approchons, heureusement, de la fin du voyage, car mes clichés pour ce genre de littérature sont épuisés.

Un des voyageurs, M. Beard, montre ses bras qu'il a fait couvrir de tatouages au Japon.

L'après-midi, il fait de nouveau beau temps, mais froid ; la mer est assez calme, pour nous, parce que nous marchons dans le sens des vagues ; mais la file ininterrompue de vapeurs que nous rencontrons, tanguent fortement ; nous pouvons voir leurs hélices sortir complètement de l'eau et l'avant s'enfoncer dans la mer, comme si le bateau devait y disparaître pour toujours. Aucun navire ne passe dans notre horizon sans qu'un groupe de voyageurs, munis d'un livre spécial et armés de lorgnettes et de longues-vues, ait constaté, indiscutablement, à quelle compagnie il appartient.

Ce soir, les menus sont imprimés sur des cartes postales qu'au moins une douzaine de passagers font couvrir de signatures, pour la plupart illisibles.

Une affiche prévient les voyageurs que le premier déjeuner sera servi demain matin à six heures. Nous sommes aussi prévenus qu'il ne faudra pas s'attarder sur le bateau, qui, après un arrêt de deux heures, continuera son voyage jusqu'à Londres. De là, il ira à Anvers et à Hambourg.

DE SOUTHAMPTON A PARIS

13 juin. — La journée sera longue, car il faut se lever à cinq heures, pour être prêt à six, d'autant plus qu'il y a les bagages à préparer.

Nous nageons déjà tout doucement dans les eaux calmes de Southampton; puis nous nous rangeons à six heures et demie le long du quai, où quelques personnes seulement attendent. Les adieux entre les passagers ne sont pas longs : je m'amuse en voyant une Anglaise très collet monté, embrasser Mme Erard sur les deux joues.

Une Agence se charge de transporter mes bagages au *South Western Hotel;* je dois aussi remettre mes clefs, pour le cas où l'on voudrait les ouvrir à la douane, ce que, du reste, on n'a pas fait.

Après avoir pris congé de M. Gandy, le capitaine le plus aimable que j'ai jamais rencontré, je quitte le *Tintagel Castle.* Je ne peux pas dire que ce soit avec regret, car après vingt-quatre jours de mer, même exceptionnellement favorisés par les éléments, je ne suis pas fâché de sentir un plancher solide sous mes pieds.

Tout près de nous est amarré le *Saxon,* le Mail steamer de l'Union Castle Line, que j'avais vu en partant de Cape-Town.

Je longe les quais, dont l'animation prouve un mouvement maritime colossal.

Toutes les compagnies choisissent maintenant Southampton comme point de départ ou port d'escale, et ce port, si bien situé, deviendra avec le temps un des plus importants de l'Angleterre.

Dans un bassin, le *Suevic* est amarré, le steamer de la *White Star C°* a été coupé en deux, en s'échouant sur un rocher du cap Lizard, le 17 mars dernier. Le morceau d'avant long de soixante mètres est sur le rocher, s'il n'a pas été englouti depuis; la moitié d'arrière, qui est la plus importante, car elle contient les machines a été renflouée et remorquée jusqu'à Southampton. C'est un événement dans l'histoire de la navigation.

Il est à remarquer, qu'aussi bien sur le *Suevic*, que sur le *Jebba*, qui s'est échoué à peu près en même temps et qui est complètement perdu, pas un des huit cents passagers n'a perdu la vie et on rapporte qu'il n'y a pas eu un moment de panique.

Southampton, où je me promène, est une vieille cité anglaise qui, après les villes disparates sud-africaines, ne peut que produire une excellente impression. J'entre au *South Western Hotel*, mes bagages arrivent justement, ainsi que mes clefs; tout est en ordre.

Aujourd'hui il y a un match de cricket entre une équipe très forte de Sud-Africains et le *Hampshire County Cricket Club*, c'est-à-dire celui de Southampton. Quelqu'un me fait remarquer que les Sud-Africains ont pu s'entraîner pendant les dernier six mois, la saison d'été chez eux, tandis qu'ici, à cause de l'hiver, on ne pouvait pas s'exercer. En outre, ils se sont recrutés parmi les meilleurs sujets de toute l'Afrique du Sud, et n'ont pour adversaires que ceux de la ville de Southampton; la victoire n'est pas douteuse.

Une grande pelouse, presque un champ de courses avec quelques tribunes, est entourée de spectateurs. Le match commence et excite les bravos des assistants, sans que je puisse m'enthousiasmer pour ce jeu. Je remarque qu'il y a parmi les joueurs des gens d'âge mûr.

Au beau milieu le jeu est interrompu par une averse, qui dure une demi-heure ; je me sauve aussitôt qu'elle cesse.

Je vais au bureau de la Cie *South Western* me faire réserver une cabine dans le bateau, qui part à minuit pour le

LE « SUEVIC » A SOUTHAMPTON.

Havre et retourne ensuite à l'hôtel, où je reste jusqu'à neuf heures du soir.

Un joli petit bateau, *Alma*, fait le service du Havre ; deux autres bateaux partent en même temps, l'un pour Guernesey et Jersey, l'autre pour Saint-Malo.

Ne voulant pas encore m'enfermer dans l'*Alma*, je me promène une heure dans les vastes docks et je vois arriver un train qui amène les voyageurs de Londres. Dans un grand hall, un avis, reproduit sur tous les piliers et murs, défend absolument de fumer, par contre la locomotive y fume et projette des étincelles!! c'est un vrai bonheur.

Légèrement fatigué, je me rends sur l'*Alma*; dans la salle à manger des couverts proprement mis invitent à souper, je n'en ai nullement envie et me retire dans ma cabine, où je ne tarde pas à m'endormir.

14 juin. — Il est quatre heures, lorsque je me réveille; je m'aperçois alors que la mer est d'un calme plat et que le bateau ne remue pas plus qu'un train qui traverserait la Manche sous un tunnel.

Deux heures plus tard, je revois le sol de notre belle France, cette fois-ci pour de bon. A sept heures et demie, nous arrivons au Havre, sommes conduits en tramway à la gare et faisons à onze heures notre entrée dans la bonne ville de Paris, où j'arrive juste à temps pour asssister à la réception du roi et de la reine de Danemark.

Mes lecteurs auront, sans doute, tiré eux-mêmes la conclusion de ce récit, en constatant que l'on voyage aujourd'hui avec la plus grande facilité et presque toujours avec confort, non seulement en Europe, mais aussi en Afrique. Je regrette de n'avoir pas eu à raconter quelque incident ou accident; mais il ne m'en est pas arrivé et j'aurais été obligé de l'inventer de toutes pièces.

J'ai pu me rendre compte de nouveau qu'un déplacement est le meilleur, le plus sain et le plus divertissant emploi que des personnes libres puissent faire de leur temps.

Mais je ne m'imagine pas très bien un touriste, faisant une croisière semblable à la mienne sans connaître la langue anglaise. Il s'en tirera quand même, mais plus des trois quarts de l'intérêt et des plaisirs que ce voyage offre, seront perdus, s'il ne peut pas s'entretenir avec les personnes qu'il rencontrera et qui souvent, sans s'en douter elles-mêmes, donneront des renseignements utiles et intéressants.

*
* *

Ernest Renan, dans son testament, a remercié Dieu de lui avoir fait faire la charmante promenade à travers la réalité que fut sa vie, et en attendant — le plus longtemps possible — de faire comme Renan, je remercie le Ciel de m'avoir fait faire cette charmante « Promenade autour de l'Afrique ».

ENTRÉE DE PORT.

TABLE DES GRAVURES

	Pages.
L'équipage de l'auteur à Durban	FRONTISPICE
La mosquée Omar à Jérusalem	3
Le Caire. — Arc de triomphe	7
La revue. — Garde particulière du Khédive	9
La revue. — Défilé de l'infanterie	9
Kawass du Consulat américain	17
Kawass de la Banque ottomane	20
Vue d'ensemble des ruines de Baalbek	21
Colonne monolithe	22
Colonnes du temple du Soleil	23
Coin de rue à Damas	29
Intérieur de la mosquée Omayyade	31
Tombeau de Fatima	35
Sur la route de Damas	38
Café à Rabweh	45
Notre voiture de Haïfa à Jaffa	57
Groupe de Bédouins	61
Le train pour Jérusalem	65
Église du Saint-Sépulcre	69
Mont des Oliviers	71
Juif de Boukhara	77
Marchand ambulant	79
Mendiant	81
Mur des Lamentations	83
Le cheval abandonné	91
Prêtre arménien	92
Le Saint-Sépulcre	93
Corps de garde anglais dans la citadelle	101
Enterrement à dos d'âne	103
Chariot de pleureuses	105
Inscriptions gravées sur la pyramide de Chéops	107
Le Nil au Caire	108
Cimetière musulman et tombeaux des Khalifes	109
Plafond de la mosquée de Kait Bey	111
Café arabe	113
Barques sur le Nil	115

TABLE DES GRAVURES

	Pages.
« Bakhchiche? » — Place Mehemet Ali	119
Une conversation animée	121
Tombeaux des Khalifes	123
Porte d'entrée de la mosquée El-Azhar	125
Au bord du Nil	128
Le Nil à Louqsor	131
Obélisques de Karnac	132
Au temple de Louqsor	133
Village de Karnac	134
Pylone devant le temple de Karnac	135
Allée des sphinx à Karnac	137
Tombeaux des rois	139
Fragments du Rhamseion	140
Statues d'Amenhotep III à Thèbes	141
Colonnade de Louqsor	144
Entrée du temple de Philæ	147
Le kiosque de Philæ	148
Barrage d'Assouan	150
Écluse d'Assouan	151
Temple de Kalabcheh	153
Habitants de Kalabcheh	155
Enfants à Kalabcheh	156
Jeune citoyen de Dakkeh	157
Façade du grand temple d'Abou Sembil	161
Le « Nubia »	167
Temple de Dakkeh	169
Le Nil à Omdurman	171
Ruines du tombeau du Mahdi	172
Soldat soudanais	173
Gardien de la maison du Khalife	173
Départ d'Omdurman	175
Monument de Gordon Pacha	177
Une place à Khartoum	181
Bakhchiche!	183
Jeune Soudanaise	187
Nabhia Alia	187
Cataracte d'Assouan	189
Groupe de Béchari	191
Temple à Louqsor	193
Mur du temple d'Edfou	196
Épervier sacré devant le temple d'Edfou	197
Sculptures du temple d'Edfou	198
Petit temple d'Edfou	199
Porteurs d'eau	201
L'Arabe de l'Éden-Palace-Hôtel	202
Le clergé à l'enterrement de Fabricius Pacha	203
Enterrement de Fabricius Pacha	205
Tombeaux des Mamelouks	207
Minaret et cour de la mosquée Ibn Touloun	209

TABLE DES GRAVURES

Pages.

Le Caire vu de la mosquée Ibn Touloun	211
Fontaine de la mère du Khédive	215
Un barbier	217
Dans l'attente du Khédive	219
Costume égyptien	222
Les deux colonnes de la mosquée Amr	223
Palais de Sakakini Pacha	225
Maison moderne de style arabe	227
Retour du pèlerin	228
Intérieur de la mosquée El Burdeni	229
Le Sphinx	231
Sphinx restauré	233
Zanzibar. — Le palais du Sultan	237
Maisons de Suez	239
Marchand de glaces à Suez	241
Porteur d'eau à Suez	243
Rade d'Aden	251
Route des réservoirs d'Aden	252
Marché d'Aden	253
Costume du matin	258
Combat de coqs	261
Hôpital de Tanga	267
Marché de Dar-es-Salam	271
Canot indigène à Dar-es-Salam	273
Débarquement à Chinde	277
Grande rue de Beira	283
Locomotion à Beira	285
Deux amis	289
Famille cafre	291
Femme cafre à Lourenço-Marquès	293
Ouvriers du port de Lourenço-Marquès	295
Ouvrier cafre	297
West Street à Durban	301
Hôtel royal à Durban	302
Policeman à Durban	303
Famille zouloue	305
Le médecin du *Prinzessin*	306
Commandant Smits	307
Policeman de Durban	308
En attendant les clients	309
West Street à Durban	311
Le train pour Bulawayo	315
Policeman de Charlestown	316
Place du Marché et Corner Buildings à Johannesburg	319
Usine de la mine « Robinson »	321
Élégantes de Johannesburg	325
Batterie ouverte de la mine « Robinson »	329
Police chinoise à la mine « Village Deep »	331
Church Street à Prétoria	337

TABLE DES GRAVURES

	Pages.
Maison du Président Krüger	338
Tombeau du Président Krüger	339
Sauterelles à Prétoria	341
Monument de Cecil Rhodes à Bulawayo	348
Monument de la guerre à Bulawayo	349
Hôtel « Victoria Falls »	351
Les « Victoria Falls »	353
Le bioscope aux « Victoria Falls »	357
Le Zambèze en amont de « Victoria Falls »	359
Gendarmes à « Victoria Falls »	360
En route pour Matopos	364
Une pierre de Matopos	365
Tombe de Cecil Rhodes	367
Shangani Monument à Matopos	368
Une panne	369
Femme bechuana à Plumtree	372
Divertissement des mineurs	379
Concasseur de terre bleue	383
Premier lavage de la terre bleue à la mine « Wesselton »	385
Triage de diamants à la mine « De Beers »	386
Wagonnets de terre bleue au Pulsator	387
Adderley Street à Cape-Town	393
Hôtel de Ville de Cape-Town	397
Maison de Cecil Rhodes	399
La « Tête du Lion » à Cape-Town	401
Port de Santa Cruz	405
Véranda de Longwood	411
Combat d'oreillers	417
Le capitaine du « Tintagel Castle »	423
Le Dragonnier à Ténériffe	425
Terrasse de Lagunas	427
Le *Suevic* à Southampton	437
Entrée de port	439

TABLE DES CHAPITRES

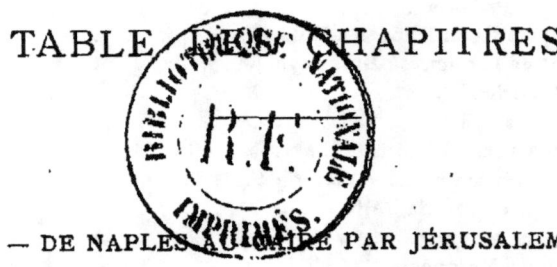

Pages.

CHAPITRE I. — DE NAPLES AU CAIRE PAR JÉRUSALEM.

De Naples au Caire. — Le Caire. — Du Caire à Port-Saïd. — De Port-Saïd à Beyrouth. — Beyrouth. — De Beyrouth à Baalbek. — De Baalbek à Damas. — Séjour à Damas. — De Damas à Haïfa. — De Haïfa à Zicron-Jacob. — De Zicron-Jacob à Jaffa. — De Jaffa à Jérusalem. — Séjour à Jérusalem. — Excursion à Bethléem. — Jérusalem. — Excursion à Jéricho. — Jérusalem. — De Jérusalem à Port-Saïd. — De Port-Saïd au Caire. — Le Caire. — Excursion à Sakkarah. — Le Caire. 3

CHAPITRE II. — DU CAIRE A KHARTOUM.

Du Caire à Louqsor. — De Louqsor à Assouan. — Excursion à Philæ. — D'Assouan à Ouadi-Halfa. — De Ouadi-Halfa à Khartoum. — Excursion à Omdurman. — Khartoum. — De Khartoum à Assouan. — D'Assouan à Edfou. — D'Edfou au Caire 131

CHAPITRE III. — DU CAIRE A DURBAN.

Du Caire à Suez. — De Suez à Aden. — Aden. — D'Aden à Tanga. — De Tanga à Zanzibar. — De Zanzibar à Dar-es-Salam. — Dar-es-Salam. — De Dar-es-Salam à Beira. — Séjour à Lourenço-Marquès. — De Lourenço-Marquès à Durban. — Séjour à Durban. 237

CHAPITRE IV. — DE DURBAN A CAPE-TOWN.

De Durban à Johannesburg. — Séjour à Johannesburg. — Excursion à Prétoria. — De Johannesburg aux Victoria

Falls. — Les Victoria Falls. — De Victoria Falls à Bulawayo. — Séjour à Bulawayo. — Excursion à Matopos. — De Bulawayo à Kimberley. — Séjour à Kimberley. — De Kimberley à Cape-Town. — Séjour à Cape-Town. 315

Chapitre V. — DU CAP A PARIS.

Départ de Cape-Town. — Sainte-Hélène. — De Sainte-Hélène à Ascension. — Ascension. — D'Ascension à Ténériffe. — Ténériffe. — De Ténériffe à Southampton. — De Southampton à Paris 405

IMPRIMERIE F. SCHMIDT, PARIS-MONTROUGE.

www.ingramcontent.com/pod-product-compliance
Lightning Source LLC
Chambersburg PA
CBHW070548230426
43665CB00014B/1849